I0063533

9 781989 880159

به نام عشق

سریال کتاب: <u>P 2045120015</u>

سرشناسه : DAR 2021

عنوان: چهل گفتار پیرامون ارتقای مهارت های شخصی در کسب و کار

نویسنده: پرویز درگی

شابک کانادا: <u>ISBN</u>: 978-1-989880-15-9

موضوع: مهارت های شخصی، کسب و کار، بیزینس

متا دیتا: Success, Self Help, Business,

مشخصات کتاب:Paperback

تعداد صفحات: ۳۱۰

تاریخ نشر در کانادا: مارچ ۲۰۲۱

تاریخ نشر اولیه: 2018

Kidsocado Publishing House

خانه انتشارات کیدزوکادو

ونکوور، کانادا

تلفن : ‎+1 (833) 633 8654‎

واتس آپ : ‎+1 (236) 333 7248‎

ایمیل : info@kidsocado.com

وبسایت انتشارات: https://kidsocadopublishinghouse.com

وبسایت فروشگاه: https://kphclub.com

سلام هم زبان

دستیابی ایرانیان مقیم خارج از کشور به کتاب های بسیار متنوع و جدیدی که به تازگی در ایران نگاشته و چاپ می شود، محدود است. ما قصد داریم این خدمت را به فارسی زبانان دنیا هدیه دهیم تا آنها بتوانند مانند شما با یک کلیک در آمازون یا دیگر انتشارات آنلاین کتابهایی در زمینه های مختلف را خریداری کنند و درب منزل تحویل بگیرند.

خانه انتشارات کیدزوکادو تحت حمایت مجموعه آموزشی کیدزوکادو این افتخار را دارد تا برای اولین بار کتاب‌های با ارزش فارسی را که با زبان فارسی نگارش شده است از شرکت های انتشاراتی بزرگ آن لاین مانند آمازون و ایی بی بارنز اند نابل و هم چنین وبسایت خود انتشارات در اختیار ایرانیان مقیم خارج از ایران قرار دهد.

از اینکه توانستیم کتابهای جدید و با ارزشی که به قلم عالی نویسنده گان و نخبگان خوب ایرانی نگاشته شده است را در اختیار شما قرار دهیم بسیار احساس رضایتمندی داریم

این کتاب ها تحت اجازه مستقیم نویسنده و یا انتشارات کتاب صورت گرفته و درآمد حاصله بعد از کسر هزینه‌ها، به نویسنده پرداخته می شود.

خانه انتشارات کیدزوکادو در قبال مطالب داخل کتاب هیچگونه مسئولیتی ندارد و صرفاً به عنوان یک پخش کننده است.

و شما خواننده عزیز ما را با گذاشتن نظرات در وب سایتی که کتاب را تهیه کرده‌اید به این کار فرهنگی دلگرمتر کنید. از کامنتی که در بر گیرنده نظرتان نسبت به کتاب است عکس بگیرید و برای ما به این ایمیل بفرستید از هر ۴ نفری که برایمان کامنت می فرستند، یک نفر یک کتاب رایگان دریافت می‌کند.

ایمیل : info@kidsocado.com

چهل گفتار پیرامون ارتقای مهارتهای شخصی در کسب و کار

مؤلف:

پرویز درگی

مدرس دانشگاه - مشاور و محقق بازاریابی

ویراستاران:

احمد آخوندی - محسن جاویدمؤید

تقدیم به استاد و سرور عزیزم:

جناب آقای دکتر سیدجعفر مرعشی

عضو هیأت علمی سازمان مدیریت صنعتی

فهرست مطالب

پیشگفتار

"چهل گفتار" نام تازه‌ای است برای مجموعه‌ی جدیدی از کتابهایم. تاکنون (ابتدای پاییز سال ۱۳۹۲) ۵ عنوان آن تدوین شده که برخی چاپ شده، و یا در حال چاپ است. این ۵ عنوان عبارتند از:

۱) چهل گفتار پیرامون مدیریت و رهبری در کسب‌وکار

۲) چهل گفتار پیرامون ارتقای مهارتهای بازاریابی

۳) چهل گفتار پیرامون ارتقای مهارتهای فروش

۴) چهل گفتار پیرامون ارتقای مهارتهای شخصی در کسب‌وکار

۵) چهل گفتار پیرامون ارتقای مهارتهای مشتری‌نوازی

انتشار این مجموعه کتابهای "چهل گفتار" با هدف رونق بخشیدن به کسب‌وکارها در "عصر دیجیتالیسم" است. لازم است "عصر دیجیتالیسم" و ویژگیهای آن را به اختصار تشریح کنیم تا تأثیر آن در تغییر "کسب‌وکارها" آشکارتر شود.

"عصر دیجیتالیسم" و امتیاز مجموعه کتابهای "چهل گفتار"

"عصر دیجیتالیسم" واژه‌ی نابی است برای آنچه این روزها با آن سروکار داریم. این واژه را مرهون گفت‌وگو با پروفسور مایکل آر. سولومون هستیم؛ استاد ممتاز "رفتار مصرف‌کننده" در جهان (به نشریه‌ی "توسعه مهندسی بازار"،

شماره‌ی ۳۲، سال هفتم، مرداد و شهریور ماه ۱۳۹۲، صفحات ۴۴ تا ۴۷ مراجعه کنید). همچنین به پیش‌گفتار اینجانب مراجعه شود که در کتاب "رفتار مصرف‌کننده" اثر سولومون، انتشارات بازاریابی آمده است.

سولومون به ما آموخت که "ازدحام رسانه‌ها" و "انبوه پیامها"، میزان توجه افراد را به شدت کاهش داده است. آسیب این کاهش توجه آنجا است که شهروندان (همچنین بخوانید مدیران، و حتی اصحاب دانشگاهی) نیز ظرفیت و شکیبایی بالایی برای "خواندن"، و "شنیدن"، و "درک موضوعات قابل تأمل و پیچیده" ندارند.

بر این باورم افزون بر آنچه سولومون درباره‌ی "عصر دیجیتالیسم" می‌گوید، ما در ایران در کنار شرایط خاص اقتصادی، فرهنگی، اجتماعی با ویروسی به نام "تنبلی فکری و روزمرگی"، همزیستی مسالت‌آمیز پیدا کرده‌ایم.

نتیجه‌ی عصر دیجیتالیسم + ویروس تنبلی فکری و روزمرّگی سبب شده هم "مدیران" و هم "اصحاب دانشگاهی" این روزها انتظار دارند که با طرح پرسشی درباره‌ی "کسب‌وکارها"، "ساختار بازاریابی و فروش"، کمپین تبلیغات و بازاریابی"، "اجرای سمپلینگ"، به کار بردن فعالیتهای ترویجی (Promotion)، اقدام برای برندسازی، توسعه و گسترش محصول، راه‌اندازی توزیع و پخش مویرگی، فعالیتهای "قیمت‌گذاری"، به سرعت به پاسخی معجزآسا دست یابند که حلال تمامی مشکلات آنها و سازمانشان باشد!

انتظار "مدیران" و "اصحاب دانشگاهی" در این "عصر دیجیتالیسم" از "مشاور" و "محقق بازاریابی" آن است که در کسری از ثانیه پاسخی تقدیم کند که تضمین‌کننده‌ی درآمد و سودی سرشار باشد.

"افزایش سرعت اینترنت"، و "دسترسی آسان به مجموعه‌ی وسیعی از اطلاعات" عملاً رفتار کاربران اعم از "مدیران" و "اصحاب دانشگاهی" را در عصر کنونی تغییر داده است.

بخوبی می‌دانیم سیطره‌ی بلامنازع "اینترنت"، و "فضای مجازی" که "جهان واقعی" را کاملاً در تسخیر خود دارد، اجازه نمی‌دهد این مدیران، و حتی اصحاب دانشگاهی، انگشت اتهام "نادانی" را به انبوه اطلاعات موجود در سایتها وارد کنند. اما همین مدیران در برخورد با "مشاور" همان انتظاری را دارند که در کسری از ثانیه از اینترنت داشتند.

این انتظار نیز ویژگی "عصر دیجیتالیسم" است که ضروری است با "صبوری" و "دانایی" در کنار زندگی حرفه‌ای با آن همزیستی مسالمت‌آمیز داشته باشیم؛ چرا که "عصر دیجیتالیسم" مدتها است در تمامی ارکان زندگی نفوذ کرده و الزامی است با شناسایی مؤلفه‌ها و ویژگیهای آن، فعالیتهای "تدریس"، "مشاوره"، و تحقیقات بازاریابی را پیش ببریم.

نمی‌توان به "مدیر" یا "دانشجوی بازاریابی" گفت که وظیفه‌ی اصلی "مشاور بازاریابی" این نیست که پاسخگوی سریع به موضوعات چند متغیری در آشفتگی و تلاطم بازارها باشد. وظیفه‌ی اصلی مشاور، طرح پرسشهای تأمل‌برانگیز برای سازمان - و نه پاسخهای دقیق - است؛ چرا که آنچه سازمانها را از حالت سکون و کرختی در شرایط رقابتی امروز بیرون می‌آورد، پرسشهای تأمل‌برانگیزی است که "مشاور" با تشخیص دقیق از "سازمان"، "جایگاه سازمان در بین رقبا"، توانمندی کارکنان و میزان هم‌افزایی آنها، آن را هوشمندانه طرح می‌کند تا "خرد جمعی سازمان + مشاور" در فعالیتی مشترک و پویا به آن پاسخ دهند.

با این نگاه، مجموعه کتابهای "چهل گفتار" پدید آمد که برای "عصر دیجیتالیسم" سودمند است و تا حدودی مانع از گسترش ویروس "تنبلی فکری و روزمرّگی" خواهد شد.

نحوه‌ی شکل‌گیری مجموعه کتابهای "چهل گفتار"

من "معلم بازاریابی‌ام" و دانشجوی همیشگی بازار. زندگی و حرفه‌ام تدریس،

مشاوره، و تحقیقات بازاریابی است.

از این رو در سر کلاس درس دانشجویانم، یا نزد مدیران به هنگام مشاوره، و یا به هنگام نوشتن پروپوزال تا جلسه‌ی پایانی ارائه‌ی گزارش نهایی، همواره در معرض "پرسشهای بازاریابی" قرار دارم. به برکت این گنجینه‌ی پرارزش که به رایگان از دانشجویان، مدیران، و علاقه‌مندان به بازاریابی دریافت می‌کنم، به رایگان نیز پاسخ پرسشها را در وبلاگم قرار می‌دهم که قابل مطالعه و در معرض دید همگان است به نشانی اینترنتی www.dargi.ir.

به تجربه دریافتم هم دانشجویان، و هم مدیران به هنگام داشتن پرسشی، کمتر تمایل دارند کتابی را از آغاز تا پایان بخوانند، یا پرحوصله به صاحبنظرانی مجرب مراجعه کنند تا با دریافت تجربه‌ی آنان، کوششی تازه را با مرارت آغاز کنند که به پاسخ پرسش خودشان بینجامد (این نیز ویژگی عصر دیجیتالیسم است که با "صبوری" و "دانایی" قابل تعدیل است).

مدیران می‌گویند وقتی کارتابل پر از نامه و چک است، چگونه می‌توانیم با خاطری آسوده، کتاب ۲۰۰ صفحه‌ای بخوانیم؟! یا به سراغ صاحبنظر پرتجربه‌ای برویم که نمی‌دانیم تجربه‌هایش برای پاسخگویی به پرسش ما مناسب باشد؟! این مجموعه‌ی کتابها - چهل گفتار - قرار است در پرتو "دانشگاه علم و دانشگاه بازار" به سرعت پاسخگوی نیاز مدیران و علاقه‌مندانی باشد که اظهار می‌کنند فرصت کافی برای مطالعه‌ی عمیق در انبوه اشتغالات فراوان ندارند، اما انتظار دارند که یک کتاب ۲۰۰ صفحه‌ای به تعداد زیادی از پرسشهای کسب‌وکاری آنان پاسخ دهد. با وجود این، مدیران خردورز و فکور می‌دانند در زمانهایی که هنوز کارتابل پر از نامه و چک نیست، آموزش را باید توشه‌ی راه کرد. زمانی که اندک مجالی در کسب‌وکار مهیا می‌شود، از تجربه‌ی صاحبنظران بهره‌مند شد تا به هنگام رویارویی با مسائل و معضلات کسب‌وکارها، از این پشتوانه‌ی غنی حداکثر

استفاده را برد.

آنچه می‌خوانید پیش از این در وبلاگم قرار داشت که با نظمی تازه تقدیم تمامی علاقه‌مندان بویژه مدیران، دانشجویان بازاریابی، و اهالی بازاریابی می‌شود.

محتوای کتاب "چهل گفتار پیرامون ارتقای مهارتهای شخصی در کسب‌وکار"

"چهل گفتار پیرامون ارتقای مهارتهای شخصی در کسب‌وکار"، حاوی ۵ فصل و ۴۰ گفتار است. این ۵ فصل عبارتند از:

۱) بینشهای فردی و ارتقای مهارتهای شخصی

۲) بالندگی ذهنی و ارتقای مهارتهای شخصی

۳) تکنیکهای پایه‌ای و ارتقای مهارتهای شخصی

۴) برندسازی و ارتقای مهارتهای شخصی

۵) کارآفرینی و ارتقای مهارتهای شخصی

می‌توانید مطالعه را بدون درنظر گرفتن فصلها بخوانید. ضرورتی ندارد که از فصل نخست شروع کنید، و یا در هر فصل، هر گفتار را به صورت منظم بخوانید.

می‌توانید بنا به پرسشهایی که دارید، به فصل مربوطه مراجعه کنید. با وجود این، ترتیب فصلها قرار است در مسیری مشخص از آغاز تا پایان، در ساختاری منسجم، در خدمت شما باشد. اگر بپرسید برای ارتقای مهارتهای شخصی، به چه بینش یا بینشهایی نیاز دارید، پاسخ این پرسش را در فصل نخست این کتاب بخوانید.

فصل اول: بینشهای فردی و ارتقای مهارتهای شخصی

فصل نخست حاوی ۸ گفتار است تا راهنمای پیشرفت شخصی‌مان باشد.

اگر اهدافی به بلندای قله‌ی اورست دارید، این گفتارها را بخوانید.

برای "حرفه‌ای شدن" و "دستیابی به این اهداف" به نقشه‌ی راه نیاز داریم. در دومین گفتار این فصل، این نقشه‌ی راه تقدیم شما است.

بدون تردید هر انسانی دارای یک "الگوی قهرمان" است که در اعماق ذهن خود با آن زندگی می‌کند. گاه به آن نزدیک می‌شود، و گاه کیلومترها از آن فاصله می‌گیرد. می‌دانید چرا؟ چون باید "هزینه‌ی قهرمان شدن" را بپردازد که عبارت است از: پذیرش مسئولیتها، پرورش قابلیتها، و آمادگی برای جذب مهارتها.

در کمال تعجب، همراه این "الگوی قهرمان" باید بتوانیم با جسارت و بی‌پروایی "مدیریت نادان درونمان" را جدی بگیریم. سومین گفتار این فصل به مدیریت این دو می‌پردازد: "مدیریت الگوی قهرمان درون"، و "مدیریت نادان درون".

چنین دستاوردی به ما نوید می‌دهد که "آینده‌سازی" و "آینده‌سوزی" در دستان خودمان است. هر کدام را بپسندیم، نصیبمان خواهد شد. کافی است بدانیم "آینده‌سوزی" ما را چه کسی رقم خواهد زد تا از آن بگریزیم یا جانانه به مقابله‌ی آن بپردازیم. دراین‌باره توصیه‌های متنوعی ارائه شده است.

اگر تصمیم داریم مدیری آینده‌ساز باشیم، بهتر است از راههایی آگاه شویم که به ما انگیزه می‌دهد. این راهها کدامند و چگونه ما را برای "ساختن آینده" ترغیب خواهند کرد؟ پاسخ این دو پرسش را در گفتار پنجم می‌خوانیم.

"انگیزه‌ها" نیاز به "جوش درونی" و "پالایش" دارند تا ژرفایی و غنا داشته باشند. ازاین‌رو، به عنوان مدیر لازم است به "بینشی خلاق" دست یابیم.

در گفتار ششم با "یونگ"، روانپزشک، و روانشناس سوئیسی آشنا خواهیم شد که بینش خلاق را متفکران جهانی، مرهون اویند. ویژگیهای این بینش تعریف شده، و برای دستیابی به آن کافی است سه دستورالعمل یونگ را

اجرا کنیم.

در همین فصل و گفتار هفتم، می‌آموزیم چگونه با "ایده‌هایمان قدم بزنیم" و در نهایت بتوانیم رهبر درون خود را پرورش دهیم، (گفتار ۸).

فصل دوم: بالندگی ذهنی و ارتقای مهارتهای شخصی
فصل دوم حاوی ۳ گفتار است:
۱) آشنایی با تکنیک مغزنگاری؛ چگونه نقشه‌ی ذهن خود را ترسیم کنیم؟
۲) بالندگی ذهنی و ارتقای مغز
۳) پرورش یک ذهن آشفته و فهرست بازبینی بهبود تمرکز

فصل دوم با همین ۳ گفتار موجز قرار است راهنمای ما برای "پرورش ذهن و بالندگی مغز" ما باشد. دستورالعملها ساده و فراوانند. کافی است کار را از جایی آغاز کنیم. درمی‌یابیم مغز با ظرفیت شگفت‌آورش به کمکمان می‌آید.

فصل سوم: تکنیکهای پایه‌ای و ارتقای مهارتهای شخصی
در این فصل، با تکنیکهای پایه‌ای سروکار داریم تا ما را به اهدافی بزرگ برسانند. گو آنکه در زاویه‌ی پنهان و آشکار این تکنیکهای پایه‌ای، با موجی از بینشهای خلاق روبه‌روئیم.

در فصل سوم که با گفتار ۱۲ آغاز می‌شود؛ با مجموعه‌ی فراوانی از فهرستهای بازبینی روبه‌روئید که به "چک‌لیست" معروفند. وقتی از "هوش فرهنگی" در این فصل صحبت می‌شود، به جای تعاریف و توضیحات، با پرسشنامه و "تست" به سراغتان آمده‌ایم.

به حکم آنکه آدمی همواره در افراط و تفریط است، در همین فصل یعنی گفتار ۲۲ با اختلالی آشنا می‌شویم به نام "کارشیفتگی". برای رهایی از آن بهتر است ویژگیهای این اختلال را بشناسیم تا در "اوج پیشرفت" و "هوش

فرهنگی"، خودمان را از یاد نبریم.

در همین ارتباط از "مدیریت و برنامه‌ریزی ژاپنی" آگاه خواهیم شد تا به برقراری تعادل و توازن در "کار" و "زندگی" دست یابیم.

آخرین گفتار این فصل (گفتار ۲۶) برای برخی مدیران اندکی "برخورنده" است؛ "مهارتهای پایه‌ای برای درخشش در مصاحبه‌های شغلی".

شاید مدیری تصور کند چه نیازی به این مهارت داریم؟ عجول نباشیم. "عجله" و "شتاب" ویژگی دیگری است از "عصر دیجیتالیسم".

تصور کنید کسب‌وکارمان به هر دلیلی تغییر پیدا کرده است. ناگریزیم در جایی دیگر به "استخدام" خود فکر کنیم. آیا می‌توانیم به مهارتهای خود ببالیم؟

پیش فرض دوم / تصور کنیم همه چیز روبه‌راه است. همچنان در کسب‌وکارمان مدیر هستیم، و تمامی امور به فرمان ما اجرا می‌شود. به عنوان یک ناظر خارجی، "فرد بیرونی"، یا "سوم شخص" یا "فرد غریبه"، منصفانه به ارزیابی خودمان بپردازیم. آیا همین اکنون به خود اجازه می‌دهیم تا سکان مدیریت را در دست گیریم یا نیازمند مهارتهای تازه‌ای هستیم و به بینشهای تازه‌ای نیاز داریم. در این صورت وقت داریم. حداقل می‌توانیم فصل نخست را با ۸ گفتار آن در همین کتاب بخوانیم.

فصل چهارم: برندسازی و ارتقای مهارتهای شخصی

تمام مساعی ما برای افزایش دانش، بینش، و مهارت در یک واژه به نام "برند" نهفته است. اکنون در این فصل می‌خوانیم چگونه برند خود را بسازید، چگونه برند خود را تعریف کنید، چگونه برند خود را متر کنید، و...

۷ گفتار را در فصل چهارم می‌خوانیم. در این فصل به رغم تکنیکهای برندسازی، تکنیکهایی برای خودارتقایی برند، راهکارهایی برای معماری

برند شخصی آمده است، همچنین با "ست گودین"، متفکر بازاریابی آشنا می‌شویم.

ست گودین، دانشمندی تمام‌عیار، و در عین حال سخنرانی جنجالی است که برای "برندسازی"، روشی کاملاً متفاوت با سایر بزرگان بازاریابی دارد. اگر دوست دارید بیشتر او را بشناسید، گفتار ۳۲ این فصل را بخوانید. در صورت تمایل، فیلمی را مشاهده کنید که همکارانم از سخنرانی "ست گودین" آماده کرده‌اند که به زبان انگلیسی است با زیرنویس فارسی (آن فیلم را می‌توانید از فروشگاه انتشارات بازاریابی تهیه کنید).

در این فیلم، در کمال تعجب می‌بینیم این دانشمند جهانی با جوراب‌های کاملاً لنگه به لنگه در صحنه ظاهر می‌شود تا به مدیران یاد دهد چگونه می‌توانند در دنیای پر از برند، برند خود را از میان "انبوه پیام‌ها" متمایز سازند. به همین دلیل است که او کتابی دارد به نام "گاو بنفش" و می‌تواند راز "برند شدن" را به آسانی بگوید.

فصل ۵: کارآفرینی و ارتقای مهارت‌های شخصی

فصل پنجم حاوی ۷ گفتار است؛ یعنی گفتار ۳۴ تا گفتار ۴۰. این فصل قرار است خروجی تمام کتاب باشد البته برای دو گروه:

الف) کارآفرینان جوان

ب) کارآفرینانی که به رغم داشتن سن و سال بالا، همچنان جوانند و جویای "نام".

هر دو گروه، سری پرشور دارند و در پی "طرحی نو" هستند. ویژگی‌هایی نظیر "پرانرژی بودن"، "جسور بودن"، "قدرت ریسک بالا"، الاکلنگی زندگی کردن به گونه‌ای که پای در زمین دارند اما به "آسمان" می‌اندیشند، بخشی از ویژگی‌های این گروه است.

این فصل برای هر دو گروه مفید است. به علاوه اگر مدیرانی دوست

دارند در آینده، فرزندانی کارآفرین پرورش دهند، گفتار ۳۸ برای آنان است. گفتار "کارآفرینان جوان بخوانند" همچنان برای گروه کارآفرینانی است که به لحاظ سنی جوان نیستند، ولی همچنان علاقه‌مندند خود را در دریای مواج کسب‌وکارهای تازه به مخاطره‌ی تازه‌ای بیندازند.

و در نهایت چهلمین گفتار یعنی فصل پایانی عنوان ساده‌ای دارد: چه کسانی را استخدام کنید؟ علاقه‌مندم تکرار کنم جوانانی که در پی کارآفرینی هستند باید بدانند چه کسانی می‌توانند در آغاز کار، آنان را به هدفهای قله‌ی اورستی برسانند. در غیر این صورت، جالب است بدانید آنانکه بارها کسب‌وکاری به راه انداخته‌اند، برای کارآفرینی تازه، همچنان همان لغزشهایی را دارند که "جوانان تازه‌کار" دارند. دلیل: کارآفرینان بدون توجه به سن و سال آنچنان مقهور و مفتون هدفهای قله‌ی اورستی هستند که بروز این خطاها، برای خودشان عادی است و دیگران را متعجب می‌کند.

لازم می‌بینم از همراهان عزیزم که همیشه یار و یاور من در انجام وظایف خدمت‌رسانی به اهالی باپتانسیل بازاریابی ایران بوده‌اند، صمیمانه تشکر کنم.

مرتضی امیرعباسی زحمات ارزشمندی را در نظم‌بخشی به این کتاب متحمل شدند، ضمن آنکه محمدرضا حسن‌زاده جوانیان هم کمکهای شایانی کردند.

احمد آخوندی، مدیر توانای انتشارات بازاریابی، و محسن جاویدمؤید، سردبیر دانای مجله‌ی "توسعه مهندسی بازار" نیز در ساماندهی مطالب و ویراستاری این کتاب تلاشهای ارزنده‌ای داشتند.

از تمام این عزیزان و سایر همراهان خوبم در گروه TMBA که هر یک ستاره‌ای درخشان و گوهری گرانبها هستند، صمیمانه تشکر می‌کنم.

آرزومندم با مطالعه‌ی کتاب "چهل گفتار پیرامون ارتقای مهارتهای شخصی در کسب‌وکار"، نگاه نقادانه پرورش یابد و با اظهارنظرهای خود

و ارسال آن، نگاهی نو به "ارتقای مهارتهای شخصی در کسب‌وکار" پدید آید و شاهد سازمانهای پرتوان در عرصه‌های گوناگون کشورمان باشیم.

لطفاً از طرق زیر دستورات و نظرات ارزشمندتان را به ما برسانید:

- سایت شخصی پرویز درگی: www.Dargi.ir
- نشانی اینترنتی: Info@TMBA.ir
- سایت انتشارات بازاریابی: www.MarketingPublisher.ir
- نشانی اینترنتی: Info@MarketingPublisher.ir
- نشانی انتشارات بازاریابی: تهران، خیابان آزادی (شرق به غرب)، بعد از خوش شمالی، کوچه نمایندگی، پلاک ۱، واحد ۱۰
- با شماره‌ی تلفکس: ۶۶۴۳۱۴۶۱ (۰۲۱)
- با شماره‌ی تلفنهای: ۶۶۴۳۴۰۵۵ (۰۲۱) و ۶۶۴۲۳۶۶۷ (۰۲۱)
- با شماره‌ی تلفن همراه شخصی‌ام: ۰۹۱۲۱۹۹۴۲۸۱

گر بخواهید در این یکدم عمر

نیک جویای حقایق باشید

و به چشم همه نیکان جهان

بس برازنده و لایق باشید

هدفی ناب بیابید و در راه وصال

عالم عامل عاشق باشید

سبز باشید
پرویز درگی

فصل اول

▼

بینشهای فردی
و ارتقای مهارتهای شخصی

گفتار اول

راهنمای پیشرفت شخصی؛ چگونه به اهدافی به بلندای قله‌ی اورست دست یابیم؟

گفتند گشتند!
اما هیچ کس پیدایشان نکرد...
گفتند ناپدید شدند... و
ت‌م‌ام
همه سیاه‌پوش شدند
قبرها کندند و آماده‌ی دفن هیچ...
کسی چه می‌داند...
شاید کوه شدند و نظاره‌گر سستی مردمانشان...

به یاد کوهنوردان قله‌ی امید، شهامت و انسانیت: پویا کیوان، آیدین؛ فاتحان برودپیک

سازمانها امروزه در محیطی کاملاً رقابتی به سر می‌برند و این مسأله چالشهای بسیاری را به بار آورده است. در واقع، کارکنان در شرایط فعلی، زمانی می‌توانند بخوبی از عهده‌ی وظایف خود برآیند که اولاً اهداف سازمان را بخوبی بشناسند و در ثانی از مهارت، دانش و شایستگیهای لازم برخوردار و در یک کلام توانمند باشند. افراد توانمند احساس می‌کنند که نقش مهمی در تحقق اهداف سازمان و آنچه اتفاق می‌افتد دارند و از این

رو موجب ارتقا و تعالی سازمان می‌شوند.

توانمندی فردی و خود-توانگری، قدرت درونی اشخاص در دستیابی به خواسته‌هایشان است. توانمندی، خود-اتکایی و خود-کارآمدی بیش از هر چیزی می‌تواند موجبات موفقیت و شادکامی درونی افراد را فراهم سازد. با این اوصاف چگونه می‌توان توانمندیهای درونی خویش را پرورش داد؟

یک راه، تعیین اهداف بزرگ و متعالی است، چیزی که از آن تحت عنوان "اهداف اورستی" یاد می‌شود. به قول بزرگی، "مردمانی که اهدافی والا و غنی دارند، فقر نمی‌شناسند؛ چرا که شخص به اندازه‌ی هدفهایش ثروتمند است." بنابراین چشم‌انداز و اهدافی متعالی و بلندمدت داشته باشید تا از شکستهای کوتاه مدت نرنجید. استیون اسپیلبرگ، کارگردان شهیر سینما می‌گوید، "توانگران پیش از آنکه به اهداف خود برسند در آیینه‌ی دل خویش، خود را توانگر می‌یابند." از این رو، توانگری نیرویی است که از درون فرد می‌جوشد و محیط پیرامونش را احاطه می‌کند. اهداف موجب می‌شوند تا در بیراهه قدم برنداریم و همچون کاهی روی آب روان، این سو وآن سو نرویم.

درواقع چیزی به نام بخت و شانس در زندگی معنا ندارد وخوش اقبالی تنها روی دیگرسکه‌ی پایداری در راه اهداف است. آیین توانگری و آرامش فکری در گرو هدف‌گذاری و زندگی پیرامون اهداف متعالی است. اگر می‌خواهید نقشه‌ی راه دستیابی به اهداف والا را به دست آورید، مطلب زیر را مطالعه کرده و مراحل آن را دنبال کنید.

گام اول: الهام‌گیری

اریک ویهن مایر، تنها فرد نابینای تاریخ بود که توانست در سال ۲۰۱۱ میلادی، بلندترین قله‌ی جهان، اورست، را فتح کند. او اصطلاح ناپخته‌ی

"آمال و آرزوهای کور" را متحول ساخت. اریک ۱۳ ساله بود که دچار نابینایی شد، اما از همان آغاز کودکی رؤیایی بزرگ در سر می‌پروراند و آن صعود به قله‌ی اورست بود. اریک می‌دانست که ممکن است برخی به او انگ دیوانگی بزنند. اما او در پی یافتن افرادی بود که بتواند رؤیای خود را با آنها سهیم شود. اریک بالاخره توانست یک حامی برای خود بیابد، پشتیبانی که به او و توانمندیهای درونیش ایمان داشته باشد. همین یک حامی کافی بود که گروهی دیگر از حامیان به پشتیبانی از اریک برخیزند. حامیان اریک به او کمک کردند تا به رؤیایش رنگ حقیقت بپاشد. این موفقیت آغازی بود برای خودباوری و خودیاوری بیشتر این کوهنورد روشندل و روشن هدف تا بر دیگر چالشها نیز فائق آید.

داستان اریک، منبعی الهام بخش برای تمامی ما است. اگر او توانست نابینایانه به قله‌ی بلند بالای اورست دست یابد، پس به یقین ما نیز می‌توانیم درتاریکی مطلق به دست و پنجه نرم کردن با بلندترین موانع مثل اورست بپردازیم و برآن چیره شویم. غلبه برموارد چالش‌برانگیز، نیرو و توانی زائدالوصف به ما تزریق می‌کند و موجب شکوفایی و بهره‌وری بالاتر در زندگی شخصی و حرفه‌ای می‌شود. بنابراین به دنبال الگوهای صالح و مشاورینی دلسوز باشید و از آنها الهام بگیرید تا مسیر پیش‌رویتان آشکارتر شود.

گام دوم:جامع‌نگر باشیم و چشم‌انداز خود را گسترده کنیم

فتح اورست نقطه عطفی در حیات اریک بود؛ چرا که او به یکی از رؤیاهای خود جامه‌ی واقعیت پوشانده بود. لازمه‌ی جامع نگری و گسترش چشم‌انداز، تعیین اهدافی والا و در عین حال دست‌یافتنی و متناسب با توانمندیهای درونی است.

تعیین اهداف دم دستی و کوچک موجب می‌شود که اهداف بزرگ

قربانی این انتخاب شوند، حال آنکه اهداف کوچک می‌بایست درخدمت اهداف بزرگ باشند و نمی‌بایست به اهداف خود به چشم آرمان نهایی نگریست. اهداف کوچک در کسب‌وکار، موجب کوچک شدن کسب‌وکار و کاهش توفیقات آن می‌شود. وقتی اهداف نازل خود را باور می‌کنیم، آنگاه زمانی است که شکست را پذیرفته‌ایم. دامنه‌ی دانایی، مهارتها و شایستگیهای خود را گسترش دهیم و به خوب بودن اکتفا نکنیم. به رؤیای خود احترام بگذاریم، اما به آنها متکی نباشیم و جامع‌نگری و ژرف‌نگری را سرلوحه‌ی امور خویش قرار دهیم.

راستی رؤیای شما چیست؟

گام سوم: هدف بزرگ خود را تعیین و در خود ایجاد شایستگی کنیم
ساز و کار تعیین اهداف اورستی، ورای هدفهای معمول و رایج است. اهداف اورستی نمودی از کامیابی فرا-تصور هستند. دستیابی به آنها نیازمند جانفشانی و پذیرش مخاطرات است، و دقیقاً به همین دلیل است که موجب افزایش توانمندیهای درونی افراد می‌شود. تعیین اهداف اورستی درست مانند بالارفتن از کوهی سترگ، دشوار، مخاطره‌آمیز و در عین حال هیجان‌انگیز، محرک و انگیزه‌بخش است. این اهداف به مانند قله‌ی کوهی هستند که از هر نقطه‌ای قابل مشاهده است و لذا نقش یک راهنمای مسیر را ایفا می‌کنند.

یک هدف بزرگ دارای ویژگیهای زیر است:

۱- موجب ایجاد تعهدی عمیق در ما می‌شود؛ زیرا عموماً به اهداف بزرگ خویش التفاتی ویژه داریم.

۲- نیازمند کوششی فوق‌العاده از سوی ما است.

۳- وابسته به میل باطنی و حقیقی ما به دستیابی به موفقیت است.

۴- با دست یافتن به این اهداف، یادگیری و خرد در ما بیدارتر خواهد

شد.

۵- موجب تقویت ارتباطات مثبت و روابط تیمی می‌شود؛ چرا که بعید است بتوان به تنهایی به قله‌ای بلند و صعب‌العبور مثل اورست دست یافت.

۶- نیازمند هماهنگی میان ارزشهای درونی و اهداف ما در زندگی است.

راهکار این است که خود را وقف یادگیری کنیم و همواره در قامت کسی باشیم که تشنه‌ی آموختن است. تعهد به ارزشهای ناشی از یادگیری، موجب افتادن پرده‌های ابهام از چهره‌ی روشن اهداف می‌شود. به نظرتان برای دستیابی به اهداف بزرگ خود نیازمند چه شایستگیهایی هستید؟ این شایستگیها را به‌صورت فهرستی درآورید و در صدد تحقق آنها برآیید. به یاد داشته باشیم، آموزش به مثابه مدیریت چشم‌انداز فردا است.

گام چهارم: چالش را درآغوش بکشیم و با آن گلاویز شویم

خود-چالش‌گری به جای سرک کشیدن در امور خصوصی سایرین، موجب می‌شود تا خود را قضاوت کنیم و در نهایت به نتایج بهتری دست یابیم. قدردان چالشها باشید؛ چرا که آنها موهباتی بزرگ در لباس مبدل هستند و موجب می‌شوند تا سریعتر به راه‌حل مناسب دست یابیم و فرصتهای مناسب را تشخیص دهیم.

گلاویز شدن با چالشها موجب می‌شود تا از مرزهای خود ساخته‌ی محدودیت خارج شویم.

البته در مسیر مقابله با چالشها، با موانع پیش‌بینی‌نشده‌ی فراوانی روبه‌رو خواهیم شد که سد راه ما در جاده ی موفقیت هستند. سرخوردگی، درماندگی، تردید و ترس از شکست و حتی وحشت از موفقیت، از جمله، این موانع و دست‌اندازها هستند، که گاه سرزده سد راه می‌شوند. حال آنکه

بردباری، تفکر راهبردی، خود تنظیمی و تفکر مبتنی بر برد و یادگیری از شکست موجب افزایش توانمندیهای درونی ما می‌شود.

در کتاب ارزشمند "قدرت اشتیاق: اورست خود را فتح کنید" می‌خوانیم، "پیروزی یک رضایت درونی، و احساسی ژرف از غرور و شعف است. خط‌کش موفقیت را می‌توان تنها در درون خود یافت، نه حرف و حدیث دیگران. همه چیز به ادراک ما از تلاشهایمان برمی‌گردد."

گام پنجم: این فرایند را تکرار کنیم

آیا افرادی همچون اریک، با فتح اورست دست از کار می‌شویند و در کنج عزلت می‌نشینند؟ پاسخ روشن است؛ هرگز.

اریک تا سال ۲۰۰۸، هفت قله‌ی بلند دنیا در پنج قاره را فتح کرده بود. دستیابی به نیروی درونی و بالندگی اندیشه، یک رویداد آنی نیست بلکه فرایندی مستمر و مادام‌العمر است. بنابراین پس از چشیدن طعم شیرین پیروزی، و بعد از پردازش و تحلیل دوباره‌ی موقعیت و یادگیری از تجارب و در آخر، گنجاندن تواناییهای جدید و تازه‌آموخته در زندگی روزمره، خود را آماده‌ی چالشهای جدید دیگر کنید. آیا به دیگر اهداف بزرگ خود فکر کرده‌اید؟ و اینکه اهداف بزرگ چگونه برتوان شما افزوده‌اند؟

این گفتار را با جمله‌ای از استیو جابز، رئیس هیأت مدیره و مدیرعامل فقید شرکت اپل به پایان می‌برم که گفت: "آنهایی که آن قدر دیوانه‌اند که فکر می‌کنند می‌توانند دنیا را دگرگون کنند، کسانی هستند که این کار را می‌کنند."

گفتار دوم

نقشه‌ی راه حرفه‌ای شدن

هر آنچه هستی، بهترین باش. حرفه‌ای بودن و اشراف همه‌جانبه به امور، از جمله مواردی است که در تمامی پدیده‌های اجتماعی و حوزه‌های حیات بشر جریان دارد و بخشی جدایی‌ناپذیر از زندگی انسان به شمار می‌رود. حرفه‌ای بودن در مفاهیم و پدیده‌های گوناگون چه در سطح فردی و چه در سطوح اجتماعی مطرح است؛ اخلاق حرفه‌ای، کسب و کار حرفه‌ای، شغل حرفه‌ای، سازمان حرفه‌ای، دولت حرفه‌ای، سیاست و دیپلماسی حرفه‌ای، کشور حرفه‌ای، فرهنگ حرفه‌ای، و... همگی از کلید واژگان آشنا در فرهنگ لغات حرفه‌ای بودن هستند.

افراد حرفه‌ای دیدی جامع‌نگر و نگرشی کامل بر مسائل مختلف دارند و از راه تجربه و کسب دانش قادرند که به موضوعات احاطه‌ی جامعی داشته باشند. آنها به دلایل متعدد از جمله هدفمندی، دارای دغدغه‌های گوناگون هستند و این دغدغه بر میزان اشراف آنها بر مسائل می‌افزاید. در کارها قاطعانه و با جدیت عمل می‌کنند، تجربه‌ای ارزشمند دارند، به مسائل مرتبط با خود اشراف فکری دارند و مدام در حال یادگیری هستند. بهره‌وری

کار حرفه‌ایها بسیار بالا است و می‌توانند با کمترین هزینه بیشترین دستاوردها و ارزشها را خلق کنند. آنها منافع بسیاری برای جامعه دارند و اینها تنها گوشه‌ای از مزایای بی‌شمار حرفه‌ای بودن است.

اما چگونه می‌توان حرفه‌ای شدن را به دست آورد؟

حرفه‌ای شدن را می‌توان به‌صورت علمی آموخت. مدل کسب مهارت دریفوس از جمله مدلهای موجود در زمینه‌ی مهارت‌آموزی، پرورش شایستگیها، و تبدیل شدن از فردی بی‌تجربه به انسانی حرفه‌ای است.

با اکتفای صِرف به دانش‌اندوزی نمی‌توان مهارت‌آموزی کرد. حرفه‌ایها تنها باهوشتر، داناتر یا سریعتر از غیرحرفه‌ایها نیستند بلکه، تفاوت عمده‌ی آنها از غیرحرفه‌ایها، در نوع دیدگاهشان و نوع جهان‌بینی آنها و نیز رویکردشان در قبال مسائل و مشکلات مختلف است.

برادران دریفوس در اوایل دهه‌ی ۱۹۸۰ میلادی یک الگوی ۵ مرحله‌ای برای حرفه‌ای شدن را پی‌ریزی کردند که در ادامه به آن می‌پردازیم.

سطوح ۵ گانه‌ی مهارت

۱- مبتدیها یا نوآموزان

هدف اصلی افراد مبتدی این است که نیازها و وظایف فوری را برطرف کنند. از آنجا که آنها تجربه‌ی قبلی کافی ندارند، تا حدی سست بوده و به موفقیتهای ابتدایی دل می‌بندند. آنها نیاز به دستورالعملهای شفاف و رویه‌های غیرمبهم دارند تا همان قواعد را عیناً پیگیری کنند. درست مانند نوعروسان که برای آشپزی دست به دامان دستورهای غذایی کتابهای آشپزی می‌شوند و مو به مو موارد را دنبال می‌کنند، آنها نیز تنها پیگیر دستورات و قواعد هستند و برای چیزهای دیگر احساس مسئولیت نمی‌کنند.

برای ارتقای مبتدیها می‌بایست آنها را از نزدیک مورد نظارت قرار داد

و دقت کرد که اعمالشان تا حد امکان در راستای تحقق اهداف دستوری باشد. بنابراین، پیشرفت مبتدیها در گرو تدوین قواعد و دستورالعملها و شیوه‌نامه‌ها است.

۲- تازه‌کارهای پیشرفته

تازه‌کارهای پیشرفته نیز از قواعد پیروی می‌کنند. اما قادرند این قواعد را برحسب شرایط و زمینه‌های مختلف و مشابه نیز به کار برند. بدین‌رو، قوانین سفت و سخت برای آنها تنها نقش راهنمای عمل را دارند. آنها چیزهای جدید را امتحان می‌کنند، اما همچنان در رفع مشکلات ضعیف هستند. تمرکز تازه‌کارها درست مانند مبتدیها بر تکمیل وظایف است.

برای ارتقای این قبیل افراد می‌بایست آنها را با شرایط واقعی البته محدود و کنترل‌شده مواجه ساخت تا کسب تجربه کنند (البته هر چه می‌توانید مفاهیم پیچیده را برای آنها ساده کنید تا با مشکلات زیادی روبه‌رو نشوند).

۳- شایسته‌ها

افراد شایسته قادرند تا قواعد و راهنماهای پیچیده را ساده‌سازی و برحسب ارتباط و اولویت دسته‌بندی و طبقه‌بندی کنند و بر اساس آن الگوهای مفهومی استخراج کنند. آنها می‌توانند از سد مشکلات عبور کنند و برای مسائل راه‌حل بیابند، آنها براساس برنامه‌ریزی و تجارب پیشین خود عمل می‌کنند. آنها توان تصمیم‌گیری دارند و مسئولیت دستاوردها و نتایج خود را می‌پذیرند.

برای ارتقای افراد شایسته باید آنها را در معرض انواع مختلف شرایط جامع و واقعی قرار داد. آنها قادرند که میان مفاهیم پراکنده، ارتباطی منطقی بیابند و به الگویی یکپارچه برای عمل و حل مسائل دست یابند.

۴- افراد حاذق

افراد حاذق نه تنها می‌توانند الگوهای مفهومی بسازند بلکه، قادرند که یک چارچوب مفهومی جامع از مهارتهای خود ایجاد کنند تا مورد تقلید و پیروی سایرین قرار گیرد. آنها جامع‌نگرند و از اطلاعات بسیار ریز پرهیز می‌کنند. افراد حاذق نسبت به عملکردها و شایستگیهای خود آگاهند و می‌توانند رفتار خود را برحسب آن تنظیم کنند، بنابراین از تفکر تدبیری برخوردارند.

آنها همچنین قادرند تا از تجارب دیگران بهره‌برداری کنند و با تفسیر دقیق قواعد از آن پند و راهنمایی بگیرند. تفکر استراتژیک در اینگونه افراد موجب می‌شود که بتوانند بسته به شرایط و موقعیت عمل کنند.

برای ارتقای افراد حاذق نیاز به تمرین است. قوانین، خط‌مشی‌ها و دستوراتِ بخشنامه‌ای تنها موجب سرکوب مهارتهای آنها می‌شود. تخصص از طریق دانش عملیاتی به دست می‌آید و آنها تخصص خود را از راه تجربه‌ی آزادانه به دست می‌آورند.

۵- متمایز بودن حرفه‌ایها

وجه تمایز حرفه‌ایها در فراست و قوه‌ی فرصت‌یابی آنها نهفته است، آنها بینشی عمیق دارند و تنها کارهایی را انجام می‌دهند که کارآمد و اثربخش باشد. صرفاً در انجام کارهایشان به برنامه‌ریزی یا تحلیل پناه نمی‌برند. در حالی‌که افراد حاذق می‌توانند مشکلات را شناسایی کنند، حرفه‌ایها قادرند که با فراست بالای خود این مشکلات را برحسب شرایط حل کنند. آنها به سادگی قادرند که الگوها را از میان پیچیدگیها استخراج کنند.

هر چند حرفه‌ایها افرادی شهودی هستند، اما از بیان نحوه‌ی رسیدن به نتایج ابا دارند. به ظاهر حرفه‌ای بودن در این مرحله ختم می‌شود. اما مسیر حرفه‌ای شدن، راهی بی‌پایان است.

کاربرد مدل دریفوس

چگونه می‌توان مدل دریفوس را در زندگی روزمره گنجاند و آن را به کار بست؟ در ادامه به برخی از نکات مهم در این خصوص پرداخته می‌شود.

فرایند مهارت‌آموزی را حتی‌المقدور مولد و کارآمد کنید. مهارت‌آموزی کلید اشتغال پایدار و موفقیت جامعه است و موجب ارتقای شایستگیهای افراد می‌شود، لذا فرایندی مولد است. زمانی که افراد آگاهی مناسبی در خصوص سطح مهارتها و استعدادهای خود داشته باشند، می‌توانند با دقت بهتری به مدیریت بر خویشتن و یا رهبری دیگران بپردازند. برای مثال اگر می‌خواهید که مبتدیها در بهترین حالت خود ظاهر شوند، باید قواعد شفافی را برایشان تدوین کنید.

در مقابل، قواعد و دستوالعملها موجب کاهش عملکرد افراد حرفه‌ای می‌شود و نباید آنها را در قیدوبند قوانین انداخت. بدین‌رو، برحسب شایستگیهای افراد، آنها را رهبری و مدیریت کنید.

گفتار سوم

از مهندسی قهرمان درون
تا مدیریت نادان درون

همه‌ی ما انسانها، در ضمیر ناخودآگاهمان یک قهرمان داریم که دارای ویژگیهایی است که تنها در او یافت می‌شود و با قهرمان دیگری مشترک نیست.

قهرمان ما گاه تصمیم می‌گیرد که با مشکلات گلاویز شود و گاه به طریقی هوشمندانه آنها را مهندسی می‌کند. این قهرمان متعهدانه در راهی که پیش رو دارد قدم برمی‌دارد و برای ایجاد تعادل در دنیای خویش، راهکار می‌یابد.

قهرمان ما گاه دلسرد و دچار تردید می‌شود، اما سرانجام نفس عمیقی می‌کشد، موقعیت را می‌پذیرد و برای مقابله با آن قدم برمی‌دارد. قهرمان درون منبعی پایان‌ناپذیر و عاملی انگیزه‌بخش برای ما است. تنها دشمن قهرمان درون انسانها، نادان درون آنها است.

این جنگ و کشمکش داخلی فرصتها و تهدیدهای بسیاری را در اختیار ما قرار می‌دهد که با مهندسی آن می‌توان به دستاوردهای بسیاری نائل شد. جسیکا هگی، از مطرحترین نویسندگان مجله‌ی فوربس، راهکارهایی دارد

که از قهرمان شما یک ابرقهرمان بسازد. تا قهرمان شدن تنها چند پله‌ای فاصله است.

۱- مدیریت نبوغ: روحیه‌ی کاوشگری خود را شارژ کنید

همیشه در جستجوی ایده‌ها، عقاید، آدمها، و اندیشه‌های متفاوت باشید. قهرمان درون ما اَبَرانسانی است ماجراجو و کاوشگر. کاوشگری، افراد را در موقعیتی قرار می‌دهد که آنها مسائل خود را از طریق اندیشه، کاوش و پژوهش به مدد شواهد موجود یا گردآوری شده بیازمایند و شخصاً از آنها نتیجه‌گیری کنند. حس کاوشگری با کندوکاو شکوفا شده و شکل می‌گیرد. برای تقویت روح کاوشگری خود، از سرکوب بی‌جهت کودک درونتان پرهیز کنید.

نتایج تحقیقات نشان می‌دهد، کودکانی که در شکستن و جدا کردن قطعات اسباب‌بازی تبحر دارند، در آینده افراد خلاقتری خواهند بود!

۲- مدیریت دانش: دیگران را در یافته‌های خود سهیم کنید

سخاوت، شاخصه‌ی انکارناپذیر قهرمان درون است. هر کسی شایستگی همراهی شما را در ماجراجویی‌هایتان ندارد؛ اما با این حال هرکسی لایق آن است تا از چشمه‌ی تجاربتان سیراب شود. اشتراک دانش روشی منحصر به فرد در به دست گرفتن ابتکار عمل و رهبری است. پنهان کردن دانسته‌ها و داشته‌ها در پستوتهای ذهنی تنها موجب تقویت و تغذیه‌ی نادان درون خواهد شد. اشتراک هدفمند دانش در سازمانها به یادگیری سریعتر فردی و سازمانی منجر شده، خلاقیت را توسعه می‌دهد و در نهایت به بهبود عملکرد فرد و سازمان می‌انجامد.

۳- مدیریت زمان: بیکار ننشینید

خود را سرگرم کاری کنید، بسازید، ارتباط بگیرید و شبکه‌ی روابط خود

را گسترده کنید، از دیگران دستگیری کنید، خلق کنید و سازنده باشید. عموماً انسانها در آینده از اینکه کاری را کرده‌اند احساس پشیمانی نمی‌کنند بلکه، ندامت و غبطه‌ی آنها بابت کارهای مفیدی است که توانایی انجام آن را داشته اما نکرده‌اند. تن‌پروری، و پدیده‌ی موسوم به پرسه‌زنی افکار از کارهای مورد علاقه‌ی نادان درون است.

۴- مدیریت درون: خارق‌العاده‌ی درونتان را دریابید

هیچ‌کس عادی نیست، همه‌ی انسانها خارق‌العاده‌اند؛ چرا که هر انسانی دارای خصیصه‌ها، افکار و بینش مختص و منحصر به خود است. همواره یک نسخه‌ی دست اول از خودتان باشید تا یک نسخه‌ی دست دوم از دیگری. هیچ‌گاه خصوصیات منحصربه‌فردتان را پنهان نکنید.

۵- مدیریت اهداف: دارای آرمان باشید

همه‌ی ما دوست داریم به آدمهای بزرگ و مهمی تبدیل شویم، همگی ما دارای آرزوها و نقشه‌های بسیاری برای زندگی خود هستیم و علاقه‌مندیم که حتماً به آنها دست یابیم. آن آرزوها هدفها و آرمانهای ما می‌شوند و نقشه‌هایی که می‌کشیم، راه و ابزارهایی می‌شوند که برای رسیدن به آن اهداف و آرمانها از آنها استفاده می‌کنیم.

زندگی بدون امید و هدف مانند کشتی بدون سکانی است که با هر بادی این سو و آن‌سو می‌شود.

۶- مدیریت نادان درون: غرور و تکبر را به حداقل خود برسانید

نادان درون همواره طالب غرور، تکبر و خود برتربینی است. چنانچه تکبر شما آشکارتر از تخصصتان باشد، مردم از شما دوری خواهند کرد. تکبر خطری است که همه را تهدیدمی‌کند؛ اما مدیران بیشتر از همه در معرض

این خطر هستند. تکبر آفت مدیریت است. به قول اندیشمندانی چون نیچه، تکبر آسانترین راه برای از بین بردن سرافرازیها است.

۷-مدیریت بالندگی: با قلمروی آسایش خود خداحافظی کنید

دست به کارهای تازه بزنید، ریسک‌پذیر باشید تا بتوانید از سد دیوارهای خودساخته در مقابل رشد و تعالی عبور کنید. مادامی که در نقطه‌ی آسایش‌تان پناه بگیرید، رشد نخواهید کرد. بسیاری از افراد به ظرفیت کامل خود دست نمی‌یابند؛ زیرا از مبادرت کردن به خارج از قلمرو آسایش می‌ترسند. این افراد، اغلب کمتر از آنچه سزاوارش هستند کسب معاش می‌کنند. برخی افراد در قلمرو آسایش باقی می‌مانند، چون از موفقیت می‌ترسند.

۸- مدیریت تقلیدگریز: خواهی که شوی رسوا همرنگ جماعت شو!

آیا تا به حال به این فکر کرده‌اید که انسانها در تقلید بیش از دیگر مسائل از یکدیگر سبقت می‌گیرند؟ به جای آنکه مسافری بر قطار دیگران باشید، قطار خود را برانید. تقلید کورکورانه، نشانه‌ی آشکار زوال اندیشه است. تقلید به دور از آگاهی، از عوامل اصلی رخوت در عمل و ایستایی و نیز عامل کورکننده‌ی جوشش فکری است.

۹- مدیریت ترس: شهامت به توان بینهایت

برای آنکه بتوان ایده‌های متفاوت ابراز کرد و قدم به مسیرهای غیرمنتظره گذاشت نیاز به شهامت است. غرور و ترس بزرگترین دامهای بشری هستند!

۱۰- مدیریت بی‌توجهی: توجه به نق‌نق‌ها ممنوع!

نق‌زدن یکی از آسانترین شیوه‌ها، اما نه مؤثرترین راه، برای نشان دادن عدم

رضایت از چیزی است. تلخ‌اندیشی، تلخ‌سخنی، و تلخ‌نمایی، ژست همیشگی نادان درون ما است. تلخ‌اندیشی مانعی محکم بر سر راه رسیدن به کامیابی است.

گفتار چهارم

آینده‌سازی یا آینده‌سوزی؛ انتخاب با شما است

روزی کارمندان یک سازمان اطلاعیه‌ی ترحیم بزرگی را در تابلوی اعلانات ورودی مشاهده کردند که روی آن نوشته شده بود:

"دیروز فردی که مانع پیشرفت شما در این اداره بود درگذشت. بدین‌وسیله از شما دعوت می‌شود تا در مراسم تشییع آن مرحوم رأس ساعت ۱۰ صبح در مقابل سالن اجتماعات حضور به هم رسانید."

در ابتدا همه از شنیدن خبر فوت یکی از همکاران خود غمگین شدند اما پس از مدتی، همه کنجکاو شدند تا بدانند فردی که مانع پیشرفت آنها بوده چه کسی بوده است.

بالاخره این کنجکاوی، تقریباً تمام کارمندان را رأس ساعت ۱۰ به سالن اجتماعات کشاند. همه با هیجان خاصی پیش خود فکر می‌کردند که، "حقش بود که مرد! مگر نفهمیم که این آدم دو دوزه باز چه کسی بوده است!"

کارمندان کنجکاوانه و با کمی عصبانیت به صف شدند تا زودتر خائن را درون تابوت ببینند، اما هر که بالای تابوت می‌رسید از شدت تعجب

خشکش می‌زد و زبانش بند می‌آمد.

آیینه‌ای درون تابوت گذاشته شده بود و هر کس درون تابوت را نگاه می‌کرد، تصویر خود را می‌دید. نوشته‌ای نیز بدین مضمون در کنار آیینه بود: "تنها یک نفر وجود دارد که می‌تواند مانع از رشد شما شود و او کسی نیست جز خود شما...

زندگی شما تنها زمانی تغییر می‌کند که شما تغییر کنید... شما تنها کسی هستید که مسئول زندگی خودتان هستید... مهم‌ترین رابطه‌ای که در زندگی می‌توانید داشته باشید، رابطه با خودتان است.

"دنیا مثل آیینه است و انعکاس افکاری را که فرد قویاً به آنها اعتقاد دارد، به او باز می‌گرداند..."

ذکر این ماجرا در واقع پیش‌درآمدی بود برای ورود به بحث اصلی. آینده چیزی نیست که انسان به ارث ببرد بلکه، چیزی است که خود می‌سازد. به بیان ساده، آینده آیینه‌ی حال ما است.

در این میان محیط کار و فضای پیرامونی ما می‌تواند به عنوان بستری برای ساختن آینده بر روی آن باشد. چنانچه بنای این ساختمان از همان خشت اول طبق اصول پایه‌ریزی شود، آنگاه می‌توانید امیدوار باشید که بستری مستحکم و قابل اتکا را برای آینده‌ی خویش فراهم کرده‌اید. با این حال، تغییرات فزاینده‌ی اقتصادی و فناوری کماکان ماهیت کار را نیز دستخوش تغییر و تحول کرده است.

امروزه حتی داشتن شغلی فوق‌العاده نیز نمی‌تواند تضمین‌کننده‌ی موفقیت شغلی آتی شما باشد.

اما اساتید هاروارد پیشنهاداتی ارزنده دارند که می‌تواند آتیه‌ای خوش را برای شما رقم بزند و آینده‌ی شغلی و شخصی‌تان را دچار تحول سازد. به گمان کارشناسان هاروارد، عصر کنونی دروازه‌ی ورود به عصر جدید کار است، عصری که آینده‌ی شما در آن به آن بستگی دارد که صدایتان

در میان هیاهوها گم نشود. حال برای آنکه به این مهم دست یابید، باید در سه زمینه مهارت کسب کنید: برندسازی شخصی، کارآفرینی، و ارتباطات بیشتر.

• برند شخصی خود را بسازید

منظور از برندسازی شخصی آن است که صدای شما در میان هیاهوهای فراوان، به اندازه‌ی کافی رسا و قابل فهم باشد. به این ترتیب هرچه برند شخصی شما قویتر باشد، صدای شما بلندتر به گوش سایرین می‌رسد.

ما علاوه بر اینکه شخصیتی حقیقی هستیم، یک برند نیز محسوب می‌شویم، از این رو مادامی که برند نباشیم این شخصیت تبلور نخواهد یافت و نامرئی خواهد بود.

برند بودن به معنای آن است که یک ویژگی شاخص از خود و چیزی که شما را از دیگران متمایز می‌کند در معرض دید سایرین قرار دهید، درست مانند فروشنده‌ای که بهترین اجناس خود را پشت ویترین قرار می‌دهد.

به‌طور کلی یک برند شخصی از مجموعه‌ای از عوامل درونی (اعم از چشم‌انداز و آرمان درونی، و سیستم ارزشی و اعتقادی مثبت) و عوامل بیرونی (حالات چهره، تُن صدا، تماس چشمی، زبان بدن، ارتباطات اجتماعی با دوستان و دیگران، بهداشت و آراستگی، و نیز میزان اثرگذاری) تشکیل یافته است.

دلیل موفقیت افرادی چون دیوید بکهام و یا حتی ماهاتما گاندی در قیاس با رقبا و همقطاران به مراتب با استعدادتر خویش مرهون همین موضوع است. آنها به این امر واقف هستند که اگر به یک پدیده‌ی بازاریابی تبدیل شوند، کامیابی بیشتری خواهند یافت تا آنکه صرفاً بر استعدادهای خود اتکا کنند. بنابراین، افراد اینچنینی بیشتر بر پرورش و بالندگی برند

شخصی خود تمرکز دارند.

برندهای موفق ساده، بی‌پیرایه، و در عین حال جذابند. به قول آنتوان سنت اگزوپری، نویسنده‌ی شهیر شازده کوچولو، "کمال زمانی حاصل می‌شود که بتوان چیزی به آن افزود، اما نتوان چیزی از آن را حذف کرد." و در آخر این جمله را ملکه‌ی ذهن خود کنید که نام‌ها به سختی در حافظه تاریخ می‌مانند، برای جاودانه بودن نقشی باید داشت!

برای توضیحات بیشتر در این باره، به فصل چهارم همین کتاب مراجعه کنید.

● تفکر کارآفرینی را چراغ راه خویش کنید

کارآفرینی مثل نظم و ترتیب بخشی به تکه‌های پازلی درهم ریخته است. کارآفرینی برای جامعه ارزش‌آفرینی می‌کند. همگی ما دارای مشغله‌های فراوان هستیم، با این حال تنها فعالیتی که دراین میان اهمیت دارد بحث کارآفرینی است. کارآفرینی تفاوت میان مشغله و اشتغال است.

تفکر کارآفرینانه رمزماندگاری در دنیای کسب‌وکار خواهد بود. کارآفرین کسی است که به جای آنکه در کسب‌وکار فعالیت کند، روی کسب‌وکار فعالیت می‌کند. امروزه کسانی که توانایی ایجاد و بال و پر دادن به یک کسب‌وکار را داشته باشند، از مهم‌ترین دارایی‌های انسانی به شمار می‌روند.

واژه‌ی کارآفرینی را می‌توان مترادف با عامل تغییر بودن در نظر گرفت. یافتن عاملان تغییر دشوار، مدیریت آنها دشوارتر، و نگه داشتن این قبیل افراد دشوارترین کارها است. اگر عامل تغییر نباشید، به‌راحتی می‌توان فرد دیگری را جایگزین‌تان کرد.

به فصل پنجم با عنوان "کارآفرینی و ارتقای مهارت‌های شخصی" مراجعه کنید تا بیشتر با این موضوع آشنا شوید.

● ارتباطات بیشتری داشته باشید

عصر پیش‌رو، عصر اطلاعات به‌علاوه‌ی ارتباطات است. ارتباطات بیشتر به معنای آن نیست که ۲۴ ساعت در روز و هر روز هفته آنلاین باشیم بلکه،

به معنای ارتقا و غنابخشی به تجربه‌ی آنلاین دیگران است.

به‌عبارتی به جای صرفاً مصرف‌کننده بودن، تولیدکننده‌ای توانمند در محیط آنلاین باشیم. امروزه یافتن یک منبع اطلاعاتی قابل اتکا و مورد اطمینان در دنیای مجازی تقریباً به امری دشوار تبدیل شده است، و چنانچه ابتکار عمل در حوزه‌ی تولید محتوا را به دست بگیرید پیروز آینده‌ی این میدان خواهید بود. در این صورت با تولید محتوای نو و جدید به کاربران جهت می‌دهید و رهبران عصر آینده خواهید بود.

گفتار پنجم

جوشش از درون؛ راههایی برای باانگیزه بودن

آیا وقتی کاری را به دست گرفتید، آن را به سرانجام می‌رسانید حتی اگر کاری دشوار و طاقت‌فرسا باشد؟ آیا اهل کشف و شهود و دانستن بیشتر در حوزه‌های کاری خود هستید؟ آیا مدام باید کسی کارهایتان را به شما گوشزد کند؟ آیا به مهارت‌آموزی و پرورش شایستگیهای ذاتی اهمیت می‌دهید؟ آیا نقاط قوت خود را می‌شناسید و در وقت لزوم از دیگران کمک می‌گیرید؟ آیا به توانمندیهای خود واقف هستید؟ آیا از هر کاری که انجام می‌دهید به هیجان می‌آیید؟ یا گاهی برای شروع کار به کمک بیشتری نیاز دارید؟

شاید کشوهای شلوغ و درهم‌ریخته را نادیده می‌انگارید بدون اینکه وقتی را برای مرتب کردن آنها اختصاص دهید. یا شاید ترجیح می‌دهید برای جلوگیری از مجادله به جای تذکر به کارمندی که همیشه دیر سر کار حاضر می‌شود رفتار او را تحمل کنید. شاید هم اولویتهای کاری خود را طوری برنامه‌ریزی می‌کنید که کارهایی را که دوست ندارید در انتهای فهرست قرار گیرند.

جیم کالینز در کتاب پرآوازه‌ی خود، "از خوب به عالی"، تعدادی از مهمترین ویژگیهای سازمانهای متفکر را برمی‌شمارد. از نظر وی این قبیل سازمانها دارای یک آرمان و چشم‌انداز جمعی و شفاف بوده و نسبت به آینده، خوشبین هستند. آنها دارای تعصب سازمانی هستند و احساس تعلق زیادی به سازمان دارند. نتیجه‌گرا هستند و از تعیین اهداف کوچک دوری می‌جویند. کارکنان این قبیل سازمانها متواضع و حرفه‌ای هستند و مهمتر آنکه خودجوش بوده و دارای مهارتهای خودانگیزشی هستند.

هر چقدر در انجام کارها تعلل کنید، استرس و فشار بیشتری را متحمل خواهید شد. بعد از مدتی ممکن است کاملاً اعتماد خود را از دست بدهید و تصور کنید که اصلاً قادر به تکمیل کاری نیستید. بسیاری از ما گاهی برای انگیزه‌دار شدن به کمک نیاز داریم. و ممکن است بسیار سخت باشد، اگر می‌دانیم باید کاری را انجام دهیم اما نمی‌توانیم به شروع آن اقدام کنیم.

مدیریت بر احساسات و راهکارهایی برای خودانگیختگی

احساسات کلید درک ما از ریشه‌ی چالشها هستند. شما نباید همیشه فقط به انجام کار فکر کنید. باید احساسات خود را هدایت کنید نه اینکه اجازه دهید احساسات شما را هدایت کنند. ذهن خود را در جهت مثبت‌اندیشی پرورش دهید و مهارت مثبت‌اندیشی را تمرین کنید تا ذهنی فرصت‌یاب داشته باشید. آمادگی بدنی خود را با تغذیه و ورزش حفظ کنید تا انرژی کافی داشته باشید. پازل خود را با انسانهای باانگیزه و حرکتی تکمیل کنید. و در صورت امکان، از معاشرت با انسانهای منفی‌باف دوری کنید. برای خود هدفگذاری کنید، اما اهداف خود را با تفکر راهبردی و به‌صورت انعطاف‌پذیر تعیین کنید و در مسیر دستیابی به اهداف خود از کمال‌گرایی پرهیز کنید. ضمناً از هدفهای دم‌دستی و کوچک دوری کنید. سعی کنید امروزتان بهتر از دیروز باشد و فردا از امروزتان بهتر باشد و البته از

شکستهای خود درس بگیرید. فراموش نکنید که موفقیت نه یک مقصد بلکه، مسیری ادامه‌دار است.

برای تزریق هدف به موقعیتی که در آن قرار دارید از یک یا چند مرحله‌ی زیر استفاده کنید.

پیش به سوی تعادل

بر هم خوردن توازن در زندگی موجب سرکوب انگیزه‌های درونی می‌شود. گاه مرز میان زندگی حرفه‌ای و شخصی به قدری کمرنگ می‌شود که نمی‌توان تمایزی میان آنها قائل بود. مدیریت تعارض در بین حجم زیاد کار و دغدغه‌های زندگی شخصی از جمله توانمندیهای ضروری برای اهالی کسب‌وکار است. روز خود را بخش‌بندی کنید و زمان خود را صرف انجام اموری کنید که بیشترین ارزش را برایتان تولید می‌کنند. سازگارپذیری را بیاموزید و حتماً زمانی را صرف فراغت و خانواده کنید تا سطح انرژیهای درونی‌تان ارتقا یابد.

بر سندرم ترس از موفقیت غلبه کنید

دست و پا زدن در قلمروی آسایش موجب می‌شود که ظرفیتهای درونی ما آزاد نشود و به آنچه سزاوار آن هستیم دست نیابیم. ماندن در قلمروی آسایش، نشانه‌ای از سندرم ترس از موفقیت است.

آیا از اینکه کارها را به گونه‌ای که باید و شاید انجام ندهید واهمه دارید؟ و یا شاید قضاوتها و گفته‌های سایرین در خصوص دستاوردهایتان اهمیت بسیاری برای شما دارد؟ آیا از اینکه به خاطر موفقیت خود مورد بغض و نفرت قرار بگیرید می‌ترسید؟ و یا از اینکه متهم به خودنمایی شوید از بیان و ابراز توانمندیهای خود دوری می‌جویید؟ ترس از موفقیت عاملی است که موجب می‌شود بسیاری از انسانها به آمال و آرزوهای خویش

دست نیابند. ترس از موفقیت عموماً ناشی از ترس افراد از تغییر است.

ترس یکی از محرکهای بسیار قوی برای انسان است. پاسخ "جنگ یا گریز" به احساس ترس به عنوان منبع بستگی دارد. بنابراین ترس را به خدمت بگیرید. اگر شغل خود را از دست داده‌اید و نگران اتفاقات آتی هستید و نمی‌دانید برای پرداخت اجاره‌ی خانه از کجا باید پول تهیه کنید خود را به هر دری می‌زنید، با ترس خود مقابله کنید. ترس و پریشانی نقطه‌ی مقابل اعتماد و ایمان است. موضوعاتی که زمانی مانع به حساب می‌آمدند، کم‌کم راهی پس‌زمینه‌ی زندگی می‌شوند. احساساتی که در شما ایجاد انگیزش می‌کنند را به خود یادآوری کنید آیا احساس خوبی را که بعد از اولین فروش داشتید، به یاد می‌آورید؟ و یا وقتی پس از بارها صحبت با مشتری موفق به بستن قراردادی عالی شدید؟ احساساتی را که پس از پایان کارهای مهم داشتید، به یاد آورید و بدانید که پس از پایان این کار مهم همان احساس را خواهید داشت.

خط پایان را در نظر بگیرید

بسیاری از مردم تمایل دارند که مرحله‌ی بعد را ببینند (به جای آنکه تصویر بزرگتری را پیش خود مجسم کنند.) اگرچه این تکنیک هم مزیتهای خود را دارد اما هر از گاهی توجه به نقطه‌ی پایان هم مهم است. اگر این کار را نکنید و به‌طور مستمر بر جزئیات روزبه‌روز تمرکز کنید در نهایت متعجب خواهید شد که چرا فقط در حال انجام یک کار هستید. یادآوری نتیجه و بازده به خود بسیار اهمیت دارد؛ زیرا همان چیزی است که از اول کار شما را به هیجان می‌آورد.

چالشها به ما انگیزه می‌دهند

بعضی از مردم از مبارزه لذت می‌برند. مثلاً می‌خواهند میزان فروش خود

را در یک هفته بالا ببرند، یا ۲۰ تماس تلفنی جدید در روز داشته باشند و یا بهره‌وری خود را تا ۱۰ درصد افزایش دهند. اگر شما هم چنین هستید، ممکن است با قرار دادن ضرب‌العجل برای خود و یا مقید کردن خود به مبارزه برای بهتر شدن به خود انگیزه دهید. پیشرفت خود را ردیابی کنید یکی دیگر از چیزهایی که سبب ایجاد انگیزه می‌شود، دیدن پیشرفتها است. موضوعات فهرست وظایف روزانه را پاک نکنید بلکه، جلوی آنها بنویسید "انجام شد" (به شرطی که واقعاً انجام داده باشید) پس حتماً انجام دهید. دیدن فهرستی از کارهای انجام شده به شما کمک می‌کنید تا ببینید چه کارهایی انجام داده‌اید.

رقابت انگیزش ایجاد می‌کند

یکی دیگر از راههای ایجاد انگیزش رقابت است. بعضی والدین برای وادار کردن بچه‌ها به جمع کردن اسباب بازیهایشان از بازی کمک می‌گیرند و بچه‌ها را تشویق می‌کنند که با هم مسابقه بگذارند که چه کسی زودتر از دیگران وسایل و اسباب‌بازیها را سر جایشان قرار می‌دهد. بچه‌ها هم از این بازی لذت وافر می‌برند. این کار برای شما هم نتیجه می‌دهد.

گزینه‌های دیگر را حذف کنید

طارق را به یاد آورید، فرماندهی را که پس از ورود به اسپانیا، یکی از اولین دستورات او این بود که مردانش کشتیها را بسوزانند. با این کار او می‌خواست فکر عقب‌نشینی از ذهن آنها پاک شود. اگر نقشه‌ها درست از آب درنمی‌آمد، مردان او این گزینه را که هر وقت می‌خواستند می‌توانند به خانه برگردند را نداشتند. این مرحله ترس‌آور است، اما گاهی تنها گزینه‌ای است که مؤثر خواهد بود. برای اشخاصی که می‌خواهند برای خودشان کار کنند حتی اگر کسب‌وکار جنبی موازی با کار تمام وقت خود

به راه انداخته باشند، کنار گذاشتن آن شغل ایمن روزانه مانند همان سوزاندن کشتی است. چون چیزی وجود نخواهد داشت که برای برگشت به آن تکیه کنند پس باید موفق شوند.

با دیگران صحبت کنید

اگر برای خود هدفی در نظر گرفته‌اید، آن را پیش خود نگاه ندارید. هدف خود را با اشخاصی که به آنها اعتماد دارید در میان بگذارید. وقتی هدف خود را آشکار کردید، تسلیم شدن سخت‌تر خواهد بود. بسیاری از مردم دوست ندارند دیگران متوجه شوند که آنها نتوانسته‌اند به هدف خود دست یابند برای همین تلاش خود را مضاعف می‌کنند تا به موفقیت دست یابند. والتر بگهات می‌گوید: بزرگترین لذت دنیا انجام کاری است که دیگران می‌گفتند شما نمی‌توانید انجام دهید، اما توانستید.

ایده‌های تازه بگیرید توفان مغزی و جمع کردن بازخوردها یکی از بهترین راهها برای گرفتن ایده‌های تازه و افزایش انگیزش است.

یادآوری روزانه

هدف خود را تصریح کنید. برای کسانی که با مفهوم تصریح روزانه‌ی هدف آشنا نیستند توضیح می‌دهیم که این کار به این صورت است که در یک یا دو جمله چکیده‌ی هدفی را بنویسید که دوست دارید به آن دست یابید. باید هدف شما مشخص و کوتاه نوشته شود. سپس درست قبل از رفتن به رختخواب، صبح پس از بیدار شدن از خواب و در اوقات مختلف روز جمله‌ی خود را برای خود بلند تکرار کنید. ممکن است به نظر بعضی از شما این کار مسخره باشد اما به شما کمک می‌کند که فکر خود را بر روی هدفی که دارید متمرکز نگاه دارید حتی اگر کارهای زیادی برای انجام داشته باشید.

کارهای بزرگ را به کوچک تقسیم کنید

یکی از مهمترین گامها برای ایجاد انگیزش هدفگذاری است. ابتدا تصمیم بگیرید که چه چیزی می‌خواهید بعد هدف خود را به بخشهای کوچک تقسیم کنید در این صورت هر بار دقیقاً می‌دانید که قدم بعدی چیست.

هنری فورد می‌گوید هیچ چیز نمی‌تواند سخت و مشکل باشد اگر شما آن را به قسمتهای کوچکتر تجزیه کنید.

اگر هدف شما آنقدر بزرگ است که شما را می‌ترساند یا اگر می‌ترسید نتوانید آن را به اتمام برسانید به‌رغم آنکه تمام سعی خود را بکنید و یا با افراد زیادی در مورد آن صحبت کنید، کافی است آن را به بخشهای کوچک تقسیم کنید. هدفهای زیرمجموعه می‌توانند همانقدر برای شما مهم باشند و مهمتر این است که شما را به هدفتان نزدیکتر می‌کنند. با تقسیم کارها به بخشهای کوچک به‌راحتی ناامید نخواهید شد.

گفتار ششم

بینش خلاق به سبک یونگ

کارل گوستاو یونگ، کشیش‌زاده‌ی روانپزشک و متفکر سوئیسی، در سال ۱۸۵۷ دیده به جهان گشود.

یونگ در کودکی در میان اختلافات عمیق پدر و مادر خویش به سر می‌برد و به دلیل روابط آشفته‌ی والدینش اندک اندک از دنیای واقعی فاصله گرفت.

او در این دوران مدتها با آدمک سنگی کوچک خود بازی می‌کرد و یا ساعتها بر روی تخته‌سنگی می‌نشست و سرگرم خیالبافی می‌شد. خیالبافی‌هایی که بینش خلاق را در یونگ تغذیه می‌کرد.

آشنایی با فروید از نقاط عطف زندگی یونگ بود، هر چند که این همکاری چندان دوام نیافت و با جدایی یونگ از فروید، دورانی به سراغ او آمد که خود از آن به عنوان گمگشتگی یاد می‌کند. یونگ ۳۷ ساله بود که وارد مرحله‌ی گمگشتگی بهره‌ور شد.

وی در ۳۹ سالگی و مصادف با جنگ جهانی اول با بن‌بستی بزرگ مواجه شد، تا جایی که درس و کتاب و حتی سمت دانشگاهی و دوستان

خود را از دست رفته یافت. یونگ به راستی مصداق این جمله است که یا راهی خواهم یافت و یا راهی خواهم ساخت. او تسلیم شرایط نشد و همچنان روح خلاق و جوهره‌ی نوآور خود را در این گمگشتگی حفظ کرد. زندگی یونگ آموزه‌های بسیاری دارد. برای مثال چگونگی یافتن راه برون رفت از این گمگشتگی و بینش خلاق یونگ می‌تواند چراغ هدایتگر ما در دوران سرگشتگی اقتصادی و فضای عدم قطعیت و شبهه‌ناک کسب و کار باشد.

عناصر بینش خلاق

طبق نظر متخصصان در ذهن انسانها سه عنصر وجود دارد که با بینش خلاق همبسته است:

۱- تمرکز آرامش‌یافته

۲- مثبت‌نگری

۳- فراآگاهی (به معنای آگاهی داشتن از افکار و آگاهیها).

هنرمندان با نقش‌زدن روی بوم و یا بازی با گل رس و انواع و اقسام ابزار هنرآفرینی و به کمک دستان خود، ذهنی آرامش یافته می‌یابند، نادان سرکش درون خود را رام می‌کنند، و بخشی از مغز خود را که مرتبط با بینش خلاق است بیدار می‌کنند.

گفتنی است که سه عامل مذکور می‌تواند به ما در یافتن مسیر صحیح چه در زندگی شخصی و چه کاری کمک کند.

بینش خلاق موجب خروج از بن‌بستهای ذهنی می‌شود و روح تفکر کارآفرینی و نوآوری را درون ما می‌دمد و به این وسیله ما را از فضای شک و تردید و بی‌تصمیمی خارج می‌کند. برای دست‌یافتن به عناصر بینش خلاق می‌توانید به تجربه‌ی یونگ مراجعه کنید که در ادامه به آن پرداخته می‌شود.

چگونه بینش خلاق را در خود بیدار کنیم

زمانی که در فضای تردید و شبهه به سر می‌برید و یافتن مسیر درست از غلط برایتان دشوار می‌شود، می‌توانید از روشهای زیر استفاده کنید:

۱- پرسشگری را به‌عنوان بخشی از طرح کار خود لحاظ کنید

هر روز سؤالاتی را که با آن مواجه می‌شوید روی کاغذ بیاورید و بعد مسیری را که به نظر درست می‌دانید و راهی برای یافتن پاسخ سؤال مورد نظرتان است را یادداشت و ترسیم کنید. بیشتر اشتغال ذهنی یونگ نیز به پرسشگری درونی اختصاص داشت.

سؤال پرسیدن از جایگاه اکنون خود، می‌تواند به انسانها برای برون‌رفت از بن‌بستهای ذهنی کمک کند و جوهره‌ی تفکر خلاق را در او احیا کند. تفکر خلاق دیدگاهی متفاوت به انسانها می بخشد و مسیرهایی را پیش روی ما می‌گشاید که تا به امروز متوجه وجود آنها نبوده‌ایم.

۲- با دستان خود فکر کنید!

دست اندامی شگفت‌انگیز در شناخت دقیق و ژرف محیط پیرامونی ما است. در واقع دست واسطه‌ای است میان دنیای درون و دنیای بیرون که به کمک آن می‌توان محیط را شناخت و یا حتی تغییر داد.

جالب آنکه دستها و مهارت استفاده از آنها همبستگی مستقیمی با رشد مغزی و ذهنی آدمی دارد و مسیرهای رشد و پیشرفت را هموار می‌کند.

مقدار کمی خمیر بازی یا گل رس، آجرهای اسباب‌بازی و بازیهای خلاقیت‌پرور، یا حتی یک دفتر ترسیم، یا یک تخته‌ی وایت‌برد می‌تواند نقطه‌ی آغاز شکوفایی بینش خلاق شود. این کار مغز را رام و آرام می‌کند و موجب تخلیه‌ی افکار منفی می‌شود. امروزه در برخی سازمانها شاهد تهیه‌ی لوازم و ابزار ساخت کاردستی و بازیهای خلاق هستیم، و زمانی که

افراد به بن‌بست خلاقیت می‌رسند، آنگاه این بازیها هستند که می‌توانند مسیر خلاقیت را از نو بازگشایی کنند. میزهای کاردستی و مهارت‌آموزی در سازمانها بتازگی جایگاهی ویژه یافته‌اند و می‌توانند به ما در یافتن دغدغه‌های ذهنی و راه‌حل مسائل کمک شایان توجهی کنند. امروزه برخی شرکتها برای طراحی محصولات جدید، گروهی متشکل از نویسندگان، کارآفرینان، هنرمندان، و طراحان را گرد هم می‌آورند.

این گروهها موجب خلق چهار راههای ایده می‌شوند، و تعبیه‌ی میزهای کاردستی و مهارت آموزش به آنها کمک می‌کند که به ایده‌های ناب در طراحی و تولید محصولات جدید دست یابند. در واقع آنها به کمک دستان خود، ذهنیت خود را سروسامان می‌دهند و به بینشهای الهام‌بخش دست می‌یابند.

جفری دیویس، به تجربه‌ی تألیف یک کتاب اشاره می‌کند، او در حین تألیف کتاب خود به موضوعاتی متناقض و دوگانه برخورد می‌کند و دچار سردرگمی می‌شود. به همین دلیل به میز مهارت‌آموزی می‌رود و با سرهم کردن تعدادی دگمه و کاغذ و خمیر ذهنیت خود را با دستانش شکل می‌دهد. در همین میان در ذهن خود تغییر ایده‌هایی را مرور می‌کند. او پس از مدتی به اندیشه‌ای بکر دست می‌یابد و از فضای تردید خارج می‌شود.

این تکنیک، ساده اما در عین حال بسیار کارآمد است، هر چند که پوسته‌ی ظاهری آن تنها یک بازی سرگرم کننده باشد.

مارتی نیومیر، از جمله طراحان و ایده‌پردازان مطرح نیز، در یکی از کتابهای پرفروش خود با عنوان "فرامهارتها: ۵ استعداد در عصر روباتها" (meta skills: five talents for the robotic age) بیان می‌دارد که "خلق کردن و ساختن" یکی از پنج فرامهارتی است که افراد نوآور و کارآفرینان این عصر باید به آن مسلط باشند.

۳- مسیری برای کندوکاو در ناخودآگاهتان بیابید

یونگ همچون فروید، سالها در شور و شوق درک ضمیر ناخودآگاه انسانها بود تا بدین وسیله به انسانها کمک کند تا به یکپارچگی دست یابند. وی در این مسیر انبوهی از اسطوره‌های ملل مختلف را گردآوری کرد.

او اسطوره‌ها و کهن الگوها را نه وهم و خیال بلکه، آنها را عناصر فسادناپذیر ناخودآگاه بشر می‌دانست که تجلی روح و روان آدمی و نمودی از جوهره‌ی انسانی و انعکاسی از الگوها و مفاهیم کهن هستند؛ کهن الگوها و مفاهیم کهنی که ناخودآگاه جمعی انسانها را شکل می‌بخشند.

اسطوره‌ی من چیست؟ اسطوره‌ای که در من حیات می‌کند؟ این سؤال تمام اشتغال ذهنی یونگ بود. او به دنبال قهرمان داستان خود بود. اینگونه پرسشها می‌تواند عطش خلاقیت ما را برافروخته کند.

ناخودآگاه بشر، معجزه‌ای است ناشناخته. امروزه گفته می‌شود که پیش از آنکه برای یافتن پاسخ سؤالات خود به کتابها مراجعه کنید و یا به متخصصان بابت دادن پاسخ پول بدهید، ابتدا پاسخ را در ناخودآگاهتان جستجو کنید، درست مانند کاری که یونگ می‌کرد. به این نکته توجه کنید که رؤیاهایتان چگونه می‌توانند جوابگوی سؤالاتتان باشند. تصاویری که مدام از ذهنتان می‌گذرد نادیده نگیرید، ناخودآگاه ما یک حلال مسائل تمام‌عیار است.

و اما نکته‌ی آخر برای کسب‌وکارهایی که قصد دارند تا بینش خلاق را سرلوحه‌ی امور خویش قرار دهند:

"قبل از آنکه توپ در کنید، گلوله‌هایتان را شلیک کنید!"

جیم کالینز، در کتاب خود با عنوان، عالی با انتخاب (Great by choice) به بررسی این مسأله می‌پردازد که چرا برخی سازمانها در خلال نابسامانیهای اقتصادی و شرایط عدم قطعیت و آشوبناک به رشد و بالندگی دست می‌یابند اما سایرین تنها دست و پا می‌زنند.

یافته‌ها و بررسیهای او دلیل این مسأله را تنها در یک مورد می‌داند: سازمانهای شکوفا تنها محض نوآوری، نوآوری نمی‌کنند، از طرفی آنها همواره در زمره‌ی نوآورترین شرکتها در صنعت خود قرار ندارند بلکه، آنها قبل از آنکه توپ در کنند، کار خود را با شلیک گلوله‌های کوچک آغاز می‌کنند.

در واقع، آنها قبل از آنکه مشاهده کنند که چه چیزی به هدف برخورد می‌کند، به آزمون بازار دست می‌زنند. بعد به محض آنکه تیرشان به هدف خورد، آنگاه است که توپ خود را آتش می‌کنند - این توپ یا محصولی بزرگ، و یا رویدادی چشمگیر و یا برای مثال راه‌اندازی وب‌سایتی تازه یا پیشنهادات فوق‌العاده‌ی فروش است.

گفتار هفتم

قدم‌زدن با ایده‌ها؛ تکنیک پرسه‌زنی فکری

ژان ژاک روسو، از فلاسفه‌ی نام‌آشنای فرانسوی، همواره زمانهایی که تک‌وتنها و با پای پیاده در مسیری قدم می‌زد به اندیشه‌هایی ناب دست می‌یافت، چیزی که او به آن نام پرسه‌زنی فکری (Thought Walk) را نسبت داد.

یوهان ولفگانگ گوته، شاعر، ادیب و نویسنده‌ی نامدار نیز هر زمان که می‌خواست به ایده‌ای تازه و ناب دست یابد، قدم می‌زد. جالب است بدانیم که فروید نیز در طول یکی از مسیرهای پیاده‌روی در کوه بود که یکی از نظریات مشهور خود (یعنی تقسیم ذهن به سه قسمت خودآگاه، نیمه‌خودآگاه، و ناخودآگاه) را ساخته و پرداخته کرد. ارسطو نیز در هنگام تدریس معمولاً قدم می‌زد و بدین سبب مدرسه‌ی او به نام مدرسه راه‌روندگان معروف شد.

دانشمندان دریافته‌اند که قدم‌زدن می‌تواند موجب گشایش ذهنی و ایده‌پردازی شود، و لذا توصیه‌ی آنها این است که زمانی که درگیر مساله‌ای شدید حتماً چند قدمی راه بروید و افکار خود را قدم‌زنان به سوی حل

مسأله هدایت کنید. پرسه‌زنی فکری (یا فکر کردن در حال قدم‌زدن) به شما کمک می‌کند تا از دیدگاهها و زوایای مختلف به یک مسأله فکر کنید و آن را مورد تأمل قرار دهید.

زمانی که مشغول قدم‌زنی هستید به دنبال چیزهایی بگردید که به نوعی قابل قیاس با مسأله‌ی مدنظرتان باشد و یا بتوان آن را از نظر استعاری با طرح یا مسأله‌ی موجود مقایسه کرد. برای مثال، فرض کنید که مسأله‌ی موجودتان "بهبود ارتباطات در سازمان" باشد. این موضوع در سازمان شما بارها مورد بحث و تبادل نظر قرار گرفته اما به نتیجه‌ی قابل توجهی نینجامیده است. حال برای یافتن راه‌حل، شروع به قدم‌زدن می‌کنید و در جاده متوجه دست‌اندازها می‌شوید. اما وجه مشترک این دست‌اندازها با مشکلات موجود در ارتباطات سازمانی‌تان در کجا است؟

برای مثال، چنانچه این دست‌اندازها تعمیر نشوند عمیق‌تر و بزرگ‌تر شده و به خطری جدی تبدیل خواهند شد. با این حال در طول جاده‌ها راهدارانی وجود دارند که با گشت‌زنی متوجه این چاله‌ها می‌شوند و برای رفع و تسطیح آنها اقدام می‌کنند. به همین صورت چنانچه راه علاجی برای ارتباطات سازمانی در نظر گرفته نشود، به مرور زمان سازمان دچار مشکلات جدی‌تر خواهد شد. حال ساده‌ترین راه‌حل برای این مسأله، با توجه به مشاهدات صورت گرفته، انتخاب تعدادی از کارکنان سازمان به عنوان "مربیان ارتباطات" است.

وظیفه‌ی مربیان ارتباط، آموزش، تشویق و حمایت از مهارتهای ارتباطی در میان کارکنان است و آنها به نوعی راهداران سازمان به شمار می‌روند.

پرسه‌زنی فکری، تکنیکی مهیج، ساده و در عین حال کارآمد است که موجب تحریک و تراوش ذهن خلاق می‌شود. برای مثال روزی یکی از کارکنان ارشد شهرداری یکی از شهرهای بزرگ در امریکا بی‌هدف در حال قدم‌زنی در خیابان بود، که متوجه یکی از اتومبیلهای تحویل بسته‌های پستی

در خیابان شد. خیابانی پر از دست‌انداز که می‌توانست موجب بروز خطرات فراوانی شود. حالا او به ایده‌ای خوب رسیده بود، مجهز کردن اتومبیلهای پست به حسگرهایی که می‌توانستند ایرادات از جمله ناهمواریهای خیابانها را ثبت کنند.

این اتومبیلها در سراسر کشور و تقریباً از تمام کوی و برزنها عبور می‌کردند و ابزاری بسیار عالی برای کنترل جاده‌ها و حتی برای انجام کارهایی نظیر سنجش کیفیت هوا بودند. حالا این اتومبیلها می‌توانند حتی وجود مواد خطرناک شیمیایی و آلاینده‌های مهلک و نیز یخ‌بندیها در خیابانها، و شرایط ناایمن را نیز هشدار دهند. امروزه این ایده به حدی از پختگی رسیده که حتی شرکتهای ارائه‌دهنده‌ی خدمات تلفن همراه، رادیو، تلویزیون، می‌توانند نقاطی را که تحت پوشش ضعیف سیگنال‌دهی قرار دارند به سرعت شناسایی کنند و به سرعت مشکلات را رفع کنند.

همان‌گونه که مشاهده کردیم، تکنیک پرسه‌زنی فکری به شما کمک می‌کند تا میان مسأله‌ی خود و مشاهدات میدانی‌تان یک ارتباط منطقی و استعاری برقرار کنید و از آن در جهت رفع مشکلات خود بهره ببرید.

داستانی را با هم مرور می‌کنیم که نشانگر قدرت فوق‌العاده‌ی نهفته در این تکنیک است. کانادا کشوری دارای زمستانهای بسیار سخت و طولانی است. یخ‌زدگی دکلهای برق در این کشور گاه موجب تخریب این تجهیزات و قطع جریان برق می‌شود. مهندسان برق در این کشور سالها در جستجوی راهی برای غلبه بر این مشکل بودند اما راه به جایی نمی‌بردند. تا آنکه مهندسی جوان از یکی از جلسات متعددی که به بن‌بست رسیده بود عذرخواهی کرد تا کمی قدم بزند تا بلکه راه چاره‌ای بیابد. مرد جوان در راه فروشگاهی را دید که شیشه‌های پر از عسل می‌فروخت. در بالای این فروشگاه تابلویی نصب شده بود که روی آن تصویر خرسی بالای یک دکل برق به تصویر کشیده بود که کوزه‌ای عسل نیز به همراه داشت. او شیشه‌ای

عسل خریداری کرد و به دفتر کار خود بازگشت. مهندس جوان ایده‌ای به ظاهر تمسخرآمیز داشت: "بالای هر تیر چراغ برق شیشه‌ای از عسل قرار دهیم تا خرسها با بو کشیدن به طرف آن جذب شده از تیرها بالا روند و لرزش حاصل از بالا رفتن خرسها موجب ریختن یخها از روی سیمهای برق شود!"

این ایده‌ی به ظاهر مضحک، همکاران مهندس را به فکر اصل "لرزش" انداخت. حالا آنها به راهکاری جالب دست یافته بودند، استفاده از هلیکوپتر برفراز تیرهای چراغ برق که لرزش حاصل از بالهای آن توانایی زدودن یخ از روی سیمها و دکلها را داشت!

پرسه‌زنی فکری و یا قدم‌زدن و کشف و شهود شیوه‌ای جالب توجه برای حل مسائل سازمانی و شخصی است و می‌تواند حتی در نشستها و جلسات حل مسأله مورد استفاده قرار گیرد. این تکنیک در عین سادگی از اصول پذیرفته شده در زمینه‌ی پرورش ایده و خلاقیت به شمار می‌رود و می‌تواند سرمنشأ تحولاتی شگرف در سازمان باشد.

گفتار هشتم

پرورش
رهبر درون

آیا افراد از شکم مادر خود یک رهبر برای سکانداری کسب‌وکار زاده می‌شوند و یا رهبری سازمانی امری است آموختنی و قابل اکتساب؟ این سؤالی است به قدمت تاریخ، و رابرت موری (Robert Murray) به بررسی این سؤال در کتاب خود با عنوان "درون را بنگر: تقویت رهبر درون برای موفقیت در زندگی و کسب‌وکار" می پردازد.

به باور موری، هر آنچه که از ملزومات تبدیل شدن به یک رهبر تمام‌عیار بدان نیازمندیم در تار و پود وجود ما نهفته است. البته او اعتقاد دارد که نبوغ رهبری استعدادی است در ذات آدمی که همچون جوانه‌ای نیاز به بال و پر دادن و پرورش دارد. این کتاب مانند یک راهنمای سفر با جزئیات تمام، مسیر پرورش نبوغ رهبری را نمایان ساخته است.

موری فردی است که خود سالها در کسوت رهبری تجربه آموزی کرده و اینک این تجارب را بی‌کم و کاست در اختیار خوانندگان قرار می دهد.

کتاب درون را بنگر، در ابعادی کوچک اما مفید، آداب و عادات تبدیل شدن به رهبری فرهمند را بیان می‌کند، دستورالعملهایی که از شما رهبری

اثربخش تر و سازنده تر می سازد. درون تک تک ما رهبری به انتظار نشسته تا به او در رشد و بالندگی یاری رسانید و با مهارت آموزی آن را پرورش دهید. به علاوه این کتاب راهنمایی برای شناخت ارزشهای درونی و استعدادهای ذاتی ما است.

محتوای کتاب ساده و در عین حال ارزشمند است. این کتاب از جمله کتب خودیاری است که مرکز مشاوره‌ی رابرت موری در سال ۲۰۱۲ در ۲۱۱ صفحه به بازار عرضه کرد.

محتوا و ساختار کتاب

در این کتاب به پاسخ سؤالات زیر پرداخته می‌شود:

- برای بالندگی زندگی کاری و شخصی خود از کدام وجوه خرد رهبری می‌توان بهره برد؟
- چه چیزهایی را می‌توان از مکتب تجربه‌آموزان در خصوص رشد شخصی و رهبری آموخت؟
- چگونه استعدادها و نبوغ درونی و موجود خود را کشف و شکوفا کنیم؟
- چگونه رهبر درون خود را آماده‌ی پذیرش مسئولیت کنیم؟
- چگونه از شرایط متغیر و بداخلاقیهای کاری موجود سربلند خارج شویم؟
- چگونه از اتلاف وقت بویژه در جلسات جلوگیری کنیم؟
- چگونه اطرافیان خود را به پیشرفت، ترغیب و تشویق کنیم؟

ساختار داستان‌گونه و امثال و حکم فراوان در کتاب موری به لطف تجارب شخصی خود، ماجراهای جالب توجهی را همراه با تمثیلها و تشبیهات بسیار مطرح ساخته است. از جمله ماجراهای شنیدنی این کتاب

قصه‌ی آیینه و پنجره در مورد مسائل مدیریتی است. موری در بخشی از کتاب خود می‌نویسد:

"در طول مسیر خود به موفقیتهای چشمگیری برخوردم، اما این موفقیتها همگی مرهون گروه و همراهانی بود که دوشادوش یکدیگر کار می‌کردیم. ولی شکستها تنها متوجه من بود، و این اساس رهبری است. وقتی اوضاع بر وفق مراد باشد، از دریچه‌ی پنجره به تماشای تیم خود بنشینید و آنها را ستایش کنید.

اما وقتی که اوضاع اندکی به هم ریخته شد، شرایط را درون آیینه ببینید چرا که رهبران خردورز و در کلاس جهانی همواره تمام مسئولیت را به جان می‌خرند. و رهبران بزرگ، رهبرانی بزرگتر را پرورش می‌دهند و به آنها می‌آموزند که با عبور از مرزهای خودساخته به این آگاهی برسند که اشتباهات و شکستها پدید می‌آید تا ما درس بگیریم، و دلیل پیشرفت ما نیز همین شکستها و اشتباهها است."

زمانی برای مهندسی خود، خیالبافی به سبک رهبران (Cloud time)

موری روشی را پیشنهاد می‌دهد که به مدد آن می‌توان پربازده‌تر، خلاق‌تر، و رهبری بهتر بود. پیشنهاد او آن است که زمانی را برای خلوت و تجسم کنار بگذارید. به اعتقاد او در زمان سکوت است که می‌توان نجوای درون را شنید. او در جایی از کتاب خود می‌نویسد:

"من به این تشخیص رسیده‌ام که زمانی نه چندان دور بازده‌ی بیشتری در کار خود داشتم، انعطاف بیشتری به خرج می‌دادم و رهبری کارآمدتر بودم؛ چرا که هر روز زمانی را از کار طفره می‌رفتم تا به یک توازن درونی دست یابم! من به این زمان، وقت ابر می‌گویم، یادتان می‌آید زمانی که کودک بودید و روی چمنها دراز می‌کشیدید، به ابرها زل می‌زدید و باران تخیل و خلاقیت‌تان شروع به ترنم می‌کرد؟

تخیل و تجسم ما حد و مرزی ندارد و می‌تواند به شکوفایی نبوغ
درونمان بینجامد؟"

فهرست ۱۰ گانه برای یادگیری تا پایان عمر

موری با دستورالعمل خود، رویکردی انتزاعی را برای اجرای سازوکارهای
لازم برای یادگیری درطول عمر فراهم می‌کند:

۱- مرشد و ناصحی معتمد بیابید

۲- خود مرشد باشید

۳- دستیاری دارای فکر بکر برای خود بگیرید

۴- کاری کنید تا برنامه‌ریزی شخصی به عادتتان تبدیل شود

۵- رویدادهای زندگی را مثل دانشگاهی برای تجربه‌آموزی در نظر بگیرید

۶- مطالعه کنید

۷- پهلو به پهلوی اخبار کسب‌وکار باشید و با هوشمندی به این فکر کنید
که اگر برای مثال شما مدیرعامل آن شرکت خاص بودید، در آن شرایط
چه می‌کردید؟

۸- آنچه که قول و تعهد انجام آن را داده‌اید، انجام دهید

۹- نه گفتن را بیاموزید

۱۰- کارگاههای آموزشی را از یاد نبرید.

فصل دوم

▼

بالندگی ذهنی
و ارتقای مهارتهای شخصی

گفتار نهم

آشنایی با تکنیک مغزنگاری؛ چگونه نقشه‌ی ذهن خود را ترسیم کنیم؟

نقشه‌ی ذهن یکی از شیوه‌های بصری نمایش ایده‌ها و مفاهیم نهفته در پستوهای ذهنی ما است. نقشه‌برداری ذهنی از ابزارهای تفکر دیداری است که به ما در ساختاردهی به اطلاعات، تحلیل اثربخش، ادراک، یادآوری و تولید ایده‌های نو کمک بسزایی می‌کند.

مزیت این تکنیک و در واقع قدرت نهفته‌ی آن در سادگی این روش است. در یک نقشه‌ی ذهنی، برخلاف روشهای مرسومی چون نگارش خطی و یا یادداشت‌برداری، اطلاعات به گونه‌ای در کنار هم قرار می‌گیرند و ساختار داده‌ها به شکلی است که تبلور و نمودی از نحوه‌ی عملکرد واقعی ذهن و مغز ما است.

از آنجا که نقشه‌برداری ذهنی فعالیتی تحلیلی و در عین حال هنری است، موجب می‌شود که مغز بیشتر فعال شود و عملکردهای شناختی مغز ارتقا یابد ضمن آنکه این روش تا حدودی سرگرم‌کننده نیز هست. ذکر این نکته خالی از لطف نیست که ما با تصاویر می‌اندیشیم نه کلمات.

نقشه‌های ذهنی نوعی یادداشت‌برداری مصور هستند که ایده یا تصور

اصلی فرد در کانون این نقشه جای می‌گیرد و سپس هسته‌ی مرکزی نقشه به شاخه‌های مختلف منشعب می‌شود. شاخه‌های اصلی نیز خود می‌توانند به شاخه‌های فرعی تقسیم‌بندی شوند.

به این صورت یک فهرست مصور و ساده از مجموعه‌ای از ایده‌های تازه و عمیق به دست می‌آید.

مغزنگاری موجب شکوفایی خلاق اندیشی می‌شود، چرا که جهت حرکت ایده‌ها از مرکز به طرفین بوده و احساسی از بالندگی و رشد را متبادر می‌سازد و به همین دلیل ذهن نیز تحریک به خودشکوفایی می‌شود و مرزهای خیالی شکل گرفته‌ی درون خود را در هم می‌شکند.

روش مغزنگاری تکنیکی برای ساده‌سازی و قابل فهم کردن مفاهیم پیچیده است و سرعت درک مطالب و مفاهیم را ارتقا می‌دهد. این روش، تکنیکی مؤثر برای دستیابی به ایده‌های ذهنی با هدف حل مسائل مختلف است. گفته می‌شود لئوناردو داوینچی نیز از همین شیوه برای ورزیده کردن تفکر خلاق خود و ایده‌پردازی بهره می‌برده است.

جسم، ذهن، و روح سه بعد اصلی وجودی انسان را تشکیل می‌دهند که هر یک ویژگیها و زیرمجموعه‌هایی دارد. برای مثال جسم متشکل از مغز و دیگر اعضا، ذهن بر دو نوع ذهن خودآگاه و ناخودآگاه، و روح آمیزه‌ای قدسی از حقیقت‌جویی، وجدانیات و زیبایی‌طلبی است.

نقشه‌ی ذهنی نیز نموداری درختی شکل است که ارتباط میان این سه بُعد وجودی انسان را برقرار می‌سازد و برای بیان واژگان، ایده‌ها یا دیگر موارد مرتبط با یک ایده‌ها با دیگر ایده‌های مرتبط با یک ایده یا کلید واژه

مورد استفاده قرار می‌گیرد. از نقشه‌ی ذهن می‌توان در موارد مختلف از جمله حل مسأله، تصمیم‌گیری و تصمیم‌سازی و یادداشت‌برداری، توفان ذهنی، مصورسازی ایده‌ها، برنامه‌ریزی، مدیریت جلسات، ارتقای تفکر استراتژیک و... بهره برد.

چگونه یک نقشه‌ی ذهنی ترسیم کنیم؟

ترسیم نقشه‌های ذهنی و مغزنگاری کاری آسان است که با تمرین ملکه‌ی ذهن می‌شود. مغزنگاری شامل مراحل زیر است:

● ابتدا هدف یا ایده‌های اصلی خود را مشخص کنید و آن را در مرکز صفحه بنویسید یا رسم کنید. مغر ما تمایل دارد که به مرکز صفحه تمرکز کند.

● حالا در محور ایده‌ی اصلی‌تان چند ایده‌ی کوچکتر بنویسید یا ترسیم کنید.

در این مرحله لازم است که کمی جدیت خود را کنار بگذاریم و هر آنچه را به ذهنمان می‌رسد، روی کاغذ بیاوریم. لذا هر آنچه را که به ذهنتان می‌رسد، به موضوع اصلی و ایده‌های اصلی خود که در وسط کاغذ رسم کرده‌اید مرتبط کنید.

● حالا شاخه‌های اصلی را گسترش دهید. و برای هر موضوع متصل به ایده‌ی مرکزی زیرشاخه‌ای همراه با توضیحی مختصر اضافه کنید. اینگونه و با ازدیاد شاخه‌ها و انشعابات به یک نمودار درختی شکل دست می‌یابیم. اینک قلم ذهن شما بسیار روان شده و اصطلاحاً در حالت تند اندیشی و انفجار ذهن قرار می‌گیرید؛ چرا که با سرعت بالا و به میزان زیادی ایده از ذهنتان تراوش می‌شود و شما می‌بایست به سرعت تمامی این ایده‌ها و واژگان را تبدیل به کلمه یا تصویر یا نمادی قابل درک کنید و روی کاغذ بیاورید.

توصیه‌های بیشتر

● از اشکال، تصاویر و رنگها بهره بگیرید. کمی کودکی کنید و با مداد رنگی هر نقشی را که به ذهنتان می‌رسد روی کاغذ بیاورید.

● با نمادها و اندازه‌ی قلم بازی کنید.

● توضیحات را تا سر حد امکان مختصر و مفید نگه دارید.

● هیچ‌گاه دست از کاغذ برندارید و متوقف نشوید. شما در حالت توفان مغزی قرار دارید و نمی‌بایست به‌هیچ‌وجه مانع آزاداندیشی خود شوید. حتی شده با ترسیم خطوط بی‌معنی اجازه ندهید این فرایند متوقف شود.

مزایا و کاربردها

مغزنگاری مانع از تفکر مبهم و خطی می‌شود و مغز را به خلاق‌اندیشی وا می‌دارد ضمن اینکه فکر کردن و یادداشت‌برداری را به یک کار مفرح تبدیل می‌کند. نقشه‌های ذهنی فردی در موارد زیر کاربرد دارند:

● یادداشت‌برداری

● توفان ذهنی (چه انفرادی و یا چه گروهی)

● حل مسأله

● مطالعه و حفظ مطالب

● برنامه‌ریزی

● تحقیق و کسب اطلاعات از منابع مختلف

● ارائه‌ی اطلاعات

● ادراک و شناخت در خصوص مسائل و موضوعات پیچیده و ساده‌سازی پیچیدگیها

● تحریک خلاقیت

● خلاصه‌برداری

● برنامه‌ریزی روزانه

ترسیم نقشه‌ی ذهن موجب آسان شدن فکر کردن، کار کردن و حل مسأله می‌شود و باعث می‌شود که در زمانی کوتاه، ایده‌هایی بیشتر تولید کنیم. نقشه‌های ذهنی همان‌گونه که داوینچی می‌گوید موجب شکوفایی روحیه‌ی ابداع و اکتشاف در ما می‌شوند.

حالا چند مداد رنگی و یک کاغذ سفید بردارید و افکار خوب و بد، تخیلات، رؤیاها، باورها، خواسته‌ها یا نخواسته‌ها، دغدغه‌ها، دل‌مشغولی‌ها، برنامه‌ها، و هر آنچه گوشه‌ای از ذهنتان را به خود مشغول کرده روی آن رسم کنید تا به راهکار مطلوب دست یابید و شاهد خودشکوفایی خویش باشید.

گفتار دهم

بالندگی ذهنی
و فهرستهای بازبینی ارتقای مغز

ذهن پدیده‌ای است اعجاب‌انگیز و اسرارآمیز که یادگیری خوراک آن است، لذا جهت‌گیری یادگیری می‌بایست همسوی تحقق شایستگیها و تواناییهای انسان باشد. مغز به منزله‌ی ماهیچه‌ای در جمجه‌ی انسان است که با اندیشیدن و آموختن ورزیده می‌شود. کسب تمرکز در لحظات پراسترس زندگی حرفه‌ای و شخصی می‌تواند موجب توفیقات بیش از پیش ما را فراهم سازد.

در واقع انسانها تفاوت فیزیکی چندانی با یکدیگر ندارند و بلکه، تفاوت آنها در ورزیدگی ذهنی و روانی‌شان است. به عبارتی ذهن برنده، ذهنی بالنده و آزاد است. کسب مهارت در تقویت ذهن و بیرون راندن افکار مزاحم سالها است که به روشهای مختلف و در حیطه‌های گوناگون به کار می‌رود. جالب آنکه دانشمندان در راستای تحقق این مهم از فناوریهای عصب‌شناسی نیز بهره‌های بسیاری برده‌اند. برای مثال متخصصان به کمک روشهای موسوم به نوروفیدبک (یک فرایند یادگیری است که هدف آن آموزش خودتنظیمی به مغز است و در واقع به منزله‌ی آینه‌ای است که تمام نواقص را پیش چشم عیان می‌کند و می‌توان از آن به‌منظور کسب

بهترین عملکرد بهره برد) توانسته‌اند در دنیای ورزش تحولات بزرگی را به وجود آورند. تالار ذهن یا اتاق ذهن باشگاه آث‌میلان ایتالیا اتاقی است تمام شیشه‌ای که هر دو هفته یک بار بازیکنان این تیم در آن گرد هم می‌آیند تا امواج مغز خود را روی نمایشگرها تماشا کنند و با درک کاستیها در جهت بهبود عملکرد خود و رفع نواقص و در نهایت بالندگی ذهنی عمل کنند.

مغز را می‌توان ورزش داد، خواهید پرسید چگونه؟ در ادامه‌ی مطلب فهرستی از روشهای بالندگی ذهنی و ارتقای مغز را مرور می‌کنیم. به کمک این راهکارها می‌توان به مغزی ورزیده دست یافت.

۱. بدانید که ذهن قابلیت ورزیده شدن را دارا است. همان‌گونه که ناتوانی جسمانی را می‌توان درمان کرد، ذهن را هم می‌توان تقویت کرد. بنابراین جمله‌ی معروف من ذاتاً حافظه‌ی ضعیفی دارم و نمی‌توان کاری برای آن کرد را به فراموشی بسپارید؛ چرا که ذهن را هم می‌توان در جهت بهبود سوق داد.

کافی است برای درک قدرت ذهن آزمایشی ساده اجرا کنید: کافی است سعی کنید هر چه می‌دانید به ورطه‌ی فراموشی بسپارید، آیا اساساً این کار ممکن است؟ امکان ندارد! چرا که ظرفیت ذهن بشر بسیار گسترده است.

۲. با مغز خود بازی کنید. مغز ارگانی کوچک اما بسیار شگفت‌انگیز است. ارگانهای بدن انسان در اثر کارکرد زیاد دچار فرسودگی می‌شوند، حال آنکه کار کردن مستمر مغز موجب تقویت آن می‌شود.

بازیهای فکری، شطرنج، بازیهای تمرکز حواس، و کارهایی مثل حل جدول موجب گسترش ارتباط میان یاخته‌های عصبی در مغز می‌شود و عملکرد آن را بهینه می‌سازد.

۳. نوستالوژی را فراموش نکنید. مرور دفترچه‌ی خاطرات و یا آلبومهای عکس دوران کودکی و خلاصه هر آن‌چه رنگ و بویی از گذشته دارد موجب تقویت ذهن و حافظه می‌شود و پستوهای ذهن و ناخودآگاه را نظم و ترتیب می‌بخشند.

۴. مهارت خود در استفاده از دستها، پاها، چشمها و گوشهایتان را تقویت کنید. هر چه ارگانهای بدن فعالیت بیشتری در جهت درست داشته باشند، مغز نیز به همان میزان ارتقا خواهد یافت. لذا سعی کنید تا با انجام تمرینهای خاص به هماهنگی میان اعضای بدن و مرکز فرماندهی جسم دست یابید.

۵. پازل روابط خود را با افراد موفقتر از خود تکمیل کنید تا از انرژی مثبت آنها تغذیه کنید.

۶. همواره خود را مقید به یادگیری بدانید تا مغزتان همواره فعال و پرنشاط بماند.

۷. از سختی استقبال کنید و صورت مسأله را پاک نکنید. در امور دشوار از کمک سایرین کمک بگیرید.

۸. ورزشی خاص را به شکل منظم دنبال کنید؛ چرا که حرکات سبک ورزشی موجب تسریع فعالیتهای مغزی و سرعت یافتن اتصال رشته‌های عصبی می‌شود.

۹. یک زبان جدید یاد بگیرید. آموختن زبانهای تازه علاوه بر گشودن دریچه‌های جدید تمرین فوق‌العاده برای ارتقای فعالیتهای ذهنی است.

۱۰. تداعی معانی کنید و بین اسامی و مفاهیم ارتباط برقرار کنید. استعاره‌پردازی نیز تاکتیکی بسیار مناسب برای بالندگی ذهنی است.

۱۱. خیال‌پردازی کنید و از داستان‌سازی غافل نشوید.

۱۲. خود را در آغوش ترس بیندازید. کارهایی که بیشترین واهمه را از انجام آنها دارید انجام دهید. مواجهه با ترس‌ها یکی از بهترین و سریع‌ترین عوامل تغییر افکار است.

۱۳. خوداتکا و مستقل باشید. هر چند به دست آوردن استقلال در ابتدا دشوار به نظر می‌رسد اما انرژی بسیاری را به انسان تزریق می‌کند و می‌تواند ذهنیات افراد را نسبت به خویش و پیرامون خود تغییر دهد.

۱۴. کم‌گوی و گزیده‌گوی چون دُر؛ کمی با خود خلوت کنید و بلند بلند فکر کنید.
   فکر کردن موجب عمق‌بخشی به ذهنیات انسان می‌شود و در مقابل پرگویی از عمق شخصیت انسان می‌کاهد.

۱۵. نقاط قوت خود را تقویت کنید. گاه تمام هم و غم خود را صرف بهبود نقاط ضعف‌مان می‌کنیم، حال آنکه توصیه‌ی روانشناسان و بویژه روانشناسان مثبت‌نگر این است که می‌بایست بیشتر تلاش خود را معطوف تقویت نقاط قوت کنیم.

۱۶. هنرآموزی کنید و از هنر دیگران لذت ببرید. هنر چکیده‌ای از ذوق و اندیشه‌ی هنرمند است که توسط سرانگشتان او اجرا می‌شود. تماشای افکار

دیگران روی بوم، مغز را در جهت مثبت تحریک می‌کند و موجب تقویت حس پیش‌بینی و ذهن‌خوانی در ما می‌شود.

۱۷. دنیا را از دریچه‌ی دید یک نابینا ببینید. شاید کمی تعجب کنید ولی این یکی از تمرینهای شناخته شده در کسب معرفت و تغییر در ذهنیات است.

چشمهای خود را ببندید و کورمال کورمال راه بروید، به این وسیله می‌توانید حواس خود را تقویت و دنیا را از دریچه‌ی دید تازه‌ای ببینید.

۱۸. تمرین خودانضباطی کنید. هر روز پنج دقیقه به صورت ایستاده روی صندلی قرار بگیرید.

این کار موجب تمرکز حواس و تقویت خودانضباطی می‌شود و روشی قابل توجه در به دست گرفتن کنترل افکار و ذهنیات است. نظم‌بخشی به ذهن مسیر تغییر در زندگی را هموار می‌سازد.

۱۹. بدن خود را از حالت سکون خارج کنید و فراتر از محدودیتها فکر کنید.

فراتر از محدودیتهای جسمی بیندیشید و اعضای بدن خود را در جهات مختلف و برخلاف عادات روزانه در نشستن، ایستادن، خوابیدن و راه رفتن حرکت دهید. این کار موجب می‌شود تا دیواره‌های خیالی و شیشه‌ای محدودیت در ذهن فرو بریزد. دیوارهای شیشه‌ای را در ذهن خود فرو بریزید.

دانشمندان سالها قبل دست به آزمایش جالب توجهی زدند. آنها آکواریومی شیشه‌ای ساختند و آکواریوم را به وسیله‌ی دیواری شیشه‌ای به دو نیم تقسیم کردند. در یک طرف دیوار شیشه‌ای، ماهی گوشتخوار و

بزرگی قرار دادند و در جانب دیگر آن تعدادی ماهی ریزجثه در آب ریختند که از قضا، غذای مورد علاقه‌ی ماهی بزرگ هم بودند. دانشمندان به ماهی گوشتخوار غذایی نمی‌دادند و ماهی مجبور بود تا برای شکار طعمه به سوی ماهی‌های کوچک حمله‌ور شود، اما دیوار شیشه‌ای مانعی بزرگ بر سر راه او بود و هر بار که ماهی بزرگ به سمت طعمه می‌رفت، دیوار مانع او می‌شد.

پس از گذشت مدتی، این ذهنیت درون ماهی بزرگ شکل گرفته بود که رفتن به آن طرف و شکار طعمه امری محال است. پس از مدتی دانشمندان دیوار شیشه‌ای حایل را برداشتند و راه ماهی گوشتخوار را باز گذاشتند، اما در کمال تعجب مشاهده کردند که ماهی بزرگ هرگز به آن طرف حمله‌ور نمی‌شود هر چند که دیگر در عمل هیچ مانعی سد راه او نبود.

در واقع نتیجه این ماجرا حاکی از بلند بودن دیوار محدودیت‌اندیشی است. به واقع، دیوارهای شیشه‌ای در ذهن به مراتب مستحکم‌تر از دیوارهای واقعی هستند و می‌بایست برطرف شوند.

۲۰. در بخشش مال و دانش خود سخاوت به خرج دهید. سخاوت در بخشش داراییهای مادی و معنوی علاوه بر تغییر افکار موجب تقویت عضلات اندیشه می‌شود. سخاوت به علاوه موجب گشایش ذهن و کسب محبوبیت، استقلال و شأن اجتماعی می‌شود.

۲۱. براساس عقل سلیم تصمیم بگیرید. استدلال کردن برای تصمیم‌گیری موجب تقویت قوه‌ی استدلال و در نتیجه تقویت ذهن می‌شود. تمرینهای ریاضی و محاسباتی از جمله روشهای تقویت استدلال هستند.

۲۲. مناطق تکنولوژی-ممنوع به وجود آورید. فناوری به جای خود مفید است و موجب تسریع در امور می‌شود، اما سرسپردگی به تکنولوژی و عدم انجام محاسبات ذهنی گاه موجب می‌شود تا از طراوت و سرزندگی ذهن افراد کاسته شود.

۲۳. مغز خود را سیر کنید. مغز تنها ۲ درصد از وزن بدن را تشکیل می‌دهد ولی در عین حال بیش از یک سوم انرژی روزانه را مصرف می‌کند. از این رو مغز ارگانی گرسنه است و به یک برنامه‌ی غذایی سالم و سرشار از انرژیهای مفید نیاز دارد. مصرف به اندازه‌ی نوشیدنیهای حاوی کافئین نظیر قهوه، گروه ویتامینها، پروتئینها و سبزیجات و ماهی می‌تواند مغز را سرزنده نگه دارد.

۲۴. موسیقی درمانی را از یاد نبرید. نتایج تحقیقات روانشناس امریکایی، فرانسیس روچر، حاکی از آن است که گوش دادن به موسیقی بویژه موسیقی موتزارت موجب پیشرفت هوش ریاضیات و استدلال محاسباتی در مغز می‌شود. نتایج این پژوهش مؤید تأثیر مثبت موسیقیهای خاص و فاخر بر عملکرد مغز می‌باشد.

۲۵. خودانگاره‌ی خویش را تقویت کنید. خودانگاره شامل مجموعه‌ای از پرسشهای مختلف است که پاسخ به آنها، تعریفی از خود نزد افراد به وجود می‌آورد. آیا من باهوش هستم یا کودن؟ زیبا هستم یا زشت؟ قوی هستم یا ضعیف؟

زندگی ما ساخته و پرداخته‌ی اندیشه‌ی ما است و لذا تصور ما از خویشتن از اهمیت وافری برخوردار است. خودانگاره تصویری است که ما از خود در ذهن‌مان داریم و با گذشت زمان شکل می‌گیرد. از تکنیک

ریشه‌دوانی باورها بهره ببرید و خود را بی‌همتا، و دارای قابلیتها و شایستگیهای متمایز تصور کنید. به تأثیرگذاری خود در هستی باور داشته باشید. در فلسفه‌ی موسوم به اوپانیشادها در دیار هندوستان گفته می‌شود که وقتی علفی از ریشه درمی‌آید، کل جهان به لرزه می‌افتد. این عبارت فیلسوفانه نمایانگر عمق تأثیر شگرف پدیده‌های به ظاهر ناچیز است. از این رو، از هم‌اکنون نقش بی‌بدیل خود را در جهان هستی پذیرا باشید و زندگی توانمندانه‌تر و شایسته‌تری را در پیش گیرید.

۲۶. قدرت تلقین کلامی و تاکتیک بذرافشانی ذهنی را دست کم نگیرید. اندیشه‌ی آدمی قدرت نامحدودی برای پرورش و بالندگی دارد و تلقین کلامی از جمله راهکارهای بسیار اثربخش برای تغییر ذهن خودآگاه است.

یک عبارت کوتاه و مثبت انتخاب کنید و آن را به صورت مرتب تکرار کنید. جملاتی مثل من بیشتر لبخند می‌زنم، من بیشتر مهربانی می‌ورزم، من بیشتر می‌فروشم، و... تأثیر قابل ملاحظه‌ای بر ذهن افراد دارند.

۲۷. به یاد داشته باشید که آب در هر ظرفی ریخته شود، شکل آن ظرف را به خود خواهد گرفت. این مهم نشانگر اهمیت دنیای درون است. ذهن ناخودآگاه آدمی براساس تصویرسازیها و اندیشه‌های روزمره شکل می‌گیرد، لذا افکار و هیجانات مثبت را در ذهن خود جاری کنید.

قانون ذهن ناخودآگاه این است که هر چه بکاریم درو خواهیم کرد. پس با استفاده از اهرم تفکر و تصویرسازی ذهنی به باروری ذهن ناخودآگاه خود کمک کنید. به قول آبراهام مزلو، آینده‌ی انسان نیز در درونش قرار دارد همان‌گونه که نیروی متحول کردن دنیا در ذهن ناخودآگاه جای دارد.

۲۸. در زندگی خود حداقل یک بار ریسک کنید. بدون ریسک زندگی

معنایی ندارد. البته ریسک باید هدفمند باشد و طبق برنامه پیش برود. به اعتقاد بزرگان زندگی انسان بدون مخاطره کردن پیشرفت نخواهد کرد. ریسک‌پذیری موجب می‌شود تا از قلمروی آسایش خود فاصله بگیریم و چشم‌اندازهای جدیدی پیش رویمان عیان شود.

ریسک‌پذیری موجب آزاد شدن ظرفیتهای ذهنی می‌شود و استقامت عضلات مغز را بالا می‌برد. ضمن آنکه مقاومت در برابر تغییر را می‌شکند.

۲۹. با غریبه‌ها صحبت کنید. شبکه‌ی غیررسمی روابط خود را گسترده کنید. در کودکی همواره در گوشمان می‌خواندند که با غریبه‌ها صحبت نکنیم. اما به باور روانشناسان رد و بدل شدن هر چند کوتاه کلمات میان افراد غریبه در فضاهای شهری و سازمانی موجب شکستن مرزهای قلمروی آسایش افراد می‌شود و شوکی درمانگر برای مغز به شمار می‌رود.

۳۰. درباره‌ی خود داستانی بنویسید. فرض کنید که از شما خواسته شده تا مقاله‌ای هزار کلمه‌ای در خصوص سرگذشت خود بنویسید. قول معروفی وجود دارد با این مضمون که سخن نانوشته باد هوا است مگر اینکه نوشته شود. نگارش، هنرِ تفکر کتبی است و تسلط یافتن بر نویسندگی موجب اشراف بر افکار می‌شود. نوشتن اهداف به منزله‌ی دستورالعملی دقیق به ذهن ناخودآگاه است و مسیر دستیابی به موفقیت را هموار می‌سازد.

۳۱. مراقبه کنید تا ذهنتان تربیت شود. مراقبه و ارتباط با عالم بالا موجب تحریک عمیق‌ترین لایه‌های پنهان ذهن می‌شود. فیثاغورث در باب اهمیت آرامش ذهنی می‌گوید، سکوت را بیاموزید و اجازه دهید تا ذهن آرامش‌یافته‌ی شما گوش کند و بیاموزد. اختصاص اوقاتی به تنهایی و سکوت آثاری بسیار سازنده دارد؛ چرا که ذهن ما همواره لبریز از انواع افکار

مختلف است و طبق برآوردها روزانه چیزی در حدود شصت هزار اندیشه‌ی مختلف از ذهن افراد می‌گذرد. پس، نقطه‌ی آرام بیابید، عوامل بیرونی و درونی مزاحم را از خود دور کنید، چشمان خود را ببندید و با کشیدن نفسی عمیق جسم و جان خود را آرامش دهید و به ارزشهای والای خود بیندیشید.

۳۲. جرأت مذاکره و چانه‌زنی را بیابید. تسلط بر فن مذاکره از ضروریات روزمره‌ی زندگی بشر است.

تمرین چانه‌زنی و مذاکره موجب فرو ریختن دیوارهای خودساخته در ذهن می‌ شود و قلمروی آسایش را دچار مخاطره می‌سازد. هنر تخفیف گرفتن از راه مذاکره از جمله تمرینهای شناخته شده‌ای است که می‌تواند به ما در این مسیر کمک کند.

۳۳. همواره فراتر از وعده‌های خود عمل کنید. به عهد خود پایبند باشید و همواره بیش از تعهدات خود را اجرا کنید تا احساس رضایت درونی موجب تقویت افکار مثبت در شما شود.

۳۴. کتاب بخوانید، بویژه فرهنگ واژگان. یادگیری کلمات جدید، ذهنیتی جدید را نیز در ما به وجود می‌آورد و موجب تقویت دایره‌ی واژگان و به تبع آن کسب توفیقات در حوزه‌های دیگر می‌گردد.

۳۵. متنوع‌اندیشی را تمرین کنید. برای هر مسأله چندین راه‌حل بیندیشید، هر چند که این راه‌حلها بسیار ساده و دم‌دستی بنمایند اما حتماً مفید خواهند بود.

۳۶. تمرین بردباری کنید. ایستایی و انتظار معضل زندگی مدرن است.

ایستادن در صفوف طولانی مترو، و یا پشت ترافیک می‌تواند بسیار طاقت‌فرسا باشد و ذهن را دچار فرسودگی کند. در چنین شرایطی وقت خود را صرف انجام امور سازنده کنید تا از پیری زودرس ذهن خود جلوگیری کرده باشید.

۳۷. غذاهای جدید را امتحان کنید هرچند به مذاقتان خوش نیایند. غذاهای جدید از ملل مختلف را در فهرست غذایی خود قرار دهید. تنوع بخشیدن به رژیم غذایی می‌تواند در الگوهای ثابت ذهنی افراد تغییر ایجاد کند و آنها را آماده‌ی تغییرات بزرگتر و سازنده‌تر کند.

۳۸. الگوشکنی کنید. الگوهای تازه و سازنده را تکرار کنید تا کم‌کم نهادینه و درونی شوند. به عبارت دیگر سعی کنید تا کارهایی برخلاف عادات گذشته انجام دهید برای مثال، اگر همواره از یک مسیر به محل کار خود می‌روید، این بار مسیری متفاوت را امتحان کنید.

۳۹. به‌روز باشید. اجازه ندهید ذهن‌تان از رده خارج شود، هر روز مطلبی جدید مطالعه کنید تا جریان دانش در رگهای مغزتان جاری باشد.

۴۰. ذهن‌آرایی کنید. فضای اطراف خود را آراسته و مرتب کنید. در حال زندگی کنید تا از نیروی درونتان کاسته نشود. هدفمند زندگی کنید. اراده‌ی خود را تقویت کنید و قدردان موهبات‌تان باشید.

کنترل افکار خود را به دست گیرید و فراموش نکنید که فکر مشکل بیش از خود مشکل آزار دهنده است. پس، به جای مشکل‌اندیشی، راه‌حل اندیشی کنید.

ذهن بزرگترین سلاح بشر و مرکز وجودی ما است، ذهن ما شبیه به

چتر نجاتی است که به وقت گشوده بودن مفیدتر خواهد بود.

گفتار یازدهم

پرورش یک ذهن آشفته و فهرست بازبینی بهبود تمرکز

لازمه‌ی موفقیت، در توانایی تمرکز انرژی ذهنی و جسمی و بدون وقفه بر روی یک مسأله است، بی‌آنکه احساس خستگی کنید.
توماس ادیسون

تا به حال چند بار پشت میز نشسته‌اید و تلاش کرده‌اید بر کار خود متمرکز شوید اما نتوانسته‌اید؟ با اینکه خیلی سعی می‌کنید اما باز هم نمی‌توانید حواس خود را متمرکز کنید. همه‌ی ما چنین موقعیت آشنا و دلسردکننده‌ای را تجربه کرده‌ایم و این چیزی است که عملکرد ما را کاهش می‌دهد.

در اینجا راهکارهایی را ارائه می‌دهم که به‌واسطه‌ی آن می‌توانید تمرکز خود را بهبود بخشیده و از وقفه های کاری در روز جلوگیری کنید.

۱. فضایی را فقط برای کار اختصاص دهید. اگر این فضا میز کار شما در شرکت است هنگام استراحت کوتاه یا خوردن غذا از کنار آن دور شوید.
۲. برای تمرکز راحت‌تر بین میز کار و کار خود وابستگی قوی ایجاد کنید.
۳. عوامل منحرف‌کننده‌ی محیطی را حذف کنید. زنگ تلفن همراه خود

را خاموش کنید و اگر با کامپیوتر کار ندارید برای جلوگیری از وسوسه‌ی جستجو در اینترنت، کامپیوتر را خاموش کنید.

۴. تمام وسایلی را که ممکن است به آنها نیاز داشته باشید مانند کتاب، کاغذ، نمودارها و غیره را آماده کنید تا هر بار برای تهیه‌ی هر کدام تمرکز خود را به هم نریزید.

۵. یک هدف مشخص برای خود تعریف کنید و زمان خاصی مانند یک یا دو ساعت را برای حصول به آن هدف اختصاص دهید.

۶. برنامه‌ای ضروری را برای بعد از وقت تعیین شده زمان‌بندی کنید تا برای اتمام به موقع و موثر کار انگیزه لازم را داشته باشید.

۷. پس از هر بار تمرکز موفق با یک استراحت کوتاه به خود پاداش دهید.

در ادمه مطلب می‌توانید از فهرست بازبینی مدیریت تمرکز برای بهبود تمرکز و کاهش آشفتگیهای ذهنی بهره ببرید:

فهرست بازبینی (چک لیست) تمرکز:

الف) راهبردهای کلیدی

- خواسته‌ها و اهدف خود را شفاف کنید.
- چرایی انجام کارها را بدانید تا بتوانید تمرکزی پایدار داشته باشید.
- به محض روشن شدن خواسته‌هایتان، با تعارضات درونی خود دست‌وپنجه نرم کنید و برحسب ارزشهای خود، اولویت‌گذاری کنید.
- از چارچوبهای زمانی بهره ببرید تا در قلمرویی مشخص حرکت کنید.
- نقشه‌ی راه پیشرفت خود را ترسیم کنید و ایستگاههای معینی را به فواصل منظم تعیین کنید.
- عوامل برهم‌زننده‌ی تمرکز خود را شناسایی و در صدد رفع آنها برآیید؛ چرا که ذهن انسان نمی‌تواند به سادگی از پس هرج‌ومرج‌های

محیطی و درونی برآید.

- محیط مناسب، خلوت و راحتی را برای کار انتخاب کنید و فضای کار را از فضای استراحت خود جدا کنید.
- عضلات اعصاب خود را تقویت کنید، مسواک زدن با دست مخالف و یا حتی بستن ساعت مچی دور دست مخالف از جمله تمرینات ادراکی و روشهای تقویت اعصاب پیشنهادی روانشناسان است.
- از ورزش غافل نشوید و از رژیم غذایی سالم پیروی کنید. مواد غذایی آماده و فرآوری شده حاوی مواد موسوم به نوروتاکسین بوده و موجب بروز اختلال در سیستم اعصاب و تمرکز می‌شوند.

ب) راهکارهای عملی

- فعالیتهای روزمره‌ی خود را به‌صورت فهرست درآورید.
- چند کار را به‌صورت همزمان انجام ندهید.
- درک عمیقی از وظایف خود داشته باشید؛ چرا که تردید، دشمن تمرکز است.
- بر وقفه‌ها مدیریت داشته باشید و بر سندرم شایع تعلیل و تعویق وظایف غلبه کنید.
- زمانی را به مراقبه و اتصال به عالم بالا اختصاص دهید.
- تمرکز خود را روی انجام یک کار جلب کنید.
- تصویر ذهنی روشنی از آنچه می‌خواهید بدان دست یابید داشته باشید.
- بر نیازهای خود مدیریت داشته باشید و قبل از شروع کار تمامی احتیاجات و ابزار مورد نیاز را فراهم کنید.
- برای انجام کارها مهلت تعیین کنید، محدودیت بستر خلاقیت و سرعت است.

● وظایف را تقسیم‌بندی کنید.
● مثبت‌اندیش باشید و به شکل مداوم نیاز به تمرکز را در ذهن خود مرور کنید تا ملکه‌ی ذهن شود.

نکته‌ها و هشدارها

● در زمانی از روز که هوشیاری بالاتری دارید کار کنید.
● برای تشویق خود به تمرکز کامل با افرادی کار کنید که به عادات کاری آنها احترام می‌گذارید و در کار شما وقفه به وجود نمی‌آورند.
● کار را فقط در زمانهای طبیعی متوقف کنید و یا اگر بخشی از کار به اتمام رسید. در این صورت بازگشت دوباره به کار آسانتر است. قبل از توقف کار برای خود یادداشت بگذارید که در چه مرحله‌ای قرار دارید.
● هنگام فکر کردن ویا هنگام خواندن کتاب یادداشت بردارید. نوشتن باعث می‌شود توجه خود را به کاری که انجام می‌دهید متمرکز کنید. همچنین نوشتن به پردازش و روشن شدن اطلاعات کمک می‌کند.
● اگر به کاری که انجام می‌دهید علاقه‌مند شوید بهتر می‌توانید بر روی آن تمرکز کنید.
● انتظار نداشته باشید که برای مدت طولانی و بدون توقف بتوانید به‌طور اثر بخش کار کنید، هر کسی تا حدی قدرت تمرکز دارد.

عوامل حواس پرتی

● عوامل محیطی برهم‌زننده‌ی تمرکز را از اطراف خود دور کنید.
● عوامل درونی و ذهنی ایجاد هرج‌ومرج را مدیریت کنید.
● افکار آزاردهنده‌ی خود را روی کاغذ بیاورید تا اثر آنها کاهش یابد.
● سطح انرژی روزانه‌ی مورد نیاز خود را تأمین کنید تا عواملی نظیر

گرسنگی موجب پرت شدن حواستان نشود.

- در مصرف داروهایی که در تمرکز اختلال ایجاد می‌کنند دقت کنید.

- در کارهایی که انجام می دهید، مهارت کسب کنید تا با علاقه و دقت بیشتری آن را انجام دهید.

- فراموش نکنید که هر کاری به جای خود نکوست. بنابراین برای انجام کارهای خود برنامه‌ای منعطف تهیه کنید.

- محرکهای مزاحم محیطی مثل صدای تلفن، تلویزیون، تلفن همراه، و... را کنترل کنید.

- از روش عنکبوتی بهره ببرید (روش عنکبوتی راهی برای مدیریت بر افکار و عوامل مزاحم است. چنانچه یک یا دو بار تار عنکبوتی را لمس کنیم، عنکبوت به تکاپو می‌افتد تا علت را کشف کند و احتمالاً حشره در دام افتاده را صید کند، اما در صورتی که چند بار تار او را تکان دهید، خواهید دید که عنکبوت، دیگر نسبت به حرکت تار هیچ عکس‌العملی از خود نشان نمی‌دهد و متوجه می‌شود که حشره‌ای به دام او نیفتاده است).

مدیریت انرژی و الهامبخشی

- هم از مسیر و هم مقصد لذت ببرید تا انرژی مضاعف بیابید و رنج سفر بر تنتان نماند.

- سطح انرژی خود را با غذای سالم و خواب کافی حفظ کنید.

- مثبت‌اندیشی را در تمام امور به کار بگیرید تا ظرفیت انرژیهای درونی‌تان افزایش یابد.

- موسیقی مناسب گوش بدهید تا روحتان نوازش یابد.

- مطالعه‌ی کتابهای مفید را فراموش نکنید، بویژه آنکه کتابهای مورد علاقه‌ی خود را بخوانید تا علاوه بر ایجاد تمرکز، الهام‌گیری کنید.

- فطرت آدمی ذاتاً تمایل به عوامل و پدیده‌های مثبت دارد، لذا از افراد و پدیده‌های منفی‌گرا دوری کنید تا دچار رخوت و نشت انرژی نشوید.
- یک مشاور کهنه‌کار و دلسوز را همراه خود داشته باشید و از رهنمودها و تجارب او بهره‌گیری کنید.
- در جمع دوستان و اعضای خانواده‌ی خود حضوری فعال داشته باشید تا به صورت ناخودآگاه از انرژیهای مثبت آنها تغذیه کنید.
- برای خود وقت تنفس و تفریح بگذارید و گاه به خود پاداش دهید.
- تمرکز خود را به اهداف بزرگ جلب کنید.
- استعاره‌پردازی را فراموش نکنید و خود را قهرمان داستان زندگی بدانید.

اهداف

- نقشه‌ی راه پیشرفت خود را ترسیم و اهداف کوچک و بزرگ و میانه‌ی خود را روی آن مشخص کنید.
- اهداف خود را روی کاغذ بیاورید.
- مراحل پیشروی خود به سمت این اهداف را یادداشت کنید.
- وظایف خود را در مسیر پیشرفت‌تان بنویسید.

محدودیتها

- آغازها و پایانها را در چارچوبی مشخص درآورید.
- از این شاخه به آن شاخه کردنها را محدود کنید.
- از اهداف کوچک به اهداف بزرگتر دست یابید.
- برای کارهای خود محدودیت زمانی تعیین کنید.
- برای کارهای خود محدودیت کمّی تعریف کنید.

اولویتها

● اولویتهای خود را بشناسید.

● مهارت نه گفتن به خود و دیگران را بیاموزید.

● کمتر انجام دهید، تا بیشتر تمرکز کنید.

خودآگاهی

● الگوهای رفتاری و شخصیتی خود را بشناسید.

● از زیر و بم ویژگیهای ذاتی خود اطلاع یابید.

● بر ذهن خود تسلط یابید تا بتوانید به سادگی بر اغتشاشات ذهنی خود غلبه کنید.

مدیریت وظایف

● آنچه را آغاز کرده‌اید به پایان ببرید.

● در آن واحد بیش از یک کار را انجام ندهید.

● از نرم‌افزارها و برنامه‌های کاربردی و یا یک تقویم ساده برای انجام وظایف روزمره بهره ببرید.

فصل سوم

تکنیکهای پایه‌ای
و ارتقای مهارتهای شخصی

گفتار دوازدهم

۱۳ درس گفتار؛ ۱۳ پله‌ی صعود

"زبانت را تبدیل به گل سرخ کن تا از سخنت عطر دل‌انگیز برخیزد"
"ماهاتما گاندی"

در اینجا به معرفی کلکسیونی ارزشمند از ۱۳ درس گفتار منتخب از لابه‌لای کتابها می‌پردازم. قوانینی که در عین سادگی دست‌کم ۱۳ پله شما را از نردبان موفقیت بالا می‌برند.

۱- ادراک ۲۰/۲۰- مراقب سندرم "از قبل می‌دانستم" باشید

گاهی افراد پس از آنکه نتیجه‌ی رویدادی عیان شد، به این اشتباه می‌افتند که ما از قبل نتیجه را می‌دانستیم و به قول ضرب‌المثل معروف: معما چو حل گشت آسان شود!

نام دیگر این سندرم ادراک ۲۰/۲۰ است و افراد مبتلا چنین تصور می‌کنند که علامه‌ی دهر بوده و بی‌نیاز از هرگونه اطلاعاتی از پیش دانای بر مسائل هستند.

مشکل چنین سندرمی اینجا است که گاهی انسانها دیگر نیاز به اطلاعات

را احساس نمی‌کنند و بی‌گدار به آب می‌زنند. فراموش نکنید که با آنکه اقبال و اتفاق امری انکارناپذیر است، لیکن بهره‌مندی و تجهیز بودن به اطلاعات موضوعی حیاتی است.

۲ـ آزمونهای ۳۰ روزه برای یک عمر آرامش؛ به مدت ۳۰ روز چیز جدیدی را امتحان کنید

چنانچه می‌خواهید قابلیتهای خود را رشد دهید و شکوفا کنید، عادتی را تغییر دهید و یا عادتی جدید را به مدت ۳۰ روز انجام دهید. در واقع عدد ۳۰ برای دستیابی به موفقیت را استیو پاولینا به کار برد. به گفته‌ی پاولینا، وی نیز عبارت "آزمون ۳۰ روزه" را از صنایع نرم‌افزاری به عاریت گرفته است که عموماً نسخه‌ی آزمایشی محصول خود را به مدت ۳۰ روز به رایگان (نسخه‌های موسوم به آزمایشی یا Trial) در اختیار افراد قرار می‌دهند و همین امر عاملی برای خرید آن محصولات می‌شود (البته انتخاب مشتری در این اصل بسیار مهم است و لازم است مواظب کسانی باشید که هدفشان سواری رایگان است).

به اعتقاد پاولینا، کسب عادات پسندیده و جدید مستلزم تمرین کردن است. از آنجا که برخی از ساختارهای مغز انسان در برابر تغییر مقاومت نشان می‌دهند، به اعتقاد او بهتر است که عادات جدید یا ترک عادات قدیم را به مدت ۳۰ روز اجرایی کنید و خواهید دید که این عادات جدید به زودی ملکه‌ی ذهنتان خواهند شد و تا مدتها آرامش و تندرستی را برایتان به ارمغان می‌آورند.

به‌طور کلی شرطی‌سازی کلید تغییرات پایدار است. اگر می‌خواهید عادتی کسب کنید یا عادتی را تغییر دهید، پس هر روز و بتدریج این کار را انجام دهید. زیگ زیگلار، بازاریاب برجسته‌ی جهانی، در جمله‌ای طنزگونه می‌گوید، "مردم اغلب می‌گویند که انگیزه دوامی ندارد، حمام کردن

هم دوام ندارد و باید تجدید شود؛ به همین دلیل است که توصیه می‌شود هر روز حمام کنید."

۳ـ اثر زایگارنیک؛ اهمیت قدم اول در انجام کارها

اثر زایگارنیک به این موضوع اشاره دارد که تکالیف ناقص یا ناکامل، در مقایسه با تکالیف کامل برای مدت طولانی‌تری در حافظه می‌مانند.

این اصل که را اولین‌بار بلوما زایگارنیک در سال ۱۹۲۷ پیشنهاد کرد. این اصل می‌گوید: شخص تکالیف ناتمام خود را بهتر به خاطر می‌سپارد تا تکالیف تکمیل شده؛ به زبان ساده‌تر توضیح اصل زایگارنیک بدین صورت است:

ذهن ما عادت دارد که هر مسأله‌ای برایش روشن باشد، بدین‌رو هنگامی که به یک مسأله‌ی مبهم یا حل نشده برخورد کند تا زمانی که به پاسخ قانع‌کننده‌ای نرسد، در جستجوی پاسخ است. این دلیل خوبی است برای شروع و برداشتن قدم اول، در واقع مغز ما به گونه‌ای شکل گرفته که کاری را که نتواند به پایان برساند، از اساس شروع نکند. بنابراین ما ذاتاً دوست داریم کاری را که شروع کرده‌ایم به سرانجام برسانیم، و دلیل آن ساختار مغزی و ذهن ما است.

۴ـ قانون ۲۰/۸۰: ۸۰ درصد از نتایج شما برآمده از ۲۰ درصد از تلاشهایتان است

قانون ۲۰/۸۰ را به عنوان قانون پارتو می‌شناسند. معنای این قانون چنین است که کیفیت بر کمیت ارجحیت دارد. برای مثال شما می‌توانید با ساعات کمتر کاری به نتایجی بسیار بهتر دست یابید.

نویسندگانی مثل ریچارد کُخ در کتاب "قانون فردی ۲۰/۸۰: چگونه بر اساس ۲۰ درصدی که در آن به بهترین وجه عمل می‌کنید، بهترین باشید"،

از راز افراد موفقی مثل وارن بافت، استیون اسپیلبرگ، بیل گیتس، و... رمزگشایی می‌کند. به اعتقاد کخ، این قبیل افراد کاری را که بهتر از سایرین از پس آن برمی‌آیند شناسایی و کشف کرده‌اند و عمده‌ی موفقیت خود را نیز مدیون همان هستند.

۵- احساس اضطرار و فوریت؛ کلید تغییر

تغییر می‌تواند دشوار باشد. مردم با هزار عذر و بهانه و به هزار دلیل در برابر تغییر مقاومت می‌کنند. اما چاره‌ی آن ایجاد احساس اضطرار درونی است. می‌توان این کار را با تضاد آفرینی و تحریک هیجانی مغز با چیزهایی نظیر داستان‌گویی انجام داد. کاتلر نیز در کتاب خود با عنوان "احساس اضطرار" کلید تغییر را ایجاد احساس متقاعدکننده‌ای از اضطرار می‌داند.

۶- از دل برود هر آنچه از دیده رود

برای آنکه احساس منفی را از خود دور کنید، چیزهایی که باعث ایجاد افکار منفی و افراد منفی‌باف را از دایره‌ی دید خود خارج کنید.

۷- بودن یا شدن، مسأله دقیقاً همین است!

شاید شما نیز عبارت "بودن یا نبودن، مسأله این است" را در نمایشنامه‌ی زیبای هملت اثر شکسپیر شنیده باشید. اما دغدغه‌ی افراد خلاق و موفق عبور از بود و نبود و در واقع شدن است.

آنها می‌خواهند همواره وضعیت موجود را تغییر دهند و خوب بودن از نظرشان کافی نیست.

۸- خوشبینی آموخته شده؛ خوشبینی مهارتی است قابل آموختن

شخصیت "گلام" را در کارتون گالیور یادتان هست؟ همان شخصیتی که

چهره درهمی داشت و مدام با لحنی خاص می‌گفت: "من می‌دونستم... کارمون تمومه... من می‌دونستم!" تا حالا برایتان اتفاق افتاده که وقتی با کسی مواجه می‌شوید، بلافاصله بعد از چند برخورد ساده، شخصیت "گلام" در ذهنتان تداعی شود؟ در مورد خودتان چه‌طور؟ تا به حال به شما گفته‌اند که شبیه این شخصیت هستید؟

در دهه‌ی اخیر، روانشناسان مثبت‌گرا بیشتر بر توانمندیها، شایستگیها و داشته‌های انسان تأکید کرده و بر این باورند که هدف روانشناسی باید بهبود ارتقای سطح زندگی انسان و شکوفا کردن استعدادها و توانمندیهای به ودیعه نهاده شده در درون انسان باشد. مفهوم خوشبینی از مفاهیم مطرح شده در روان‌شناسی مثبت است.

دو دیدگاه عمده در مورد خوشبینی وجود دارد:

۱- خوشبینی سرشتی که کارور مطرح کرد،

۲- و خوشبینی آموخته شده که سلیگمن آن را مطرح ساخت و از جدیدترین دیدگاهها در روانشناسی به شمار می‌رود. از این دیدگاه، خوشبینی امری است که می‌توان با راهکارهایی چند آموخت. در این حوزه کتابی نیز به نام "خوشبینی آموخته شده" از پرفسور سلیگمن موجود است که می‌تواند راهنمای شما در یادگیری خوشبینی باشد.

به قول مولوی:

پیش چشمت داشتی شیشه کبود   زان سبب عالم کبودت می‌نمود

این بیت به معنای آن است که چون نگاه ما به دنیا منفی است، همه چیز را تیره و تار می‌بینیم. اما خوشبختانه می‌توان خوشبینی را نیز مثل هر مهارت دیگری آموخت.

۹- مظهر تغییری باشید که می‌خواهید در جهان ببینید

گاندی به زیبایی در جمله‌ای می‌گوید که "شما باید مظهر تغییری باشید که

می‌خواهید در جهان ببینید." او در جمله‌ی دیگری بیان می‌دارد که، به عنوان انسان بزرگترین دروغ ما در مورد توانایی‌مان در ساخت دوباره جهان نیست بلکه، توانایی ما در ساخت مجدد خودمان است.

شاید ذکر حکایتی پندآموز در این حوزه خالی از لطف نباشد؛ می‌گویند روزی پدری در حال خواندن روزنامه بود، اما پسر کوچکش مدام مزاحمش می‌شد. بالاخره حوصله‌ی پدر به سر آمد و صفحه‌ای از روزنامه را که نقشه‌ی جهان را نمایش می‌داد، جدا و تکه تکه کرد و به پسرش داد.

"بیا کاری برایت دارم یک نقشه‌ی دنیا به تو می‌دهم، ببینم می‌توانی آن را مثل یک پازل و درست مثل اول بچینی؟"

و دوباره به سراغ روزنامه‌اش رفت؛ می‌دانست پسرش تمام روز گرفتار این کار است.

اما یک ربع بعد پسرک با نقشه‌ی کامل برگشت. پدر با تعجب پرسید، "مگر تو از جغرافیا سر در می‌آوری؟"

پسرک پاسخ داد:

"جغرافی دیگر چیست؟ اتفاقاً پشت همین صفحه، تصویری از یک آدم بود، وقتی توانستم آن آدم را دوباره بسازم، دنیا را هم دوباره ساختم." پیام این داستان این است که ساختن دنیا را بایستی با ساختن خود آغاز کنیم.

۱۰- نظریه‌ی قوی سیاه: غیرممکن، غیرممکن است

نظریه‌ی قوی سیاه اشاره به اتفاقات بسیار نادر و مهمی دارد که به طور معمول کسی انتظار وقوع آنها را ندارد.

در این حوزه کتابی به همین نام وجود دارد که به‌وسیله‌ی نسیم نیکولاس طالب به رشته‌ی تحریر درآمده است. او در این کتاب چنین استدلال می‌کند که ما نباید هرگز امکان یا اهمیت رویدادهای نادر و غیرقابل پیش‌بینی را نادیده بگیریم. قبل از آنکه اروپاییها، استرالیا را کشف کنند،

هیچ دلیلی وجود نداشت تا باور کنیم قوهایی به رنگی غیر از سفید هم می‌توانند وجود داشته باشند. اما با کشف استرالیا، قوهای سیاه هم کشف شدند و اینگونه شد که ما در باور راسخ خویش تجدیدنظر کردیم. این کتاب بر آن است تا مردم درباره‌ی ناشناخته‌ها و غیرمحتمل‌ها تفکر و تأمل کنند.

قوی سیاه او سه خاصیت دارد:

۱- احتمال وقوع آن طبق پیش‌بینی‌ها بسیار پایین است.

۲- هر چند احتمال وقوع آن پایین است، اما وقتی که رخ می‌دهد تأثیری شگرف و گسترده بر جای می‌گذارد.

۳- مردم آمدن آن را قبل از وقوع متصور نیستند.

اگر شما قوهای سیاه را نادیده بگیرید، چیزی نصیبتان نخواهد شد. به نظر نیکولاس طالب، اگر ریسک کردن هزینه‌ی زیادی نداشته باشد، باید تا هر اندازه می‌توانیم آن ریسک را بپذیریم.

برای آنکه قوهای سیاه مثبت را ببینید، نباید از اشتباه بهراسید، و به قول انیشتین آنکه هیچ اشتباهی نکرده است هیچ چیز تازه‌ای را امتحان نکرده است.`

۱۱- اقیانوس آبی کلید دستیابی به موفقیتی به وسعت اقیانوس- استراتژی رقابت در بازار بی‌رقیب

استراتژی اقیانوس آبی رویکرد جدیدی از استراتژی و نوآوری است که هدف آن رشد و عملکرد پایدار است.

برخلاف استراتژی رقابتی که شرکتها به طور معمول سعی می‌کنند به جای خلق ارزش، در واقع ارزش موجود را تقسیم یا تصاحب کنند. منطق استراتژی جدید بر پایه‌ی تعدادی اصول بنیادی است که به دنبال خلق ارزش برای تمام طرفین است. در جایی که رقابت وجود دارد رقابت نکنید!

یک فضای بازار جدید بدون رقیب بیافرینید و هم تمایز و هم کاهش هزینه‌ها را در سرلوحه‌ی کار قرار دهید.

چان کیم و رنه مابورن در کتاب خود با عنوان استراتژی اقیانوس آبی، به ما می‌آموزند که موفقیت پایدار از ایجاد اقیانوسهای آبی پدید می‌آید، که بازارهایی دست نخورده و جدید هستند.

۱۲ـ اثر مارش‌مالو؛ آینده‌نگری

مارش‌مالو نوعی شیرینی اسفنجی است که طرفداران بسیاری دارد. کل این نظریه بر این امر استوار است که اگر چنانچه بتوانید کامرواسازی خود را به تعویق بیندازید، می‌توانید نتایج بیشتری بگیرید.

در آزمایشی که روی کودکان انجام گرفت، میزان مقاومت آنها در برابر این شیرینی مورد سنجش قرار گرفت. کودکانی که می‌توانستند از رضایت آنی خود صرف‌نظر کنند می‌توانستند بعداً به جای یک شیرینی دو شیرینی دریافت کنند.

نتایج تحقیقات استفورد حاکی از آن بود که کودکانی که دارای خودکنترلی هستند و خشنودسازی خود را می‌توانند به تعویق بیندازند، در مدرسه نیز عملکرد بسیار بهتری دارند. آنها به خاطر لذت بیشتر در آینده، عیش امروز را به تعویق می‌اندازند نه آنکه سرکوب کنند و به قول شاعر:
عیش امروز علاج غم فردا نکند / مستی شب ندهد سود به خمیازه‌ی صبح
به عبارتی این عده، آینده‌محور هستند و با نیم‌نگاهی عبرت‌آموز به دیروز، سودای فرداهای بهتر را در سر دارند.

۱۳ـ هوش‌جمعی؛ روش دلفی برای یافتن بهترین پاسخها

معبد دلفی نام مکانی است باستانی در یونان؛ دلفی جایی بوده که یکی از چهار مسابقه‌ی سراسری یونانیان در آن برگزار می‌شده است. یونانیها دلفی

را مرکز زمین می‌پنداشتند و آن را ارج می‌نهادند.

دلفی محل تشکیل جلسات نمایندگان یونان باستان بوده است. جایی که مشکلات آتن به رأی دانشمندان آن زمان گذاشته می‌شد. نام دلفی بعداً به عنوان یکی از تکنیکهای آینده‌پژوهی و راهگشایی از بسیاری از دغدغه‌های آینده شناخته شد.

روش دلفی از جمله موارد روش کلان توفان فکری است که در حقیقت اجماع صاحب‌نظران روی مسأله‌ای خاص است. از این روش می‌توان برای دستیابی به بهترین گزینه استفاده کرد، با این حال فراموش نکنید که تصمیم‌گیر نهایی خود شما هستید.

گفتار سیزدهم

فهرست بازبینی (چک لیست) مدیریت و رهبری کسب‌وکار

مدیران موفق از نبوغی خاص بهره‌مندند تا آنجا که قادرند جان کلام را از میان دریایی از اطلاعات صید کنند و به سرعت در اختیار زیردستان خود قرار دهند.
جان گریندل

مدیریت علم و هنر برنامه‌ریزی، سازماندهی، هدایت و رهبری، نظارت و کنترل و ایجاد هماهنگی بین منابع مشهود و نامشهود سازمان نظیر منابع انسانی، منابع مالی، منابع فیزیکی، منابع اطلاعاتی و همچنین اعتبار و هویت سازمان برای نیل به اهداف از پیش تعیین شده با عنایت به قوانین و عرف جامعه است.

به زبان ساده‌تر، مدیریت عمل توازن برقرار کردن بین فعالیتهای متضاد و متعارض است. مدیریت باید خود عامل تحرک سازمانی باشد و همکاران را با جان و دل و مغزشان در راستای اهداف سازمانی راهنما بوده و الگو باشد.

به زبان ساده، مدیریت یعنی هنر به حرکت درآوردن و ایجاد تکاپو در لایه‌های ساکن و ایجاد روحیه‌ی مشارکت و همدلی در سازمان.

مدیران توانمند واجد ویژگیها و مشخصههای منحصربهفردی هستند که در ادامه به شکلی فهرستوار به بررسی آنها میپردازیم. در واقع این فهرستهای بازبینی (چکلیست) به منزلهی نقشهی راهی برای تبدیل شدن به یک مدیر شایسته و توانمند است که در کمترین زمان ممکن میتواند شما را بهعنوان مدیر، به سرمنزل مقصود برساند.

۱۰ شاخصهی اساسی مدیریت و رهبری در کسبوکار

۱- بهعنوان یک مدیر، شنوندهی خوبی هستم (نه گویندهی ماهری). در ابتدا تلاش دارم تا افراد را درک کنم و به آنها گوش دهم.

۲- بهعنوان یک مدیر برای دیگران الگوسازی میکنم، الگوهایی که دیگران با جان و دل بخواهند که از آن پیروی کنند.

۳- بهعنوان یک مدیر، بازخوردها را دریافت میکنم و در مقابل با این بازخوردها انطباق مییابم.

۴- بهعنوان یک مدیر، چشماندازی روشن و اقناعگر و الهامبخش تعیین میکنم.

۵- بهعنوان یک مدیر آنچه را که وعدهی انجامش را دادهام به سرانجام میرسانم.

۶- بهعنوان یک مدیر، زمان را صرف امور مهمتر میکنم.

۷- بهعنوان یک مدیر، سعی دارم تا خادم دیگران باشم.

۸- بهعنوان یک مدیر، همواره در پی راههایی برای سادهسازی امور هستم.

۹- بهعنوان یک مدیر، برحسب شرایطی که در آن قرار دارم سبک مدیریتی خود را بین سبک مشتری-محور و وظیفهمحور تغییر میدهم.

۱۰- بهعنوان یک مدیر سبک رهبری خود را بر حسب نیاز در جهت انگیزش زیردستانم تغییر میدهم و یا مدیریت خود را بر اساس نیازها یا توانمندیهای تیم تنظیم میکنم.

شایستگیهای محوری مدیران و رهبران کسب‌وکار

- به‌عنوان یک مدیر، خودجوش بوده و خودم ابتکار عمل را به دست می‌گیرم.

- به‌عنوان یک مدیر، در اتاق خود را به روی دیگران بازمی‌گذارم و افراد را به صحبت کردن با خود تشویق می‌کنم.

- به‌عنوان یک مدیر سؤالاتی را مطرح می‌کنم که موجب پویایی و پیشبرد اهداف می‌شود.

- به‌عنوان یک مدیر در دیگران اعتمادبه‌نفس به وجود می‌آورم.

- به‌عنوان یک مدیر از نقاط قوت و نقاط ضعف خود مطلع بوده و پیش از آنکه دیگران را رهبری کنم ابتدا بر خود مدیریت می‌کنم.

- به‌عنوان یک مدیر از طریق مهارتها و تعاملاتم بر دیگران تأثیر می‌گذارم، نه از راه اعمال قدرت و یا به واسطه‌ی جایگاهم.

- به‌عنوان یک مدیر روی "ما" تمرکز می‌کنم نه "من".

- به‌عنوان یک مدیر هم تعاملات رو به بالا دارم و هم تعاملات رو به پایین.

- به‌عنوان یک مدیر می‌دانم که موفقیتم را مدیون خود و تلاشهای تیم کاری خود هستم.

- به‌عنوان یک مدیر، دائماً به خود یادآور می‌شوم که رهبری یک کسب‌وکار موهبت و امتیازی است که به واسطه‌ی آن افراد با کمال میل از ما پیروی می‌کنند.

- به‌عنوان یک مدیر تأثیر خود را از طریق تفکر جامع‌نگرانه و سیستمی می‌سنجم.

- به‌عنوان یک مدیر فرا لحظه‌ای می‌اندیشم.

- به‌عنوان یک مدیر با دیگران به گونه‌ای رفتار می‌کنم که انتظار دارم دیگران با من آنگونه رفتار کنند.

- به‌عنوان یک مدیر میان زندگی شخصی و حرفه‌ای تعادل برقرار می‌کنم.

شایستگیهای عملیاتی مدیران و رهبران کسب‌وکار

- به‌عنوان یک مدیر از همکارانم سؤال می‌کنم که می‌خواهیم به چه دستاوردهایی برسیم؟
- به‌عنوان یک مدیر از بی‌حرکتی و سکون پرهیز دارم.
- به‌عنوان یک مدیر از حواشی و عوامل برهم‌زننده‌ی تمرکز دوری می‌جویم.
- به‌عنوان یک مدیر میان نتایج و مسیر دستیابی به آن توازن برقرار می‌کنم.
- به‌عنوان یک مدیر اهداف هوشمندانه، معین، قابل اندازه‌گیری، عملیاتی، واقع‌بینانه و زمانبندی شده تعیین می‌کنم.
- به‌عنوان یک مدیر، اهل عمل و حرکت هستم.
- به‌عنوان یک مدیر کمک می‌کنم تا گامهای بعدی برای پیشرفت، پیش روی دیگران روشن باشد.
- به‌عنوان یک مدیر ایده‌ها را عملیاتی می‌کنم.
- به‌عنوان یک مدیر جسورانه عمل می‌کنم.
- به‌عنوان یک مدیر پازل خود را با افرادی تکمیل می‌کنم که مکمل نقاط ضعف و تقویت‌کننده‌ی نقاط قوتم باشند.
- به‌عنوان یک مدیر مسیر دستیابی به موفقیت را هموار می‌کنم.
- به‌عنوان یک مدیر تیم خود را برای کسب نتیجه و دستیابی به کامیابی تهییج می‌کنم.
- به‌عنوان یک مدیر در عین حال که به چارچوبهای زمانی احترام می‌گذارم و اولویتهای کاری زیادی دارم، اما کیفیت را فدای سرعت نمی‌کنم.

- به‌عنوان یک مدیر به دیگران در جهت عمل و پویایی الهام می‌بخشم.
- به‌عنوان یک مدیر از دیگران در خصوص مسئولیتهایی که پذیرفته‌اند پاسخ می‌خواهم.
- به‌عنوان یک مدیر به دیگران کمک می‌کنم که احساس پیشرفت داشته باشند.

مدیریت تغییر

- به‌عنوان یک مدیر تغییرات را پیش‌بینی و خود را برای مواجهه با آنها آماده می‌کنم.
- به‌عنوان یک مدیر برای اموری که از بالاترین اهمیت برخوردارند، حسی از اضطرار و نیاز به تغییر را درون زیردستانم ایجاد می‌کنم.
- به‌عنوان یک مدیر درباره‌ی "چرایی"، "چگونگی" و "چه زمانی"، و "چه کسی" انجام تغییرات با دیگران تعامل می‌کنم.
- به‌عنوان یک مدیر با آغوش باز از تغییرات مثبت استقبال می‌کنم.
- به‌عنوان یک مدیر ترکیبی مناسب از افراد را کنار هم می‌چینم تا بتوانند طرحی نو دراندازند.
- به‌عنوان یک مدیر تغییر را به منزله‌ی یک فرصت می‌بینم.
- به‌عنوان یک مدیر در رویکردهای خود انعطاف‌پذیری دارم.
- به‌عنوان یک مدیر فرهنگ تغییر را به گونه‌ای کارآمد در سازمان نهادینه می‌کنم.
- به‌عنوان یک مدیر، نسبت به ریسک تغییر کردن و نیز مخاطرات تغییر نکردن واقف هستم و می‌توانم این موارد را به سایرین نیز انتقال دهم.

مدیریت مناسبات

- به‌عنوان یک مدیر، ایده‌ها را به چالش می‌گیرم. در عین حال که به

عقاید دیگران احترام می‌گذارم.

- به‌عنوان یک مدیر تعاملات خود را به شکل شفاف برقرار می‌سازم.
- به‌عنوان یک مدیر، سؤالات راهکارمحور را مطرح می‌سازم نظیر اینکه 'چگونه می‌توانیم این مسأله را حل کنیم؟'.
- به‌عنوان یک مدیر به شکل باز و توأم با احترام با دیگران تعامل می‌کنم.
- به‌عنوان یک مدیر زیردستان خود را تشویق می‌کنم که مسائل و مشکلات خود را آزادانه مطرح کنند.
- به‌عنوان یک مدیر دیگران را به ارائه‌ی ایده‌های خود تشویق می‌کنم.
- به‌عنوان یک مدیر در اتاق خود را به روی همگان بازمی‌گذارم.
- به‌عنوان یک مدیر در عمل به دیگران نشان می‌دهم که به حرف آنها گوش داده‌ام.
- به‌عنوان یک مدیر با هدف یادگیری به صحبتهای دیگران گوش می‌دهم.

مدیریت تصمیم‌سازی و تصمیم‌گیری

- به‌عنوان یک مدیر از پذیرش اشتباهاتم هراسی ندارم و چنانچه فرد دیگری ایده‌ای بهتر داشت آن را می‌پذیرم.
- به‌عنوان یک مدیر زمانی که وقت تصمیم‌گیری فرا رسید جانب اخلاق و انتخاب گزینه‌ی درست را نگه می‌دارم.
- به‌عنوان یک مدیر، آماده‌ی اتخاذ تصمیمات دشوار هستم.
- به‌عنوان یک مدیر بر سر یک ایده با همکارانم به اجماع می‌رسیم.
- به‌عنوان یک مدیر راه اخلاق‌مدارانه و درست برای تجارت برمی‌گزینم.
- به‌عنوان یک مدیر به دیگران گوشزد می‌کنم مادامی که تصمیمی گرفته نشده می‌توانید تا می‌خواهید بر سر آن چالش و مجادله کنید اما به محض آنکه تصمیم گرفته شد همه باید در قایق سازمان در سر جای خود نشسته و هماهنگ به سوی مقصد پارو بزنید.

- به عنوان یک مدیر برای گرفتن تصمیمات کلیدی افراد ذی صلاح را سهیم می کنم.
- به عنوان یک مدیر می دانم که در چه مواقعی کار را به کاردان بسپارم.
- به عنوان یک مدیر می دانم که دلیلی ندارد که کل سازمان با تصمیمات من موافق باشند.

انرژی، انگیزش و الهامبخشی

- به عنوان یک مدیر تیمی سرشار از انرژی تشکیل داده ام.
- به عنوان یک مدیر شور و اشتیاق خود را به کار نشان می دهم.
- به عنوان یک مدیر دیگران را در وظایف معنادار به کار می گیرم و دلیل معناداری وظایف آنها را نیز گوشزد می کنم.
- به عنوان یک مدیر فردی فرصت یاب و فرصت شناس هستم.
- به عنوان یک مدیر در نقاط قوت سایرین سرمایه گذاری می کنم تا شکوفا شوند.
- به عنوان یک مدیر با در نظر گرفتن احتمالات گوشه چشمی به آینده دارم.
- به عنوان یک مدیر به گونه ای با دیگران برخورد می کنم که به خاطر سهم خود در انجام امور احساس ارزش کنند.
- به عنوان یک مدیر، محیط کار را به گونه ای فرحبخش و مطلوب درآورده ام.
- به عنوان یک مدیر به تلاش ها و نتایج به دست آمده پاداش می دهم.
- به عنوان یک مدیر، به خاطر پیشرفت کارکنان خود به آنها پاداش می دهم.
- به عنوان یک مدیر بیشتر روی نقاط قوت خود مانور می دهم.
- به عنوان یک مدیر، زمانی را صرف تجدید قوا می کنم.

مدیریت همدلی

- به عنوان یک مدیر، از طریق انجام اعمال مورد اطمینان اعتمادسازی می‌کنم.
- به‌عنوان یک مدیر، با ارزشهای افراد ارتباط برقرار می‌کنم.
- به‌عنوان یک مدیر، دلسوز افراد هستم.
- به‌عنوان یک مدیر، با افراد همدلی می‌کنم.
- به عنوان یک مدیر، با شرایط افراد ابراز همدلی می‌کنم.
- به‌عنوان یک مدیر قبل از آنکه تلاش کنم تا بر دیگران تأثیری بگذارم، ابتدا روابط صمیمانه و همدلانه با آنها برقرار می‌کنم.
- به‌عنوان یک مدیر موقعیت را به طور کامل رصد می‌کنم تا بدانم که چه کسانی در آن موقعیت تأثیرگذار هستند و تصمیم‌گیرندگان چه کسانی هستند.
- به‌عنوان یک مدیر درک می‌کنم که نمی‌توانم همواره همه‌ی افراد را راضی نگه دارم.

یادگیری، رشد، و خودآگاهی

- به‌عنوان یک مدیر عمیقاً به این عبارت باور دارم که باید ز گهواره تا گور در جستجوی دانش بود.
- به‌عنوان یک مدیر، با آغوش باز از بازخوردها و انتقادات سازنده استقبال می‌کنم.
- به‌عنوان یک مدیر رقابت سالم را تشویق می‌کنم.
- به عنوان یک مدیر زیردستان خود را تشویق می‌کنم تا هر از گاهی خود را محک بزنند.
- به‌عنوان یک مدیر به دنبال ایده‌های ناب هستم.
- به‌عنوان یک مدیر نقاط ضعف خود را می‌شناسم.

- به‌عنوان یک مدیر به دنبال راههای رشد و بالندگی افراد، فرایندها و محصولات هستم.
- به‌عنوان یک مدیر روی نقاط قوت تمرکز می‌کنم.
- به‌عنوان یک مدیر در خصوص تأثیر اقدامات خود از دیگران پرس‌وجو می‌کنم.
- به‌عنوان یک مدیر زمانی که اشتباه کردم، آن را پذیرفته و درصدد جبران برمی‌آیم.
- به‌عنوان یک مدیر از موقعیتهای سخت، فرصت‌سازی می‌کنم.
- به‌عنوان یک مدیر اشتباهات و شکستها را به عنوان فرصت یادگیری تلقی می‌کنم.
- به‌عنوان یک مدیر سعی در بهبود نقاط ضعف خود دارم.
- به‌عنوان یک مدیر سعی می‌کنم از دیدگاههای مختلف درخصوص پیشرفت بهره ببرم.
- به‌عنوان یک مدیر برای پیشرفت همکاران خود فرصت‌سازی می‌کنم.
- به‌عنوان یک مدیر الگویی بهینه ایجاد می‌کنم.
- به‌عنوان یک مدیر اصول خود را می‌شناسم و براساس این اصول عمل می‌کنم.
- به‌عنوان یک مدیر به همکاران خود کمک می‌کنم تا از نقاط قوت خود بهره‌برداری کنند.

مهارتهای حل مسأله

- به‌عنوان یک مدیر سؤالات شفاف‌سازی را در خصوص مسأله‌ی موجود مطرح می‌کنم.
- به‌عنوان یک مدیر مسائل را به بخشهای کوچکتر تقسیم می‌کنم تا زودتر و با نتیجه‌ی بهتری به سرانجام برسند.

- به‌عنوان یک مدیر از چالشهای اساسی استقبال می‌کنم.
- عنوان یک مدیر تمرکز خود را بر انجام کار می‌گذارم.
- به‌عنوان یک مدیر به گونه‌ای اولویت‌گذاری می‌کنم که ابتدا مشکلات و مسائلی که بیشترین تأثیر را بر سازمان می‌گذارند حل و فصل شوند.
- به‌عنوان یک مدیر به حل مسائل می‌پردازم.

کار گروهی

- به‌عنوان یک مدیر از افراد می‌پرسم که برای موفقیت نیازمند چه مواردی هستند؟
- به‌عنوان یک مدیر وظایف و کارها را به اهداف کوچکتر تقسیم‌بندی می‌کنم.
- به‌عنوان یک مدیر موانع را از سد راه همکاران خود برمی‌دارم.
- به‌عنوان یک مدیر احساس خود‌-مالکیتی و حس تعلق سازمانی را در دل و جان همکاران خود ایجاد می‌کنم.
- به‌عنوان یک مدیر راههایی را پیش پای افراد قرار می‌دهم تا از طریق همکاری و تشریک مساعی بتوانند به حل مسائل مختلف بپردازند.
- به‌عنوان یک مدیر به شکلی کارآمد وظایف را توزیع و به افراد کاردان محول می‌کنم.
- به‌عنوان یک مدیر به افراد تفویض اختیار می‌کنم.
- به‌عنوان یک مدیر افراد را به انجام اقدامات تهورآمیز تشویق می‌کنم.
- به‌عنوان یک مدیر زیردستان خود را به تسهیم دانسته‌های خود با دیگران ترغیب می‌کنم.
- به‌عنوان یک مدیر دیگران را به تشکیل تیمهای کاری تشویق می‌کنم.
- به‌عنوان یک مدیر به دنبال راههای پیروزی تیم می‌گردم.
- به‌عنوان یک مدیر مروج روحیه‌ی کار تیمی در سازمان هستم.

- به‌عنوان یک مدیر بهترین راه انجام کارها را به افراد خاطر نشان می‌کنم.
- به‌عنوان یک مدیر سعی دارم تا انتظارات و نقش افراد روشن شود.
- به‌عنوان یک مدیر به دنبال آن هستم تا روشهای دستیابی به بهره‌وری بیشتر را به همکارانم بیاموزم.
- به‌عنوان یک مدیر چینش مهره‌های تیم را بر اساس ویژگیهای شخصیتی افراد قرار می‌دهم تا مکمل یکدیگر باشند و پازل سازمان را تکمیل کنند.
- به‌عنوان یک مدیر به کارکنان خود کمک می‌کنم تا میان زندگی شخصی و حرفه‌ای خود توازن برقرار کنند.
- به‌عنوان یک مدیر به افراد کمک می‌کنم تا مسئولیتهایی را بپذیرند که می‌تواند موجب شکوفایی آنها شود و بیشترین بهبودی را حاصل کند.
- به‌عنوان یک مدیر به افراد کمک می‌کنم تا موفقیت را درونی‌سازی کنند.
- به‌عنوان یک مدیر تلاش دارم تا افراد را در جهتی ترغیب کنم که برای دست یافتن به آرمانی مشترک زیر چتری واحد همکاری کنند.
- به‌عنوان یک مدیر می‌دانم که در چه زمانهایی خود از میانه‌ی میدان به کناری بکشم تا سد راه همکاران خود نشوم.
- به‌عنوان یک مدیر می‌دانم که چه زمانی باید نقش مربی را بپذیرم و کمی باید رخت بازیکنی را بر تن کنم و در کنار سایرین بایستم.
- به‌عنوان یک مدیر دانش و تجارب خود را در جهت رشد و بالندگی افراد به اشتراک می‌گذارم.
- به‌عنوان یک مدیر مرزهایی شفاف تعیین می‌کنم و اجازه می‌دهم تا کارکنان در این حد و حدود فعالیت آزادانه داشته باشند.
- به‌عنوان یک مدیر، برای تنوع در تیم ارزش قائلم و آن را تشویق می‌کنم.
- به‌عنوان یک مدیر برای سهم منحصر به فرد تک تک اعضای تیم ارزش قائلم.

چشم انداز، رسالت، ارزشها

- به‌عنوان یک مدیر می‌توانم ماموریت سازمان را به شکل مختصر و مفید و در قالب یک جمله به دیگران انتقال دهم.

- به‌عنوان یک مدیر می‌توانم چشم‌انداز و رسالت سازمان را با وظایف و عملکرد افراد تطبیق دهم.

- به عنوان یک مدیر، می‌توانم میان اصلی‌ترین دغدغه‌های سازمان اولویت‌بندی کنم.

- به‌عنوان یک مدیر، قادرم با مشارکت سایرین رسالتی ساده، گیرا و قدرتمند برای سازمان ترسیم کنیم که افراد مشتاق آن هستند.

- به‌عنوان یک مدیر می‌توانم اختیارات افراد را در چارچوب چشم‌انداز گسترش دهم.

- به‌عنوان یک مدیر احترام خود را به ارزشهای دیگران نشان دهم.

- به‌عنوان یک مدیر چشم‌اندازی الهام‌بخش را برای سازمان خود ترسیم کرده‌ام.

- به‌عنوان یک مدیر به ارزشهای خود واقفم و می‌توانم آنها را به دیگران انتقال دهم.

- به‌عنوان یک مدیر با ارزشهای خود زندگی می‌کنم.

- به‌عنوان یک مدیر به عقاید سایرین احترام می‌گذارم حتی اگر با آنها موافق نباشم.

گفتار چهاردهم

مدیریت نقاط فردی؛ چگونه نقاط قوت خود را بیابیم؟

چیره‌دستی بر دیگران نمود قدرت است. اما چیرگی بر نفس خویش، قدرت حقیقی است.

"لائو تزو"

یافتن نقاط قوت یکی از بهترین روشها برای مدیریت انرژیهای درونی و افزایش اثربخشی فردی است. چنانچه از آمیزه‌ی منحصربه‌فرد نقاط قوت خود مطلع باشیم و به‌جای تمرکز بر نقاط ضعف، عمل خود را بر اساس آمیزه‌ی قوت خود قرار دهیم، آنگاه است که خواهیم توانست تا نقش خود را در معادلات شخصی و سازمانی پررنگ‌تر، و اثربخشی خود را بشدت ارتقا بخشیم.

صرف زمان بیش از حد روی نقاط ضعف و نیز عدم التفات و اهتمام به نقاط قوت، از جمله مهمترین دلایل ناکامی در میان انسانها است، که زندگی کاری و شخصی آنها را دستخوش تغییرات ناخوشایند می‌کند. هرچه که بیشتر و بهتر از استعدادها و نقاط قوتمان آگاهی داشته باشیم، بهتر می‌توانیم راه درست بهره‌مندی از درونداشتهای خود را بیابیم. حالا ممکن است این سؤال پیش آید که چگونه نقاط قوت خود را

بیابیم؟ نقاط قوت کلیدی ما کدام است؟ استعدادهایی که به ما نسبت به سایرین مزیت می‌بخشند کدام هستند؟ و چگونه می‌توان بیشترین بهره‌مندی را از آمیزه‌ی توانمندیهای خود برد؟

مارکوس باکینگهام، و دونالد کلیفتون در کتابی ارزنده به نام "حالا، نقاط قوت خود را کشف کن" (Now, Discover your strengths) که در سال ۲۰۰۱ در ۲۷۲ صفحه به بازار عرضه شد، به بررسی و جستجو پیرامون مسأله‌ی مدیریت نقاط قوت پرداخته‌اند و ۳۴ نقطه قوت را بر اساس سالها ممارست در تحقیق و پژوهش تدوین کرده‌اند.

نکات طلایی کتاب

● **نقاط قوت کلیدی خود را شناسایی کنید.** تنها به دانستن چیزها و کارهایی که در آن خوب هستید اکتفا نکنید بلکه، مواردی را نیز که در آن فوق‌العاده‌اید شناسایی کنید.همین تفاوت است که سرمنشأ همه‌ی تحولات در زندگی فردی شما خواهد بود.

● **بهترین باشید.** البته نکته اینجا است که خود باشید و در مرحله‌ی بعد بهترین حالت خود را بیابید. به همین دلیل است که شاید الگوبرداری از مدل موفقیت سایرین چندان کمکی به شما نکند؛ چرا که ممکن است شما همان نقاط قوت را نداشته باشید.

● **نقاط قوت خود را پرورش دهید.** به‌جای تمرکز روی نقاط ضعف، توانمندیهایتان را دریابید. کاهش ضعفها مسیر قابل اتکایی برای تعالی نیست بلکه، مسیر تعالی از نقاط قوت می‌گذرد.

● **از مجموع استعدادهای خود بهره ببرید.** انسان موجودی چندوجهی و

دارای استعدادهای متعدد است، بدین‌رو باید میان نقاط قوت خود یک هم‌افزایی پدید آورد.

● **با استفاده از شبکه‌ی روابط خود، نتایج را بهبود بخشید.** به محض آنکه نقاط قوت کلیدی خود را شناختید، می‌توانید شبکه‌ای از افراد را اطراف خود به‌وجود آورید که مکمل شما در نقاط قوتی باشند که فاقد آن هستید.

چگونه نقاط قوت خود را شناسایی کنیم

باکینگهام و کلیفتون، ۳۴ نقطه‌ی قوت را در میان انسانها شناسایی کرده‌اند، که معمولاً هر انسانی آمیزه‌ای از این نقاط قوت را درون خود دارد. شناسایی این نقاط قوت می‌تواند به افراد در شناخت توانمندیهای خود کمک شایان توجهی کند. این توانمندیهای ۳۴ گانه عبارتند از:

نقطه‌ی قوت	شرح
موفقیت‌طلبی	دارای نیازی سیری‌ناپذیر به موفقیت و کامیابی
فعال‌سازی یا آغازگری	"کی شروع کنیم؟" این سؤال ورد زبان فعال‌سازان است
سازگارپذیری	در لحظه زندگی می‌کنند و تابع برنامه‌ریزی نیستند
تحلیلگری	همه چیز را باید برای آنها اثبات کرد تا به‌درستی آن اذعان کنند
توان سازماندهی	این عده راهنما و رهبری قابل هستند
ایمان و باورمندی	آنها ارزشهای کلیدی ویژه و باورهای راسخی نسبت به مسائل دارند
توان فرماندهی	در دستور صادر کردن سرآمدند

شرح	نقطه‌ی قوت
آنها دوست دارند تا به تشریح و توضیح مسائل بپردازند، و در میان عموم صحبت کنند	ارتباط‌گری
علاقه‌مندند تا دائم هماورد بطلبند و حیات آنها در رقابت است	رقابت‌جویی
انسانها موجوداتی اجتماعی هستند و همگی ارتباطات و اتصالاتی با یکدیگر دارند	توان اتصال و برقراری پیوند
این افراد برای درک اکنون، نگاه به گذشته دارند	زمینه‌نگری یا گذشته‌نگری
آنها شناسایی، ارزیابی و مخاطرات را کاهش می‌دهند	توان سنجشی و تدبیر
آنها می‌توانند بخوبی قابلیتهای دیگران را ببینند	توان توسعه‌بخشی
دنیای پیرامون آنها باید سامان‌یافته و مرتب باشد	انضباط‌آفرینی
آنها می‌توانند بخوبی احساسات پیرامون خود را حس کنند	توان همدلی
تعادل اهمیت زیادی برای این افراد دارد	بی‌طرفی و توازن
اهداف، چراغ راه و قطب‌نمای مسیر آنها هستند	توان تمرکز
آنها شیفته‌ی آینده هستند	آینده‌نگری
آنها به دنبال فصل مشترکها و نقاط مورد توافق طرفین هستند	هارمونی
این عده شیفته‌ی ایده‌پردازی هستند	توان اندیشه‌پردازی
حد و مرز آنها گسترده است و افراد بسیاری را در دایره‌ی خود دارند	جامعیت و فراگیری
آنها تحت تأثیر ویژگیهای منحصربه‌فرد هر یک از انسانها قرار دارند	توان فردی ساختن

نقطه‌ی قوت	شرح
توان گردآوری درونداد و جذب ورودی	آنها میل وافری به گردآوری جملات ناب، مستندات، کتابها، و... دارند
توان ذهنی	این عده به فکر کردن عشق می‌ورزند و فعالیت ذهنی را دوست دارند
توان یادگیری	دوست دارند بیاموزند
برتری‌طلبی	مقیاس آنها حد عالی است نه متوسط، آنها به میانگین رضایت نمی‌دهند
مثبت‌گرایی	از تحسین و تمجید دریغ نمی‌ورزند، خوش‌خنده هستند، و همواره به دنبال نیمه‌ی پر لیوان هستند.
مسئولیت‌پذیری	این افراد برای هر آنچه که به آن تعهد داده‌اند از نظر روانی، مالکیت آن را از آن خود می‌دانند، و از نظر احساسی خود را مقید به پیگیری تا زمان به سرانجام رسیدنش می‌دانند
توان حل مسأله	آنها بشدت علاقه‌مند به حل و فصل مسائل هستند
اعتماد به نفس	به توانمندیهای خود ایمان دارند
جلب توجه	دوست دارند در چشم دیگران مهم باشند
توان استراتژیک	بهترین راه را در سریعترین زمان ممکن انتخاب می‌کنند، آنها در استخراج نظم از بی‌نظمی مهارت دارند
توان جلب لطف و نظر کردن	قاپ دیگران را می‌توانند به راحتی بدزدند

گفتار پانزدهم

مهندسی اعتمادآفرینی

اعتماد کردن یا اعتماد نکردن، مسأله این است! مساله‌ای که همواره در تصمیم‌گیریهای ما جای دارد و راه گریزی از آن نیست، چرا که ما هر روز مجبوریم تا انتخاب کنیم که به چه کسی اعتماد کنیم و به چه کسی کم‌اعتماد باشیم.

رهبران کسب و کار می‌توانند به مدد مهارت خود در مهندسی اعتماد به گونه‌ای بر تصمیم‌گیریهای کارکنان‌شان تأثیر گذارند که آنها نه فقط به مدیران بالادست خود اعتماد کنند بلکه، نسبت به دیگر همکاران خود و سازمان نیز اعتماد داشته باشند.

رابرت هرلی (Robert Hurley) در کتاب ۲۵۶ صفحه‌ای خود با عنوان تصمیم به اعتماد (The Decision to Trust) که در سال ۲۰۱۱ به بازار عرضه شد، مدلی به نام مدل تصمیم به اعتماد (DTM) را معرفی کرد که دربردارنده‌ی ۱۰ عامل بود.

سه عامل اولیه مرتبط با فرد اعتماد کننده است، این سه عامل عبارتند از: سطح تحمل ریسک و ریسک پذیری، سطح تعادل روانی اعتمادکننده (Trustee)، و جایگاه قدرتی فرد اعتمادکننده.

و اما هفت عامل دیگر عوامل موقعیتی هستند که عبارتند از: امنیت، تشابهات، همسویی منافع، سطح خیرخواهی درک شده‌ی طرفین، توانمندی و صلاحیت، قابلیت پیش‌بینی، و قدرت تعامل. سه عامل نخست بیشتر به شخصیت فرد مقابل در نظر فردی که می خواهد به او اعتماد کند برمی‌گردد، در حالی که ۷ عامل دیگر بیشتر در خصوص ادراک فرد اعتمادکننده از موقعیت است و به آن بستگی دارد.

این عوامل دهگانه می‌تواند به مدیران سازمانها در تشخیص دلایل و چرایی وجود سطح اعتماد پایین و یا بالا در سازمان کمک کند. همچنین رهبران کسب‌وکار قادر خواهند بود تا از این طریق نقش مثبت و یا منفی خود را در این معادله بیابند.

در ادامه، به مرور پنج تاکتیک مهندسی اعتماد برای جلب اعتماد سایرین می‌پردازیم:

۱ـ منافع خود را همراستای کسانی قرار دهید که اعتماد آنها را می‌خواهید

رهبران مسلط به مهندسی اعتماد سعی می‌کنند با همسو ساختن منافع ذی‌نفعان و پرهیز از مقابل هم قرار دادن آنها و ایجاد تضاد منافع، به یک هم‌افزایی دست یابند.

چنانچه بخواهیم اعتمادآفرینی کنیم، نخستین کاری که باید انجام دهیم این است که منافع ذی‌نفعان را روشن و همراستا کنیم و اثبات کنیم که قصد ما بیشینه ساختن عادلانه این منافع برای همه‌ی طرفین است.

یکی از دلایل فقدان اعتماد در کسب‌وکارها این است که منافع شفاف نیستند. بهترین کاری که در چنین شرایطی می‌توان صورت داد این است که تصمیم بگیریم کدام منافع بر سایرین ارجحیت دارد. همچنین برقراری تعادل میان منافع و شفافیت به خرج دادن در این موضوع از اهمیت وافری برخوردار است.

۲ـ دغدغه‌ی خیرخواهی خود را نشان دهید

انسانها علاقه‌مندند تا به کسانی اعتماد کنند که به نظرشان به رفاه و آسایش آنها اهمیت قائلند و اصطلاحاً خیراندیش و نیکخواه هستند. افراد خودخواه موجب سلب اعتماد می‌شوند. به دیگران اثبات کنید که حتی به قیمت به مخاطره افتادن منافع خود حاضرید تا کار درست را در حق آنها انجام دهید. به دیگران احترام بگذارید و نیازهای آنها را درک کنید به گونه‌ای که بتوانید راهکار برد ‑ برد را برای خود و طرفین مقابل بیابید.

۳ـ قابلیت‌سازی کنید و صلاحیت خود را در نظر بگیرید

انسانها تنها زمانی قابل اعتماد هستند که بتوانند به تعهدات‌شان جامه‌ی عمل بپوشانند. نیت خوب، خیرخواهی، و حتی رفتار اخلاق‌مدار، در صورتی که فرد فاقد صلاحیت و قابلیتهای لازم باشد تضمین‌کننده‌ی اعتماد نیستند. رهبران سازمانی معتمد قبل از وعده و وعید دادن، به احتمال انجام شدن آن وعده و صلاحیت خود می‌اندیشند.

۴ـ پیش‌بینی‌پذیری و انسجام در رفتار، گفتار و کردار

افراد معتمد و رهبران معتمد در کسب‌وکارها کسانی هستند که به اصول رهبری ارزش‌مدار پایبندند، اصولی که موجب ثبات قدم و انسجام در رفتار آنها می‌شود.

۵ـ تعامل کنید، تعامل کنید، و باز تعامل کنید، اما تعاملی شفاف و باز

تعامل و برقراری مراودات و مناسبات با دیگران از ارکان اساسی مهندسی اعتماد به شمار می‌رود.

تعامل وسیله‌ای است که از طریق آن دیگر ۴ عامل دیگر اعتمادپذیری به دیگران منتقل می‌شود. همسوسازی منافع، نشان دادن خیرخواهی، و

نشان دادن صلاحیت خود به دیگران همگی مستلزم برخورداری از مهارتهای اثربخش در تعامل و مراوده است. امواج سهمگین بی‌اعتمادی اغلب از یک تعامل نادرست ناشی می‌شود و در نهایت به ایجاد یک جوّ سنگین بی‌اعتمادی می‌انجامد.

گفتار شانزدهم

روانشناسی بهره‌وری

وب‌سایت سایکولوژی تودی (psychologytoday.com) از جمله روزآمدترین سایتهای روانشناسی است، که همواره با مطالبی جدید بویژه در حوزه‌ی کسب و کار و موفقیت فردی به روز می‌شود.

گفتار حاضر مجموعه‌ای از برترین ترفندهای روانشناسان برای دستیابی به بهره‌وری بیشینه و پرهیز از بروز پدیده‌ی بطالت اجتماعی در محیط کار است.

گاهی از میز کار خود مرخصی بگیرید تا به این وسیله بهره‌وری را تحریک کرده باشید - پیشنهاد دکتر سوزان نیومن

مردم سالها با پشت میزنشینی تلاش می‌کنند تا به بهره‌وری دست یابند، حال آنکه پشت میز جای کوتاهی برای دستیابی به پله‌های بلند بهره‌وری است. بنابراین، گاه به بهانه‌ی نوشیدن لیوانی آب و یا خوش و بش با همکاران از صندلی خود بلند شوید و قدم بزنید، این کار علاوه بر حفظ سلامت جسمانی نشاط روحی شما را نیز بالا می‌برد.

این استراحتهای کوتاه می‌تواند نتایجی شگرف بر بهره‌وری کاری افراد

داشته باشد.

از بستن در اتاق خود واهمه‌ای نداشته باشید ـ پیشنهاد دکتر کوین چاپمن

افراد بهره‌ور کارهای به ظاهر ساده‌ای انجام می‌دهند تا از بازده خود اطمینان حاصل کنند. یکی از این کارها، بستن در اتاق دفتر کار است! شما می‌توانید بسیار خون‌گرم و خوش‌برخورد باشید، اما در عین حال گاهی با خود خلوت کنید تا سطح بهره‌وریتان حفظ شود. اقداماتی از این دست هر چند ساده، اما جریان امور را تسهیل و احساس خشنودی و رضایت درون شما را به‌وجود می‌آورند.

از تکنیکهای شرطی‌سازی بهره ببرید ـ پیشنهاد دکتر پرزورسکی

خود را عادت دهید تا در اتاقی که به کار مرتبط است (مثلاً دفتر کار، کتابخانه، و...) فعالیت کاری انجام دهید.

بنابراین کار را در اتاق کار انجام دهید. اتاق خواب یا نشیمن جای مناسبی برای کار نیست؛ چرا که چیزهای بسیاری برای حواس پرتی در آنها وجود دارد. محیط پیرامونی شما زمینه را برای تمرکزتان فراهم می‌کند. اگر چیزهایی که دور و برتان دارید ارتباطی با کار نداشته باشند، تمرکز شما روی کار به مراتب پایین‌تر خواهد رفت.

خداحافظ اینترنت ـ پیشنهاد بت بولو

عبارت تکان‌دهنده‌ای است، اما اینترنت و قابلیتهای متعدد آن از جمله عوامل مهلک در بهره‌وری به شمار می‌رود. البته اینترنت در صورت استفاده‌ی صحیح و بجا می‌تواند بهره‌وری کاری ما را بهبود بخشد. امروزه برنامه‌های کاربردی مفیدی وجود دارند که می‌توانند دسترسی به اینترنت را تا مدتی نامقدور سازند یا دسترسی به برخی سایتهای وقت‌گیر و

وسوسه‌کننده از جمله شبکه‌های اجتماعی و ایمیل را محدود کنند. افزونه‌ی فایرفاکس آزادی (Freedom) از جمله برنامه‌های مفیدی است که می‌تواند به شما در برنامه‌ریزی زمان و افزایش بازده بویژه در محل کار کمک کند.

زمان را بشکنید - پیشنهاد دکتر داتز

کارهای سنگین و زمان‌بر را به قسمتهای کوچکتر تقسیم کنید و به مرور انجام دهید، تا ضمن حفظ انگیزه‌ی انجام ادامه‌ی کار، به بهره‌وری نیز دست یابید. اگر پیشتر روی کاری ۱ ساعت وقت می‌گذاشتید، حالا می‌توانید این کار را برای مثال در ۲ نوبت نیم‌ساعته انجام دهید. این کار موجب کمینه شدن میزان تعلل و بطالت خواهد شد.

جالب است بدانیم که مغز انسان به گونه‌ای ساختار یافته است، که به محضی که کاری را شروع می‌کنیم همواره دغدغه‌ی پایان آن را دارد و برای اتمام آن انگیزه دارد.

از تکنیک پومودورو (Pomodoro Technique) بهره ببرید- پیشنهاد دکتر ریدر

تکنیک پومودورو یکی از ترفندهای مدیریت زمان است که فرانچسکو چیریلو ابداع کرد. در این روش افراد کارها را در زمان‌بندی ۲۵ دقیقه کار و ۵ دقیقه استراحت انجام می‌دهند و بارها این زمان‌بندی تکرار می‌شود. ۲۵ دقیقه زمانی معمول است که غالب افراد می‌توانند در آن بدون خستگی به فعالیت بپردازند. از سویی تنفسهای ۵ دقیقه‌ای موجب افزایش بهره‌وری و چالاکی ذهن می‌شود. تکنیک پومودورو دارای ۵ مرحله است:

۱- درباره‌ی کاری که می‌خواهید انجام دهید تصمیم بگیرید.

۲- زمان‌سنج را روی ۲۵ دقیقه تنظیم کنید (هر یک از این ۲۵ دقیقه‌ها به عنوان یک پومودورو شناخته می‌شود که در زبان ایتالیایی به معنای

گوجه‌فرنگی است و زمان‌سنجهای این روش نیز به شکل گوجه‌فرنگی هستند).

۳ـ تا به زنگ درآمدن زمان‌سنج کار کنید، و به ازای هر ۲۵ دقیقه یک چوب خط بگذارید.

۴ـ استراحتی کوتاه کنید (۳ تا ۵ دقیقه).

۵ـ به ازای هر چهار پومودورو (هر پومودورو ۲۵ دقیقه است)، زمان استراحت خود را طولانیتر کنید (۵ تا ۳۰ دقیقه).

گاهی حرف عقل خود را گوش ندهید ـ پیشنهاد دکتر باربارا مارکوی

همیشه عقل حکم می‌کند که ابتدا کارهایی را انجام دهید که به نظرتان مهمترین و اولویت می‌آیند، اما همواره مجبور نیستید که به حکم عقل عمل کنید! بهتر است وظایف خود را با کارهای ساده‌تر و سبکتر آغاز کنید؛ چرا که این کار احساسی خوشایند به ما می‌دهد و موجب روی ریل افتادن کارها می‌شود.

گفتار هفدهم

چرا برخی در رسیدن به اهدافشان موفق هستند، اما بعضی دیگر نه؟

خیلی از انسانهای موفق برای این سؤال جوابی ندارند، اغلب افراد علت پیروزی یا شکست خود را نمی‌دانند. شاید یکی از پاسخهای رایج اما پیش پا افتاده این باشد که افراد موفق به طور ذاتی از بعضی صفات برخوردارند و از بعضی معایب مصونند اما با اطمینان می‌توان گفت که افراد موفق نه به خاطر آنچه که هستند بلکه، به خاطر آنچه که انجام می‌دهند موفق هستند و به اهداف‌شان می‌رسند. بیایید به توصیه‌های زیر عمل کنیم.

- **دقیق باشیم**

زمانی که هدفی برای خود تعیین می‌کنید، تا حد امکان دقیق باشید. به جای اینکه بگویید من چند کیلو وزن کم می‌کنم بگویید می‌خواهم ۱۰ کیلو کم کنم؛ چرا که این رویکرد گرای دقیقتری از موفقیت به شما می‌دهد. اگر دقیقاً بدانید به چه چیزی می‌خواهید برسید، تا زمانی که آن را به دست نیاورده‌اید با انگیزه ادامه می‌دهید.

همچنین برای رسیدن به آن هدف مشخص، اقدامات مشخص نیز لازم

است. تصمیم به کم خوردن یا بیشتر خوابیدن به اندازه‌ی کافی دقیق و شفاف نیست. در مورد کارهایی که لازم است انجام دهید جای هیچ شک و تردیدی نگذارید.

● لحظه‌ها را دریابیم

به مشغله‌هایی که تمام ما داریم فکر کنید، به اینکه ما به طور همزمان چندین هدف داریم و با این حساب تعجبی ندارد که ما معمولاً فرصتهایی را که برای رسیدن به یک هدف به ما روی می‌آورند، نمی‌بینیم.

آیا فرصت کافی برای ورزش ندارید؟ آیا فرصت جواب دادن به بعضی تلفنها را ندارید؟ دستیابی به اهداف یعنی از فرصتها پیش از آنکه محو شوند استفاده کنید.

برای این منظور از پیش نسبت به زمان و مکان کارهایی که باید انجام دهید تصمیم بگیرید. و دوباره تأکید می‌کنم که در این تصمیم‌گیری دقیق باشید. مطالعات نشان داده است در صورتی که برای کارهای خود یک برنامه‌ی دقیق داشته باشید، مغز شما در شناسایی و استفاده از فرصتهای به وجود آمده بهتر عمل می‌کند و احتمال موفقیت شما تا ۳۰۰ درصد افزایش می‌یابد.

● پیشرفت خود را ارزیابی کنیم

یکی دیگر از ملزومات دستیابی به اهداف، نظارت صادقانه و منظم بر مسیر پیشرفت است. این کار هم می‌تواند به‌وسیله‌ی فرد یا دیگران انجام شود. اگر شما از کیفیت کار خود آگاه نباشید، قادر نخواهید بود که رفتار و استراتژیهای آینده‌ی خود را بر آن اساس طراحی کنید.

میزان پیشرفت خود را بسته به نوع هدف به طور هفتگی یا حتی روزانه بسنجید.

• یک خوشبین واقع‌گرا باشیم

زمانی که هدفی را در نظر می‌گیرید، نسبت به رسیدن به آن هدف خوشبین باشید. اعتقاد به توانایی در رسیدن موفقیت به طور قابل توجهی در ایجاد و حفظ انگیزه مؤثر است.

اما مراقب باشید که در این خوشبینی غرق نشوید و سختیهای مسیر را دست کم نگیرید. بیشتر اهداف که ارزش دستیابی دارند، به زمان، برنامه‌ریزی، تلاش و سماجت نیاز دارند. مطالعات نشان داده است این تصور که مسیر آسان است، شما را از تلاش و آمادگی باز می‌دارد و احتمال شکست را افزایش می‌دهد.

• به جای خوب بودن، سعی کنید بهتر باشیم

اعتقاد به اینکه توانایی رسیدن به هدف را دارید مهم است اما از آن مهم‌تر اعتقاد به کسب تواناییهایی بیشتر است. بسیاری از ما بر این باوریم که هوش، شخصیت و استعدادهای فیزیکی ما ثابت است و راهی برای ارتقای آن وجود ندارد.

به همین دلیل اغلب بر اهدافی تمرکز می‌کنیم که ما را اثبات می‌کنند، نه اهدافی که به کسب و ارتقای مهارتها منجر شود.

خوشبختانه چند دهه تحقیق نشان داده است این تصور که تواناییهای ما ثابت است، توهمی بیش نیست. تواناییهای ما از هر نوعی که باشند قابل انعطاف و تغییر هستند. پذیرش این حقیقت که تغییر ممکن است، باعث می‌شود که انتخابهای بهتری داشته باشیم و از حداکثر توان خود استفاده کنیم.

آنانکه اهدافشان به جای خوب بودن، بر بهتر شدن بنا شده است، سختی قدمهای بلندتر را به جان می‌خرند و از مسیر سفر، به اندازه‌ی مقصد لذت می‌برند.

• شجاع باشیم

شجاعت تمایل شما را نسبت به اهداف بلندمدت افزایش می‌دهد و تفاوت شما را در برابر سختیها بیشتر می‌کند. تحقیقات نشان می‌دهد که افراد شجاع عموماً در طول زندگی بیشتر مطالعه می‌کنند و به مدارج بالاتری دست می‌یابند.

خبر خوب این است که اگر شما فکر می‌کنید انسان شجاعی نیستید، می‌توانید برای رفع این کاستی قدمی بردارید. البته اگر مشکل شما اعتقاد به عدم برخورداری از تواناییهای ذاتی افراد موفق باشد، کار زیادی برای حل این مشکل نمی‌توان کرد.

اما در غیر این صورت، موفقیت به تلاش، برنامه‌ریزی، سماجت و استراتژیهای خوب نیاز دارد و اگر به این گفته باور داشته باشید، خواهید دید که نه تنها دستیابی به اهداف دقیقتر می‌شود بلکه، به شجاعت شما نیز افزوده می‌شود.

• ماهیچه‌های اراده‌ی خود را قویتر کنید

ماهیچه‌های اراده نیز مثل سایر ماهیچه‌های بدن نیاز به تمرین دارند، در غیر این صورت به مرور ضعیفتر می‌شوند. اما اگر با استفاده‌ی بیشتر آنها را تمرین دهید، همواره قوی و قویتر می‌شوند و شما را در رسیدن به اهداف کمک می‌کنند.

برای این کار چالشهایی را شروع کنید که نیاز به کارهایی دارندکه در حالت عادی ترجیح می‌دهید از آن کارها دوری کنید.

با یک فعالیت شروع کنید و برای مواجهه با مشکلات آن برنامه‌ریزی کنید. شاید در ابتدا سخت باشد، اما به مرور آسانتر می‌شود و نکته همین‌جا است، در واقع کارها آسانتر نمی‌شوند بلکه، ماهیچه‌های اراده‌ی شما قویتر می‌شوند.

• همیشه محدودیت وجود دارد

گاهی اوقات سایه‌ی محدودیتها چنان سنگینی می کند که مهم نیست ماهیچه‌های اراده‌ی شما چقدر ورزیده باشند، در این حالت اگر بار بیش از حد بردارید، موتورتان خاموش می‌شود.

گاهی با یک دست دو هندوانه نمی‌توان برداشت، در صورت امکان چالشها را به نوبت امتحان کنید، مثلاً ترک سیگار و رژیم غذایی به صورت همزمان کار شما را سخت خواهد کرد.

اعتماد بیش از حد به تواناییها باعث می‌شود که راههای بیش از حد سخت را انتخاب کنیم و سختیهای این راه ما را از انگیزه تهی خواهد کرد.

• بر آنچه که انجام خواهید داد تمرکز کنید، نه بر آنچه که انجام نخواهید داد

اگر می‌خواهید عادات بد را از خود دور کنید، بر عادات خوبی که قرار است جایگزین آنها شوند تمرکز کنید. تحقیقات نشان داده است که شما هر گاه بخواهید فکری را در خود سرکوب کنید، آن فکر در ذهن شما پررنگتر می‌شود.

رفتار هم از همین قانون پیروی می‌کنند، زمانی که می‌خواهید بر رفتار غلطی غلبه کنید، آن رفتار بیشتر تثبیت می‌شود.

اگر قصد تغییر رویه دارید، از خودتان بپرسید به جای آن چه کاری می‌توانید انجام دهید؟ مسلّماً پاسخ به این سؤال نیز نیاز به برنامه‌ریزی دارد.

گفتار هجدهم

هفت مهارت پایه برای آنها که می‌خواهند بازاریاب خوبی باشند

بازاریابی مدرن رفته رفته از حالت تک قطبی خارج شده و از این رو نیازمند افرادی چندوجهی است. بازاریابی علم و هنری چندوجهی است که مهارتهای چندگانه می‌طلبد. برخورداری از قابلیتهای چندگانه، و توسعه‌ی مهارتها و به‌کارگیری آنها از جمله ملزومات دست یافتن به مهارتهای چندوجهی در بازاریابی است. اما مهارتهای مورد نیاز برای کسانی که علاقه‌مند هستند که بازاریابی خوب باشند چیست؟

پاسخ به این سوال را متخصصان مجله‌ی بازاریابی استرالیا داده‌اند، آنها هفت مهارت اصلی را برای بازاریابان برجسته برمی‌شمارند که عبارتند از:

- **هوش نوشتاری**

امروزه بازاریابی با استفاده از محتوا (Content Marketing) به قدری اهمیت یافته که برخی اعتقاد دارند که بازاریاب موفق کسی است که به فنون ژورنالیسم آشنایی داشته باشد. بنابراین برخورداری از توانایی نگارش و تولید متون روان، صریح و اقناع‌کننده برای رسانه‌های مختلف، اعم از

رسانه‌های چاپی سنتی و یا وبلاگها، از اهمیت وافری برخوردار است.

● هوش کسب‌وکار

برای آنکه بتوانید در تجارت تأثیرگذار باشید و به طریق درست عمل کنید، می‌بایست از درک صحیحی نسبت به کسب‌وکار برخوردار باشید؛ بویژه درک هدف کسب‌وکار، عوامل محرک آن (بخصوص محرکهای رشد درآمد)، شناخت مخاطرات کسب‌وکار، و درک مسائل و اولویتهای کسب‌وکار از جمله مواردی است که بازاریابان هوشمند نسبت به آن واقف هستند. ضمن آنکه توانایی برقراری مؤثر ارتباطات و برگزاری هوشمندانه‌ی مذاکرات مرتبط با کسب‌وکار، به‌عنوان یکی از ارکان هوش کسب‌وکار، موجب اعتمادآفرینی و ایجاد حس احترام حرفه‌ای در طرف مقابل خواهد شد.

● هوش تحلیلی و توانایی تغییر داده‌ها

بازاریابان توانمند می‌دانند که برای تأثیرگذاری بر تصمیمات راهبردی چگونه از داده‌ها بهره ببرند. هوش تحلیلی اشاره به توانایی انسان در مواجهه‌ی اثربخش با موضوعات مختلف دارد.

انسانهایی که از هوش و درک تحلیلی بالایی برخوردار هستند دارای توانایی کلامی، قابلیت تفکر انتزاعی، توانایی در پردازش اطلاعات، و توانایی در ساماندهی اطلاعات هستند. آنها قادرند تا از میان بی‌نظمی و آشفته‌بازار اطلاعاتی، نظمی منطقی استخراج کنند.

● هوش رهبری کسب‌وکار

متخصصان بازاریابی امروزه ناگزیر هستند تا از مهارتهای رهبری بهره‌مند باشند تا بتوانند برند خود را به سوی پیشرفت هدایت کنند. رهبری، نوعی

از توانمندی است که دیگران را وادار می‌سازد تا با اشتیاق و از سر میل، دنباله‌رو اهدافی مشخص باشند.

رهبری یک سازمان برای سازگارپذیری با تغییرات در محیط متلاطم کسب‌وکار و بقا و رشد در چنین محیطی، نیازمند وجود ویژگیهای خاصی است. یکی از مهمترین این ویژگیها و خصایص که می‌تواند به رهبران و مدیران کسب‌وکار در مهندسی و کنترل این تغییرات کمک کند، مقوله‌ی هوش رهبری سازمانی است. پیتر دراکر از اندیشمندان برجسته‌ی علم مدیریت درباره‌ی اهمیت مدیریت و رهبری در سازمان می‌گوید: "همان‌گونه که درختان از بالا سر خود دچار فرسودگی و فساد می‌شوند و از بین می‌روند، یک سازمان هم زمانی دچار اضمحلال می‌شود، که مدیر آن از توانایی مدیریت بی‌بهره باشد."

سازمانهای فاقد رهبر دچار یک آشفتگی هستند. تا زمانی که رهبر سازمان، با انگیزش کارکنان آنها را به سوی اهداف و آرمانهای سازمانی هدایت نکند، فعالیتهای مدیریتی مثل برنامه‌ریزی، سازماندهی و تصمیم‌گیری نیز عقیم خواهد ماند. بدین‌رو، وجود جوهره‌ی رهبری در کالبد سازمان از ملزومات موفقیت سازمانها در عصر حاضر است.

● کنجکاوی، چابکی، و تجربه‌آموزی

نسل فعلی و نسلهای آینده مقیم دنیای دیجیتال هستند و با این ابزار رشد می‌کنند و ایده‌های گوناگون و محتوای مختلف را تجربه و آزمون می‌کنند. بنابراین بازاریابان برجسته با درک چنین شرایطی، حتماً زمانی را صرف مطالعه، جستجو و آزمون تجارب می‌کنند، تا بدین‌وسیله اندیشه‌ی تحول‌آفرین خود را تغذیه کنند، ایده‌های ناب و خلاقانه بسازند و با حساس شدن حسگرهای خود در اثر روزآمدی بتوانند به‌سرعت در مقابل تغییرات واکنش نشان دهند.

● هوش فناوری

چنانچه بازاریابان اندک درکی نسبت به ابزارها و کاربردهای تکنولوژی داشته باشند و آن را به کار گیرند، آنگاه خواهند توانست تا به ایده‌های خود لباس حقیقت بپوشانند و آنها را به پدیده تبدیل کنند و از سویی تفکر جانبی و خلاق را نیز در خود تقویت کنند.

هر چند که شرایط عدم قطعیت اقتصادی همچنان سرزنده و چابک می‌تازد، با این حال بنا بر پیش‌بینی آی‌بی‌آی‌اس‌ورلد (IBISWorld، از بزرگترین فعالان بخش تحقیقات صنعتی) برخی صنایع همچنان به رشد خود ادامه می‌دهند، از جمله صنایع اتومبیل‌سازی و موتوری، آموزش آنلاین، خرید آنلاین و بیوتکنولوژی. بنابراین بازاریابان فرصتهای بسیار ارزنده‌ای بویژه در این حوزه‌ها دارند. بهره‌مندی از دانش بازاریابی در فضای دیجیتال از این‌رو اهمیتی وافر می‌یابد.

● هوش جامعه‌شناسی

همان‌طور که می‌دانیم درک رفتار مصرف‌کننده و مطالعه‌ی آن از پیش‌فرضها و ملزومات بازاریابی مدرن است، اما از سویی درک جامعه در معنای گسترده‌تر مصرف‌کنندگان، و چگونگی تأثیرگذاری اجتماع بر رفتار و نحوه‌ی انتخاب افراد - چیستی، چرایی، و چه زمانی و چه مکانی - از جمله مواردی است که بازاریابان خبره به اهمیت آن واقف هستند.

گفتار نوزدهم

هوش فرهنگی‌تان چقدر است؟

فردوسی، بزرگ شاعر نامدار ایرانی، در بخشی از شاهنامه، زبان به ستایش فرهنگ و هوش می‌گشاید و با نقل داستان پادشاهی اورمزد اشاره می‌کند که:

دلت زنده باشد به فرهنگ و هوش

به بد در جهان تا توانی مکوش

خرد همچو آب است و دانش زمین

بدان کاین جدا و آن جدا نیست زین

فرهنگ همچون هوا برای زندگی انسان از اهمیتی وافر و حیاتی برخوردار است و بسیاری از مشکلات جامعه و مشکلات سازمانها با فرهنگ‌سازی و یادگیری شیوه‌های همزیستی فرهنگی قابل حل است. به دنبال مطرح شدن تئوریها و انجام پژوهشهای تازه در قلمروی دانش مدیریت کسب‌و کار، فرهنگ سازمانی دارای اهمیت روزافزونی شده و به یکی از مباحث اساسی دانش مدیریت تبدیل شده است.

تنوع فرهنگی موجود در اکوسیستم سازمانهای مدرن، ضرورت مجهز شدن مدیران را به ابزار تعامل با فرهنگهای گوناگون مطرح می‌سازد. هوش فرهنگی یکی از این ابزارهای قدرتمند شایستگیها و مهارتهای اساسی مدیران عصر جدید و در واقع توانایی سازگاری افراد با ناهمگونها و تنوعات است.

امروزه محیط پیرامونی سازمانها و ساختارهای نوین سازمانی پدیده‌هایی چندفرهنگی و متنوع هستند و عدم درک درست از وجود این تفاوتها (نظیر تفاوتهای فرهنگی، قومی، مذهبی، زبانی، و...) و ناتوانی در مدیریت بر خویشتن در رویارویی با این ناهمگونیها، می‌تواند به‌صورت بالقوه یک منبع تعارض تلقی شود و به کشمکش بینجامد.

شرایط پیچیده‌ی فرهنگی حاکم بر دنیای کنونی، برخورداری از هوش فرهنگی (CQ) را به یکی از قابلیتها و توانمندیهای حائز اهمیت مدیران تبدیل کرده است.

از نظر ارلی و آنگ، که در زمره‌ی برجسته‌ترین پژوهشگران دانشکده‌ی کسب‌وکار لندن به شمار می‌روند و مبدع اصطلاح هوش فرهنگی هستند، هوش فرهنگی قابلیت یادگیری الگوها و شیوه‌های تازه در تعاملات و مناسبات فرهنگی و واکنش صحیح و بجا در مقابل این الگوها است. لذا هوش فرهنگی از توانمندیهای فردی است و قابلیت افراد در درک، تفسیر و اقدام بجا و مؤثر در موقعیتهای دارای تنوع فرهنگی بالا را نشان می‌دهد. هوش فرهنگی یک سبک اندیشه و عمل برای مدیران است که به آنها این امکان را می‌دهد که در هر بستر فرهنگی به گونه‌ای اثربخش و کارآمد عمل کنند. برخورداری از این مهارت از عوامل توفیق در شرایط متنوع فرهنگی به شمار می‌رود. بنابراین به‌طور خلاصه هوش فرهنگی به معنای توانایی کنار آمدن مؤثر و کارآمد در برخورد و تعامل با افراد دارای پیشینه‌های فرهنگی مختلف و گوناگون است.

هوش فرهنگی در امور دیپلماتیک و روابط خارجی نیز مؤثر بوده و

عنصری اساسی در موفقیت بازاریابی سیاسی به شمار می‌رود.

اما برای درک بیشتر موضوع توجهتان را به مثال زیر جلب می‌کنم. آقای جیمز به مدت ۱۰ سال بود که در یک شرکت ارائه‌ی خدمات مالی مشغول به کار بود. ساختار این سازمان همواره به شکل سلسله مراتبی و مبتنی بر تخصص بود. اما حدود ۶ ماه پیش این شرکت به‌وسیله‌ی یک شرکت خدمات مالی دیگر خریداری شد که ساختاری به مراتب تخت‌تر داشت و مدیران آن رویکردی غیررسمی‌تر به فرایندهای سازمانی داشتند.

یک روز ناظر جدید آقای جیمز با لباس غیررسمی وارد اتاق شد و اصرار داشت که او را با نام کوچک صدا بزنند.

جیمز که در یک فرهنگ سازمانی سلسله مراتبی پرورش یافته بود از شرایط جدید خشنود نبود و نمی‌توانست خود را با آن محیط تازه‌ی فرهنگی سازگار کند. ؛چرا که سالها با کت و شلوار در محل کار حاضر و همیشه قواعد و سلسله مراتب را رعایت کرده بود. جیمز سعی کرد که در ابتدا با لباسهای غیررسمی کمی همرنگ جماعت شود، اما به‌زودی این تغییرات خاطر او را آزرده ساخت و به نظر او چنین تغییراتی در ساختار به دور از شأن، نامناسب و غیرحرفه‌ای بودند. بدین‌رو، تصمیم گرفت که در نهایت سازمان را ترک کند."

در این مثال و با توجه به تعاریف ارائه شده از هوش فرهنگی چنین برداشت می‌شود که فرد مربوطه از هوش فرهنگی نسبتاً پایینی برخوردار بوده است و نتوانسته با شرایط جدید فرهنگی حاکم بر سازمان خود تعامل کند و در نهایت نیز تسلیم شرایط شده است.

به این دلیل که هوش فرهنگی توانایی افراد در انطباق و سازگاری از نظر شناختی، فیزیکی و انگیزشی با فرهنگهای جدید سازمانی یا قومی است.

به زبان ساده هوش فرهنگی نشانگر توانایی افراد در انطباق و شکوفایی

موفقیت‌آمیز در محیط متغیر است. قابلیتی که نقشی اساسی در همکاری، تعامل و تشریک مساعی بویژه در اقتصاد چندفرهنگی، پویا و متنوع کنونی ایفا می‌کند.

ارلی و موساکوسکی در مقاله‌ی خود با عنوان "هوش فرهنگی" که در نشریه‌ی معتبر هاروارد بیزینس ریویو منتشر شده است، آزمونی کوتاه و ساده برای اندازه‌گیری هوش فرهنگی ارائه کرده‌اند که در پی آمده است.

لطفاً عبارات زیر را طبق دستور زیر تکمیل فرمایید، به خاطر داشته باشید که واژه‌ی "فرهنگ" هم در مورد سازمان و هم در مورد بسترهای قومی کاربرد دارد:

۱- کاملاً مخالفم

۲- مخالفم

۳- نظری ندارم

۴- موافقم

۵- کاملاً موافقم

● **هوش فرهنگی شناختی**

الف) .... قبل از تعامل با افرادی از فرهنگهای تازه، از خود می‌پرسم که می‌خواهم به چه چیزی دست یابم.

ب) .... چنانچه در حین کار در فرهنگی جدید با چیزی غیر مترقبه و ناگهانی مواجه شوم، از این تجربه برای یافتن روشهای تعامل با دیگر فرهنگها در آینده بهره می‌برم.

ج) .... قبل از ملاقات با افراد دارای فرهنگ متفاوت، برنامه‌ریزی می‌کنم که چگونه با آنها تعامل کنم و ارتباط بگیرم.

د) .... زمانی که به یک شرایط فرهنگی جدید وارد می‌شوم، می‌توانم به‌سرعت احساس کنم که چه مسائلی خوب پیش می‌روند و کدام امور

درست نیستند.

حاصل (عدد هوش فرهنگی شناختی) = مجموع (به دست آمده از اعداد بالا) تقسیم بر ۴

• هوش فرهنگی جسمی

الف) .... تغییر زبان بدن (مثل تماس چشمی یا حالت قرارگیری بدن) با هدف انطباق با افراد دارای فرهنگ متفاوت برایم ساده است.

ب) .... می‌توانم بسته به نیاز در تعاملات فرهنگی، طرز بیان خود را تغییر دهم.

ج) .... می‌توانم نوع گفتار (مواردی مثل لهجه یا تُن صدا) خود را منطبق با افراد دارای فرهنگهای متفاوت تنظیم کنم.

د) .... من به‌سادگی می‌توانم شیوه‌ی عملم را بر حسب نیاز تغییر دهم.

حاصل (عدد هوش جسمی) = مجموع (به دست آمده از اعداد بالا) تقسیم بر ۴

• هوش فرهنگی انگیزشی

الف) .... اطمینان دارم که می‌توانم با افراد دارای فرهنگ متفاوت بخوبی تعامل کنم.

ب) .... یقین دارم که می‌توانم با افرادی با پیشینه‌ی فرهنگی متفاوت از خود رابطه‌ی دوستی برقرار کنم.

ج) .... می‌توانم با سهولت نسبی با سبک زندگی فرهنگهای مختلف سازگار شوم.

د) .... اطمینان دارم که می‌توانم با شرایط فرهنگی نامأنوس کنار بیایم.

حاصل (عدد هوش انگیزشی) = مجموع (به دست آمده از اعداد بالا) تقسیم بر ۴

در این آزمون هر چه میانگین نمرات به عدد ۵ نزدیک‌تر باشد، به معنای آن است که هوش فرهنگی بالاتری دارید.

گفتار بیستم

هوش پیشرفت چیست؟
تکنیکهایی برای آنکه فرصت‌یابی بهتر باشیم

نظامی گنجوی شاعر پرآوازه‌ی ایرانی در مجموعه‌ی اشعار خود به نام پنج گنج (یا خمسه‌ی نظامی) و در بخشی از منظومه‌ی خسرو و شیرین داستان جنگ خسرو با بهرام و گریختن بهرام را روایت می‌کند، و در چند بیت آن از ضرورت فرصت‌شناسی و فرصت‌یابی در میدان رقابت و نبرد سخن می‌گوید:

بزرگ امید پیش پیل سرمست — به ساعت‌سنجی اصطرلاب در دست
نظر می‌کرد و آن فرصت همی جست — که بازار مخالف کی شود سست
چو وقت آمد ملک را گفت بشتاب — مبارک طالع است این لحظه دریاب

بهره‌مندی از شمّ فرصت‌یابی لازمه‌ی موفقیت در هر عرصه‌ای بویژه کارآفرینی است. توانایی در تشخیص مشکلات و شکافهای موجود و ارائه‌ی راه‌حل درخور و مناسب نیز از دیگر قابلیتهای افراد فرصت‌یاب است (البته توانایی اجرایی ساختن آن راهکار نیز حائز اهمیت است، اما زمانی که نتوانیم در ابتدا فرصتهای کمین کرده را شناسایی کنیم نمی‌توانیم شاهد

اجرایی شدن راهکارها باشیم).

به دلیل آنکه محیط، به طور پیوسته دستخوش تغییر و تحولات گوناگون است، فرصتها نیز به همان ترتیب و به‌صورت پیوسته به وجود می‌آیند. در این میان انسانهای متمایز و دارای هوش پیشرفت، فرصتهای کمین کرده را درمی‌یابند و از آن بهره‌مند می‌شوند. انسانهای فرصت‌یاب، فرصتهایی را می‌بینند که دیگران قادر به دیدنشان نیستند. آنها از مشکلات خود درس می‌گیرند و روی راه‌حلها تمرکز می‌کنند، حال آنکه دیگران فقط ظاهر زمخت مشکلات را می‌بینند. آنها هوشمندانه و به گونه‌ای روشمند جاده‌ی موفقیت خود را می سازند، آن هم در زمانی که دیگران مترصد آن هستند که موفقیت به سراغ‌شان آید.

حال سؤال اینجا است که چگونه می‌توان به فردی فرصت‌یاب تبدیل شد؟

دیدگاه برخی بر این امر استوار است که شاید فرصت‌یابی امری ذاتی و بالفطره باشد. به این معنا که ما مادرزاد یا در مهارتی خبره‌ایم و یا هیچ بویی از آن نبرده‌ایم. اما این استدلال تا حدودی نادرست است، بنابراین ممکن است فرصت‌یابی در اثر تمرین و ممارست و کسب تجربه در گذر زمان به دست آید. نیاکان ما بشدت باور داشتند که کار نیکو کردن از پر کردن است، با این حال این پاسخ نیز به طور کامل درست نیست.

متخصصان هاروارد در تحقیقات خود به رمز شناخت فرصتها و اسرار فرصت‌یابی دست یافته‌اند. به نظر آنها "پیشرفت محوری و پیشرفت‌اندیشی" و به طور خلاصه بهره‌مندی از "هوش پیشرفت"، رمز توفیق در فرصت‌یابی است. هوش پیشرفت تا حدودی ذاتی است اما عمده‌ی آن قابل اکتساب و ارتقا است.

در مورد تعریف "پیشرفت محوری"، در کتاب ارزشمند "تمرکز: چگونه با عینک موفقیت، دنیا را متفاوت ببینیم"، به قلم توری هیگینس و هایدی

گرنت، می‌خوانیم که پیشرفت محوری و پیشرفت اندیشی زمانی است که اقدامات کارآفرینانه و مخاطره‌آمیز در کسب‌وکار، و یا شغل و یا به طور کلی اهداف خود را به عنوان مسیری برای پیشرفت کامیابی و دستیابی به پاداش در نظر بگیریم. بنابراین، افراد پیشرفت اندیش به دستاوردها و منافع خود در صورت موفقیت فکر می‌کنند، و به اینکه چگونه پله‌های ترقی را طی کنند.

در مقابل "پیشگیری محوری" و "عافیت‌اندیشی" به مفهوم تمرکز روی از دست ندادن است. فکر و ذکر همیشگی عافیت‌اندیشان این است که چگونه از خطر دوری کنند. بنابراین ترس و اضطراب در خصوص فقدان و خسران، کنترل و مدیریت آنها را به دست می‌گیرد و چشم آنها را از دیدن فرصتها منحرف می‌سازد. آنها کنج عافیت را به هر چیزی ترجیح می‌دهند و از مسیر پیشرفت باز می‌مانند.

پیشگیری محوری در برخی موارد مثل برنامه‌ریزیهای دقیق سودمند است، اما در پیش گرفتن این فلسفه‌ی فکری موجب ایجاد مانع بر سر راه شکوفایی خلاقیت و اعتماد به نفس در زمینه‌ی پیشرفت می‌شود.

تحقیقی که به تازگی از سوی آندرانیک توماسجان و رنیر براون در دانشکده‌ی مدیریت TÜM آلمان صورت گرفته، حاکی از آن است که برای فرصت‌یاب بودن به تلفیقی از این دو مکتب فکری یعنی آمیزه‌ای از پیشرفت‌اندیشی و عافیت اندیشی نیازمندیم.

به این منظور توماسجان و براون از ۲۵۴ کارآفرین بریتانیایی از صنایع مختلف تولیداتی و خدماتی دعوت کردند تا در پروژه‌ی تحقیقاتی با هدف شناخت مهارتهای فرصت‌یابی در آنان شرکت کنند.

قبل از این مرحله، محققان با تشکیل یک گروه کانونی، نظرات شرکت‌کنندگان و مصرف‌کنندگان را در خصوص ۵ مساله پیرامون محصول کفش جویا شده بودند، که پاسخ‌دهندگان پنج مورد دوام، راحتی، عملکرد،

مدل ظاهری، و قیمت را به عنوان اصلی‌ترین دغدغه‌های خود در مورد کفش عنوان کرده بودند.

حال نظرات شرکت کنندگان در گروه کانونی در اختیار این ۲۵۴ کارآفرین قرار گرفت تا بسته به مسأله‌ی مورد نظر راه‌حلی برای آن بیندیشیند.

نتایج نشان داد که افراد پیشرفت اندیش توانسته بودند راه‌حلهای بیشتر و نوآورانه‌تری را برای مشکلات موجود در این حوزه بیابند و در مقابل افراد پیشگیر محور راه‌حلهای کم‌خطر، خشک و کم‌رمق‌تری را برای مشکلات ذکر شده ارائه کردند.

با این حال متخصصان هاروارد براساس تحقیقات صورت گرفته، روشهایی را برای تقویت پیشرفت‌اندیشی و ارتقای هوش پیشرفت توصیه می‌کنند:

• همواره اهداف گوناگون خود را روی کاغذ بیاورید. برای مثال هدفهای خود را از انجام یک سرمایه‌گذاری ریسک‌پذیر بنویسید و بعد برای هر هدف فهرستی از دستاوردها ومنافعی را که در صورت موفقیت در آن هدف نصیبتان می‌شود، یادداشت کنید.

انجام روتین این کار کمی از دافعه‌ی ریسک کردن می‌کاهد و موجب تقویت هوش پیشرفت می‌گردد.

• برند شخصی خود و انگاره‌ی خود از برندتان را مورد آینده پژوهی قرار دهید و خود را در آینده و موقعیت مطلوب تصور کنید. تصور آینده‌ی مطلوب موجب تحریک و انگیزش تفکر پیشرفت اندیشی در ما می‌گردد.

• در گذشته‌ی خود تأمل کنید. در مورد توفیقات بزرگ اخیر خود بیندیشید؛ زمانهایی که خود را در اوج می‌دانستید، طعم پیروزی بشدت مغز را به پیشرفت وا می‌دارد و انعطاف پذیری مغز در پذیرش تغییرات را بالا می‌برد.

این تکنیکها در عین سادگی، روشی اثبات شده در مدیریت برخویشتن هستند و موجب ارتقای هوش پیشرفت و تفکر کارآفرینی می‌شوند.

گفتار بیست‌ویکم

چگونه زیاد کار کنیم و کم خسته شویم؟

فرهنگ کار مضاعف از جمله مواردی است که ضرورت عملیاتی شدن آن در جامعه بیش از پیش احساس می‌شود؛ چرا که توسعه، رشد و تعالی هر ملتی در گرو کار و تلاش سودمند آن جامعه است. افزایش فرهنگ کار موجب بهبود بهره‌وری شده و می‌بایست در لایه‌های مختلف اجتماعی نهادینه شود.

پرواضح است که اراده‌ی تغییر می‌بایست در تک تک افراد حاصل شود و لذا نیاز است تا در رویه‌های مدیریتی و فرهنگ‌سازی، اندکی تجدید نظر شود. عوامل بسیاری در توسعه‌ی فرهنگ کار دخیل هستند از جمله عوامل درونی و انگیزه‌های فردی، عوامل مدیریتی و تدوین برنامه‌های مشخص کاری، کنترل گلوگاهها، وجود سیستمهای مدون و شفاف پاداش و مزایا، و عوامل فرهنگی کلان، که هر یک سهم بسزایی در شکوفایی یا سرکوب فرهنگ کار ایفا می‌کنند.

شرایط اقتصادی حاکم ایجاب می‌کند که افراد ساعات بیشتری در شبانه روز را به کار و فعالیت بپردازند. از سویی رهبران و مدیران سازمانی نیز

اوقات زیادی را صرف کار و کوشش می‌کنند، ولی ممکن است پس از مدتی دچار فرسودگی شغلی شوند.

چگونه می‌توان فرهنگ کار را در سازمان خود نهادینه کرد؟ ما به عنوان یک کارآفرین، مدیر و یا رهبر سازمان وظیفه داریم که این فرهنگ را ابتدا از خود آغاز کنیم. در ادامه به برخی راهکارها برای نهادینه‌سازی فرهنگ کار پرداخته می‌شود:

● یک شبکه ارتباطات مثبت طراحی کنید

انسان‌های مثبت اندیش، نگرشی شفاف و عمیق به مسائل داشته و از نظام آفرینش شناختی صحیح دارند؛ لذا جهان را دارای هدفی مشخص می‌دانند، بنابراین کمتر دچار یأس، نومیدی و پوچی می‌شوند.

امید از وجوه تمایز آدمی با دیگر موجودات است، افراد مثبت اندیش بر نقاط مثبت تمرکز دارند و همچنین همواره انتظار رویدادهای مثبت را می‌کشند. آنها روابط اجتماعی سازنده‌ای دارند، از ترس شکست به کنج عافیت نمی‌خزند، تفکر راهبردی دارند و بر قابلیت‌ها و شایستگی‌های خود تمرکز دارند.

بنابراین اطراف خود را با کسانی پر کنید که به شما فایده می‌رسانند و در تقویت روحیه‌ی شما مؤثر هستند. همواره مهره‌های خالی شبکه‌ی ارتباطی خود را با افراد مثبت‌اندیش تکمیل کنید و سعی کنید تا حد ممکن از تأثیرات نیکوی آنها بهره‌برداری کنید. آنها بویژه در مواقع بحرانی، شما را به کار و سختکوشی بیشتر ترغیب می‌کنند تا به پیشرفت دست یابید.

● به کار خود عشق بورزید

هیچ‌گاه به کاری کمتر از آنچه به آن عشق می‌ورزید مبادرت نکنید. ارتباط بین درآمد و میزان علاقه به کار، ارتباطی تنگاتنگ است. ضمن آنکه حیات

بشر محدودتر از آن است که بخواهد به کارهایی غیر از کارهای مورد علاقه‌ی خود بپردازد. مفهوم کار و تفریح برای کسانی که به کار خود علاقه دارند همسان است. آنها انگیزه‌ی بالایی به کار دارند و با بهره‌وری بسیار زیادی فعالیت می‌کنند.

اهمیت کار از آنجا ناشی می‌شود که کارکردن تأثیراتی چندگانه بر زندگی ما دارد و علاوه بر رفع نیازهای فیزیکی و مادی می‌تواند عطش ما را به کسب موفقیت، برقراری ارتباطات، پذیرش اجتماعی، احساس ارزشمندی، و... برطرف سازد.

علاقه به کار می‌تواند موجب تسریع رفع این نیازها (اعم از مادی یا معنوی) شود و شیرینی کار را به کام آحاد جامعه بچشاند. بسیاری افراد تنها به دلیل عدم علاقه به کار خود، سالانه مبالغ کلانی را از دست می‌دهند. حال آنکه اگر به کاری که به آن علاقه و اشتیاق داریم بپردازیم، دچار فرسودگی و خستگی ناشی از کار نخواهیم شد. اطمینان یابید که کار را تنها در ازای پول انجام نمی‌دهید.

● فرهنگ‌سازی کنید

انسان موجودی اجتماعی و کار نیز پدیده‌ای اجتماعی است. چنانچه هر روز با کسانی همکاری می‌کنید که میل و اشتیاقی به کار خود ندارند، آنگاه محیط و زیست‌بوم کار رو به فرسودگی خواهد گذاشت.

در عین حال منابع انسانی شایسته و هوشمند که از کار خود لذت می‌برند موجب می‌شوند که سازمان به فضایی مساعد و محیطی مناسب برای یادگیری تبدیل شود.

فرهنگ‌سازی را از درون خود شروع کنید؛ چرا که فرهنگ پدیده‌ای مسری و قابل سرایت به دیگران است. نهادینه‌سازی فرهنگ کار، مستلزم وجود بعضی زیرساخت‌ها از جمله نظام انگیزش و تشریک مساعی است.

بهتر است که به عنوان یک کارفرما در حین استخدام نیروهای خود دقت کافی را به خرج دهید و کارمندانی را به سازمان خود وارد کنید که از هر نظر به کاری که خواهند کرد افتخار کنند.

● اهداف خود را بشکنید

میل به پیروزی از نیازهای اساسی هر انسانی است. چنانچه کسب‌وکارتان از ریل رشد و توسعه خارج شده باشد و یا نتوانید به اهداف خود دست یابید، دچار فرسودگی خواهید شد.

چاره این است که همواره طعم موفقیتهای کوچک را بچشید. بنابراین ضروری است که اهداف بزرگ خود را به هدفهای کوچکتر و در دسترس‌تر بشکنید. اینگونه احتمال موفقیت بالاتر خواهد رفت و احساس رضایت درونی‌تان افزایش می‌یابد.

روی تعیین اهدافی تمرکز کنید که می‌توان ظرف یک یا دو هفته به آن دست یافت. البته نباید خیلی اهداف را ساده گرفت و از طرفی نباید با دست نیافتن به تمام اهداف سرخورده شد.

● سحرخیز باشید تا کامروا شوید

سحرخیزی و شروع صبح با حرکات ورزشی موجب مضاعف شدن انرژی و انگیزه‌ی درونی می‌شود و از تنشها و استرسهای درونی می‌کاهد. تغذیه‌ی سالم و نرمش مرتب روزانه، نوشدارویی معجزه‌آسا در مبارزه با فرسودگی شغلی است.

● به خود پاداش دهید

نتایج تحقیقات جدید نشانگر آن است که پاداشها بویژه پاداشهای معنوی تأثیر شگرفی بر انگیزش درونی افراد داشته و آنها را به کار بیشتر و

اثربخش‌تر وامی‌دارد.

برقراری توازن میان زندگی شخصی و کاری مهمترین عامل در کامیابی در زندگی است و از پاداشهای مؤثر در تحریک انگیزشی افراد به شمار می‌رود و می‌تواند آثار و برکات بسیاری داشته باشد.

اگر در مقام یک مدیر فعالیت می‌کنید، می‌توانید از ابزار پاداش به منظور انگیزش زیردستان خود و ترغیب آنها به کار مضاعف بهره ببرید. بنابراین هر وقت کار درستی، به شکلی درست، و در موعد درست انجام می‌پذیرد؛ می‌توان با پاداش، این رفتار مثبت را تقویت کرد.

اهتمام به ضرورت کار از الزامات پیشرفت شخصی و اجتماعی است و می‌بایست در برنامه‌های مدیریت بر خویشتن و رهبری بر سایرین مورد توجه قرار بگیرد.

گفتار بیست‌ودوم

با سندرم کارشیفتگی آشنا شویم

برای کارشیفتگان هیچ موضوعی غیر از کار مفهوم ندارد. آنها همواره یک ایمیل دیگر برای خواندن دارند، یک تماس تلفنی برای زدن، و... و کار آنها تمامی ندارد.

اوقات فراغت، آخر هفته‌ها، تعطیلات، خانواده، و...، هیچ یک برای افراد مبتلا به سندرم کارشیفتگی محلی از اعراب ندارد. در گذشته مرز میان کار و زندگی شخصی تا حد زیادی مشخص بود، اما امروز گویا کار بر زندگی شخصی ما حمله‌ور شده و دیگر حفظ تعادل میان کار بیرون از خانه و زندگی شخصی براحتی امکانپذیر نیست.

کارشیفتگی عاملی قدرتمند در برهم زدن تعادل زندگی افراد است و آن را از توازن خارج می‌کند. در خلال ۲۰ سال گذشته تغییرات به وجود آمده در مدل کاری، ساعات‌کاری را بشدت افزایش داده و در مقابل از اوقات فراغت انسانها کاسته است. اما با این حال به گمان بسیاری حتی پدیده‌هایی نظیر تمدن، محصول اوقات فراغت ملتها است، و عصر آینده دوران تمدن فراغت خواهد بود.

دانشمندی به نام دومالدید کتابی تحت عنوان تمدن فراغت نوشته و می‌گوید دنیای جدید دنیای فراغت است و تمدن جدید، تمدن فراغت است. پدیده‌ی فراغت، شاخصه‌ی توسعه است و گذران فراغت شاخصه‌ی توسعه‌ی انسانی.

اعترافات یک معتاد به کار نام کتابی بود که وین اوتس در آن برای نخستین‌بار اصطلاح کارشیفتگی را به کار برد. فرد مبتلا به سندرم کارشیفتگی به شخصی گفته می‌شود که نیازی وسواس‌گونه و بی‌امان به کار دارد. به باور برخی کارشناسان، کار شیفتگی در ردیف اختلالهای وسواس‌گونه قرار می‌گیرد.

معتادان به کار لزوماً از کار خود لذت نمی‌برند بلکه، دلیل شیفتگی وسواس‌گونه و اختلالی آنها نسبت به فعالیت خود آن است که کارشیفتگان تصور می‌کنند که تنها خود آنها هستند که می‌توانند کار مربوطه را انجام دهند.

با آنکه سندرم کارشیفتگی به گمان متخصصان، اعتیادی سخت درمان است، با این حال افراد مبتلا عموماً نه تنها از آن نهی نمی‌شوند بلکه، به دلیل تلاشهای بی‌امان خود مداوم مورد تشویق قرار می‌گیرند. سندرم کارشیفتگی، از بیماریهای مزمن اجتماعی است که می‌تواند شالوده‌ی نهاد خانواده را از هم بپاشد و انسان را دچار بیماریهای جسمانی و روانی متعدد سازد.

به اعتقاد اسپنس و رابینز، کارشیفتگی از نگرش افراد برمی‌آید. از دیدگاه آنها معتاد به کار کسی است که به میزان بالایی با کار خود درگیر بوده، اشتیاق وافری به کار دارد، اما در عین حال از آن لذت نمی‌برد. مدل سه‌وجهی اعتیاد اسپنس و رابینز از جمله ابزار کارآمد در سنجش کارشیفتگی است.

فراموش نکنیم که میان پرکاری و اعتیاد به کار تفاوتهای بسیاری وجود

دارد. برای نمونه، برخی از افراد تیپ "A" هستند و در واقع شخصیت آنها به گونه‌ای است که بشدت سختکوش هستند. این افراد هم کار خود را بخوبی انجام می‌دهند و هم از اوقات فراغت خود نهایت استفاده را می‌برند. افراد کوشا، کار را به عنوان چیزی واجب انجام می‌دهند و در زمانهایی آن را یک وظیفه‌ی ارضاکننده می‌دانند.

اما کارشیفتگان، کار خود را به عنوان جایی امن و فارغ از امور پیش‌بینی‌نشده زندگی در نظر می‌آورند که می‌توانند با کمک آن از احساسات و تعهدات ناخواسته دور شوند. نشانه‌های سندرم کارشیفتگی به شرح زیر است:

کار کردن در خارج از دفتر کار

در حالی که همکاران مشغول تفریح و استراحت هستند، اما یک کارشیفته تنها به کار می‌اندیشد. کارشیفتگان اگر کاری صورت ندهند، احساس کسالت و عدم بهره‌وری می‌کنند و بشدت دچار تنش می‌شوند.

هیچ‌گاه از کار دل نمی‌برند

این از نشانگان اولیه‌ی افراد مبتلا به سندرم کارشیفتگی است. هر چند که ممکن است ساعت اداری پایان یافته باشد، اما بیشینه‌ی زمان این افراد پیرامون مسائل کاری است. به‌طور کلی کار اولویت تمام در تک‌تک لحظات کارشیفتگان دارد. آنها به طرق مختلف (لپ‌تاپ، تلفن همراه و...) ارتباط مداوم با کار دارند.

امتناع از محول کردن برخی وظایف به دیگران

کارشیفتگان اینگونه تصور می‌کنند که کسی بهتر از آنها در انجام وظایف وجود ندارد.

کار، ورد زبان آنها است

آنها هیچ حرفی جز کار ندارند و شاید همین امر اصلی‌ترین عامل ایجاد اختلال در زندگانی شخصی‌شان باشد.

درمان سندرم کارشیفتگی از طرق زیر امکان‌پذیر است:

نه گفتن را فراموش نکنید

چه همکارتان از شما تقاضای انجام کاری اضافه را داشته باشد، چه معلم کودکتان از شما کاری بخواهد، به یاد داشته باشید که کاملاً طبیعی خواهد بود اگر با احترام به او نه بگویید.

کار را برای محل کار بگذارید

با وجود انواع فناوری‌های مدرن و پیشرفته‌ی امروزی که می‌توان هر لحظه با هر کسی و تقریباً از هر مکانی ارتباط برقرار کرد، ممکن است هیچ مرزی میان کار با خانه و خانواده وجود نداشته باشد، مگر اینکه خودتان این مرز را ایجاد کنید. پس خوب است آگاهانه تصمیم‌گیری کنید که زمان کار را از فرصت‌های شخصی خود جدا کنید. به عنوان مثال می‌توانید وقتی که در کنار خانواده هستید، تلفن همراه خود را خاموش کنید و رایانه‌ی شخصی خود را کنار بگذارید.

زمان خود را مدیریت کنید

یک برنامه‌ی روزانه از کارهایی که قرار است انجام دهید، آماده کنید. در نهایت کارهایی که باید انجام شود را انجام دهید و سایر کارها را رها کنید.

گفتار بیست‌وسوم

مدیریت استرس و مهندسی افکار

استرس امروزه به بخشی از زندگی روزمره ما تبدیل شده است و این امری انکارناپذیر است. پذیرفته شده‌ترین تعریف از استرس این است که استرس زمانی رخ می‌دهد که شخص معتقد است خواسته‌هایش افزونتر از منابع شخصی و اجتماعی در خدمت او است. به عبارت کوتاهتر ما احساس عدم کنترل داریم.

وقتی مردم دچار استرس می‌شوند دو نوع قضاوت دارند. اول اینکه آنها احساس می‌کنند مورد تهدید واقع شده‌اند و دوم اینکه معتقدند نمی‌توانند با این تهدید مقابله کنند. میزان استرس هر فرد بستگی به میزان آسیبی دارد که ممکن است از موقعیت به‌وجود آمده ببینند و اینکه چقدر منابع آنها با خواسته‌های آن موقعیت نزدیک است. کلید این مسأله، قوه‌ی ادراک است؛ زیرا موقعیتها به خودی خود استرس‌زا نیستند بلکه، این درک ما از موقعیت است که سبب احساس استرس می‌شود.

کاملاً بدیهی است که ما بعضی از اوقات نسبت به خود صادق هستیم. بعضی از موقعیتها ممکن است در واقع خطرناک باشند یا از نظر بدنی، اجتماعی یا شغلی تهدیدآمیز باشند. در چنین موردی استرس و احساسات

بخشی از سیستم ایمنی بدن است که پیشاپیش ما را از خطر آگاه می‌کند.

با این حال بسیاری از مواقع گاهی ما با خود آنچنان سخت رفتار می‌کنیم که هرگز چنین چیزی را برای دوستان و همکارانمان روا نمی‌داریم. چنین کاری به همراه افکار منفی می‌تواند سبب استرس شدید و ناراحتی ما شده و شدیداً اعتماد به نفس ما را کاهش دهد.

طبق تحقیقات متعدد صورت گرفته طولانی شدن استرس، موجب می‌شود که کل بدن انسان تحت تأثیر قرار گیرد و جسم و روح دچار بیماریهای مزمن بسیاری شود. اینجا است که مدیریت صحیح تنشهای روانی و تبعات آن اهمیتی وافر می‌یابد. در ادامه به ارهکارهایی برای مدیریت بر افکار و تنشهای روانی پرداخته می‌شود.

هوشمندانه کار کنیم

بسیاری از ما وقتی می خواهیم کار بیشتری انجام شود، ساعات کاری را طولانیتر می‌کنیم، ضرب‌العجلها را عقب می‌اندازیم و چند کار را باهم انجام می دهیم. اگرچه این استراتژیها ممکن است در کوتاه مدت کارساز باشند، اما در بلندمدت دوام نمی‌آورد. این رویکرد، خیلی زود به شیوه‌ای در زندگی تبدیل شده و به بروز استرس زیاد و در نهایت بهره‌وری پایین منجر می‌شود. بهره‌وری اندازه‌گیری میزان کار شما است نه اینکه تا چه حد پر مشغله هستید. بنابراین بهتر است یاد بگیرید که چطور هوشمندانه کار کنید و با استفاده از اهرمها از زمان و منابع خود بهترین استفاده را ببرید. با این کار می‌توانید بهره‌وری خود را بالا ببرید و وقت اضافی برای انجام کارهای دیگر به دست آورید.

مدیریت مزاحمتها

برای ورود به حوزه‌ی بهره‌وری بالا باید اختلالها و مزاحمتها را کاهش

داده یا رفع کنید. برنامه‌ای برای مدیریت مزاحمتها، مدیریت استرس و بهبود تمرکز خود داشته باشید. وقتی برای کنترل زمان و برنامه‌ریزی خود قدمهای مثبتی برمی‌دارید استرسها کاهش می‌یابد و انرژی مثبت بیشتری را تجربه خواهید کرد. این کار برای تمرکز بیشتر و حصول نتیجه‌ی بهتر الزامی است. بنابراین با شروع کار، تمام برنامه‌ی بهره‌وری شما بهبود خواهد یافت.

برای افزایش بهره‌وری و مدیریت زمان نگرش شما اهمیت اساسی دارد. مثبت فکر کنید و با اقدامات کوچک، عملکرد خود را بهبود بخشید. با این کار انگیزه و نیروی لازم را برای ادامه‌ی برنامه‌ی خود به دست می‌آورید. هم‌اکنون باور کنید که می‌توانید بهره‌ور باشید و به اهداف خود دست پیدا کنید.

مدیریت تعلل

هر چقدر در انجام کارها تعلل کنید، استرس و فشار بیشتری را متحمل خواهید شد. بعد از مدتی ممکن است کاملاً اعتماد خود را از دست بدهید و تصور کنید که اصلاً قادر به تکمیل کاری نیستید. کار بسیاری از مردم با وقفه‌های مستمر همراه است. بدیهی است که نمی‌توان گفت که این وقفه‌ها چه موقع پیش می‌آیند. با این حال با تعبیه‌ی فضاهای خالی در برنامه‌ی زمان‌بندی می‌توانید برنامه‌ی خود را منعطف کنید و به موضوعات مهم به طور مؤثر واکنش نشان دهید. برای چند روز کنترل کنید که چه کسانی بیشترین وقفه را در کار شما ایجاد می‌کنند و درخواست آنها چقدر ضروری بوده است. وقتی تعداد وقفه‌ها در مثلاً یک هفته را جمع‌آوری کردید، مؤدبانه اما محکم همکارانتان را به مدیریت و کاهش وقفه‌ها دعوت کنید.

مدیریت زمان

مهارتهای مدیریت زمان شخصی، برای افراد موفق از مهارتهای ضروری

است. افرادی که از این تکنیکها بهره می برند در تمام جنبه های زندگی از کار گرفته تا ورزش یا خدمات عمومی نتایج عالیتری را کسب می‌کنند. اگر از این مهارتها بخوبی استفاده کنید، آنگاه حتی در پرفشارترین شرایط عملکردی استثنایی خواهید داشت.

پس از تسلط در این مهارتها خواهید دید که کنترل حجم کارها را به دست گرفته‌اید و دیگر از استرس ناشی از کار زیاد خبری نیست.

مدیریت اطلاعات

آیا کامپیوتر شما شلوغ و درهم ریخته است؟ آیا وقت زیادی را صرف جستجوی فایلهایی که به آن نیاز دارید می‌کنید؟ و وقتی تحت فشار هستید آیا می‌توانید سریع و آسان اطلاعات را فراخوان کنید؟

صرف وقت گرانبها برای یافتن داده‌ها می‌تواند لذت کار را از شما سلب کند. ما می‌خواهیم بتوانیم دست خود را دراز کنیم و اطلاعات مورد نیاز را درست در لحظه‌ای که به آن نیاز داریم برداریم تا بتوانیم از آن برای تجزیه‌وتحلیلهای آتی یا نوشتن گزارش یا شاید ارائه‌ی نمایش یک مطلب استفاده کنیم. اما اغلب اوقات وقت خود و گاهی وقت افراد دیگر را برای جستجوی داده‌هایی که بر روی کامپیوتر خودمان داریم تلف می‌کنیم! این کار به استرس ما می‌افزاید و کار فراخوانی داده‌ها را به کاری مشقت‌بار تبدیل می‌کند. پس اگر می‌خواهیم کار خود را با روشی زمانمند پیش ببریم باید در مدیریت پرونده‌ها منظمتر و کاراتر شویم.

هوشمندانه کار کنید. کنترل کارهایتان را به دست گیرید. مدیریت ساده‌ی فایلها تا حدود زیادی می‌تواند روز کاری شما را آسان کند.

جدول فعالیت

در هر روز چه مقدار از وقت خود را صرف کارهای کم‌اهمیت می‌کنید،

چیزهایی که در واقع کمکی به موفقیت شغلی شما نمی‌کنند. آیا می‌دانید چه مقدار از وقت خود را صرف خواندن ایمیلهای کم‌ارزش، صحبت با همکاران، خوردن قهوه و ناهار کرده‌اید؟ و تا به حال چند بار با خود فکر کرده‌اید که "اگر هر روز فقط یک ساعت بیشتر وقت داشتم، می‌توانستم کارهای بیشتری انجام دهم."

و آیا توجه کرده‌اید که در چه موقع از روز ایمیلهایتان را می‌خوانید، مقاله‌های مهم را می‌نویسید یا برنامه‌های درازمدت خود را انجام می‌دهید؟

بعضی از افراد پی برده‌اند که به خاطر نوسان سطح انرژی بدن در ساعات مختلف روز سطح کارآیی متفاوتی دارند. کارآیی بدن شما ممکن است تغییر کند که به فاصله‌ی زمانی بین وعده‌های غذایی یا گذشتن زمان زیاد از وقتی که به خود استراحت کوچکی داده بودید، حواس‌پرتی، استرس، ناراحتی یا عوامل دیگر بستگی دارد.

جدول فعالیت به شما کمک می‌کند تا اوقات روزانه‌ی خود را تجزیه‌وتحلیل کنید و از بروز استرسهای ناشی از بی‌برنامگی غلبه کنید. وقتی برای اولین بار از جدول فعالیت استفاده کنید، از مقدار زمانهای تلف شده‌تان حیرت می‌کنید. در این مورد حافظه راهنمای بسیار ضعیفی است؛ زیرا به آسانی در هنگام کارهای غیرضروری مانند جستجو در سایتهای خبری، چت کردن، خواندن ایمیلهای کم‌اهمیت و مانند آن گذشت زمان را فراموش می‌کند.

استفاده از فهرست وظایف روزانه

در کارهای اجرایی، اگر کارها بزرگ و وابسته به افراد زیادی است، بهتر است یک فهرست داشته باشید و بر روی آن تمرکز کنید.

فهرست وظایف روزانه‌ی اولویت‌بندی شده ابزاری مهم برای کارآیی است. با استفاده از فهرست وظایف روزانه می‌توانید مطمئن باشید که:

- کارهای مهم را فراموش نخواهید کرد.
- کارهای بسیارمهم را پیش از بقیه انجام می‌دهید و وقت خود را صرف کارهای کم اهمیت نمی‌کنید.
- حجم بزرگی از کارهای بی‌اهمیت شما را دچار استرس نمی‌کند.

مدیریت منابع تولید استرس

منابعی که سبب استرس شما می‌شوند را شناسایی کنید و تلاش کنید که تا حد ممکن آنها را کاهش دهید. یکی از مهمترین منابع معمول استرس در محل کار این است که فکر می‌کنید حجم کارتان خیلی زیاد است. راه دیگر کاهش استرس استفاده از تکنیکهای ذهنی است . در این تکنیک باید با یادآوری صحنه‌های شاد، دوست‌داشتنی و آرامش‌بخش زندگی، آنها را جایگزین لحظه‌های استرس‌آور کنید. ممکن است، به نظر عجیب بیاید اما در واقع این تصورات خیالی اثر غیرقابل باوری در کاهش سطح استرس بدن و کنترل و مدیریت منابع تولید استرس دارند.

تفکر مثبت

برای بالا بردن بهره‌وری و مدیریت بر تنشها انگیزه‌ی شخصی اهمیت زیادی دارد. انگیزه‌های خود را برای کار بهتر پیدا کنید و سپس بهترین محیط ممکن برای انجام آن را ایجاد کنید. آن وقت است که می‌توانید بر کار خود تمرکز کنید و به بهترین نتیجه دست یابید.

در طول روز موارد استرس زا را نوشته و در پایان روز نوشته های خود را تجزیه‌وتحلیل کنید. در این صورت متداولترین و مخربترین افکار خود را خواهید دید. یکی از اولویتهای خود را حل این مسائل با استفاده از تکنیکهای زیر قرار دهید.

در ادامه چند نمونه افکار منفی آورده شده که ممکن است هنگام آماده

شدن برای صحبت در حضور جمعی مهم به شما هجوم آورد:

- ترس از کیفیت اجرا و یا احتمال وجود مشکلات دیگر
- نگرانی بابت واکنش مخاطبان (خصوصاً افراد مهمی مانند رئیستان) یا مطبوعات یا مشتری طرف مذاکره.
- ترس از عواقب یک اجرای ضعیف
- سرزنش خود در مورد اجرایی که زیاد خوب نبوده است.

گفتار بیست‌وچهارم

مدیریت ژاپنی:
برنامه ریزی چابک در خانواده سازمانی و شخصی

بروس فیلر، از جمله نویسندگان مطرح امریکایی است که آثار متعدد وی در حوزه‌ی مباحث مرتبط با خانواده، ایمان و یافتن معنا در زندگی، مورد توجه بسیاری از اهالی علم از جمله صاحبان کسب‌وکار قرار گرفته است.

رهبران توانمند، هیچ کاری حتی پیش‌پاافتاده‌ترین کارها را بدون معنا و مفهوم پیش نمی‌برند. آنها قادرند تا از طریق معنابخشی به امور، حتی ملال‌آورترین فعالیتها را به فرایندی الهامبخش تبدیل کنند. چنانچه کارکنان و زیردستان به اهداف و معنای کار خود واقف باشند، آنگاه بهره‌وری و نشاط شغلی آنها افزوده خواهد شد.

معنادار بودن وظایف و اهداف موجب انگیزش کارکنان و هنرنمایی آنها می‌شود.

اگر فضای حاکم بر فضای فعلی کسب‌وکار قادر به هموار ساختن مسیر انگیزش کارکنان نیست و نمی‌تواند ترتیبی اتخاذ کند که کارکنان از دل و جان به انجام وظیفه بپردازند، بدین‌رو، میزان رضایت شغلی افراد در چنین شرایطی افت می‌کند. دستمزدهای کلان و پاداشهای مادی قادر نیستند که

به تنهایی محیط کار را دلچسب کنند و موجب انگیزش درونی افراد شوند بلکه، هدفمندی و معنادار بودن می‌تواند این رسالت را محقق سازد.

ویکتور فرانکل از روانپزشکان شهیر اتریشی و از بازماندگان اردوگاههای کار اجباری نازیها در کتاب ارزشمند و خواندنی خود "انسان در جستجوی معنا" به ماجرایی حیرت‌آمیز در ستایش معناجویی اشاره می‌کند. فرانکل مدت زیادی را در اردوگاههای کار اجباری ارتش رایش سوم اسیر بود و با از دست دادن پدر، مادر، همسر و تمام خانواده خود جز یگانه خواهرش، کسی برای او باقی نمانده بود. او که خود توانست سربلندانه در مواجهه با چنین وضعیت دشوار و سرشار از اضطرابی مقاومت کند، می‌گوید: "آنچه انسانها را از پای درمی‌آورد، رنجها و سرنوشت نامطلوبشان نیست بلکه، بی‌معنا شدن زندگی است که مصیبت‌بارتر است."

از نظر فرانکل معنا تنها در لذت و خوشی نیست بلکه، در رنج و محنت و مرگ نیز می‌توان معنایی یافت. این عبارات بر ضرورت معنا داشتن در زندگی تأکید می‌ورزند.

زندگی بشر همواره بر بستر اقیانوسی متلاطم سوار بوده است. مفهوم خانواده در نیم قرن گذشته انقلابی بزرگ به خود دیده است و امروزه تا حدودی دچار آشفتگی شده است. امروزه تقریباً می‌توان گفت که تمام بشر با آشفتگی و عدم توازن زندگی خانوادگی دست‌وپنجه نرم می‌کند. دلیل این امر نیز سست شدن پایه‌های معناداری ذکر می‌شود. معناجویی موجب کاهش تنشها و اضطرابها می‌شود و از بسیاری از معضلات پیشگیری می‌کند.

در تحقیقی قابل توجه که یکی از مؤسسات پژوهشی روی یک هزار کودک انجام داد، از کودکان سؤال شد که علاقه داشتید کدام‌یک از آرزوهایتان در خصوص والدینتان برآورده می‌شد؟

شاید حدس شما مانند والدین این کودکان، این باشد که آنها آرزو

داشتند که پدر و مادرشان زمان بیشتری را با کودک خود سپری کنند. اما در کمال تعجب مشخص شد که عمده‌ی این بچه‌ها آرزو داشتند که پدر و مادر خود را کمتر خسته و عصبی ببینند. واقعیت اینجا است که استرس و تنش، بلای این روزهای زندگی کاری و شخصی بشر است. چنانچه نتوانیم استرس‌ها را مدیریت کنیم، این استرس‌ها و تنش‌ها خواهند بود که ما و سازمان ما را تحت سیطره‌ی خود خواهند گرفت.

استرس به علاوه آثاری مخرب بر سلامت روان افراد دارد و با آزاد کردن مواد شیمیایی خطرناک در بدن، ما را مستعد بیماری‌های خطرناک جسمی و روحی از جمله افسردگی حاد می‌کند. اما چگونه می‌توان به مقابله با این بیماری مهلک قرن رفت؟

بروس فیلر برای یافتن پاسخ این سؤال سفرهای متعددی را انجام داده است و با افراد بسیاری از سفرای صلح جهانی تا سرمایه‌گذارانی مثل وارن بافت، تبادل نظر کرده است. فیلر در این گشت‌وگذار علمی با خانواده‌ای پرجمعیت مواجه می‌شود که مصداق بارز یک آشفتگی تمام‌عیار در زندگی بودند. پدر خانواده مشغله‌ی بسیاری داشت و نمی‌توانست میان زندگی شخصی و کاری خود توازن برقرار کند. حال آنها برای مقابله با آشفتگی‌های سیستم خانوادگی خود روی به مدل‌های مدیریتی کسب‌وکار آوردند. آنها به یک برنامه‌ی ضربتی موسوم به توسعه‌ی چابک متوسل شدند، که تولیدکنندگان ژاپنی‌تبار از آن برای توسعه‌ی استراتژیک شرکت‌های نوپا بهره می‌بردند. در این برنامه‌ی استراتژیک، کارکنان به گروه‌های کاری کوچک تقسیم‌بندی می‌شوند و به همان نسبت کارها با دقت و در یک بازه‌ی زمانی بسیار کوتاه و برق‌آسا انجام می‌گیرد. این گروه‌ها فاقد سیستم سلسله‌مراتبی و مدیر بالادست هستند، و گروه خود را با کارآیی و بهره‌وری مدیریت می‌کند. گروه‌های چابک دارای یک نظام بازخورد مستمر و جلسات روزانه‌ی به‌روزرسانی هستند.

این تیمها بر اساس تفکر مدیریت تغییر اداره می‌شوند و بازنگری در آنها به‌صورت هفتگی رخ می‌دهد، بنابراین تیمهایی بسیار پویا هستند. ثابت شده که این مدل در مباحث خانوادگی نیز کاربرد دارد و خانواده‌ی مذکور توانست با اجرایی کردن سیستم برنامه‌ریزی و توسعه‌ی چابک در میان اعضای خانواده آنها را به یک تیم منسجم تبدیل کند و شاهد تغییراتی بزرگ در رفتار کودکان خود باشد.

این سیستم سبب شد که ارتباطات درون‌خانوادگی گسترش یابد و میزان استرس‌ها نیز رو به کاهش گذارد؛ چرا که تک تک اعضای این خانواده خود را عضوی از یک تیم خانوادگی کارآمد و هدفمند می‌دانند و در جهت اعتلای آن می‌کوشند.

در واقع چابکی بازوی قدرتمند سازمانها در عصر تلاطم است. در سال ۱۹۸۳ جف ساترلند که به‌عنوان یک کارشناس ارشد مالی در شرکتی انگلیسی مشغول به کار بود از چگونگی طراحی نرم‌افزارها و تعلل غیرقابل‌قبول در آن ناخرسند بود. شرکتها از روش آبشاری پیروی می‌کردند که در آن مدیران دستوراتی می‌دادند که به آهستگی به برنامه‌نویسان زیر دست منتقل می‌شد و سرانجام نتیجه نیز نامطلوب بود. ساترلند می‌خواست که سیستمی سیال را پیاده‌سازی کند که در آن ایده‌ها نه تنها از بالا به پایین بلکه، در جهت عکس نیز انتقال یابند.

وی پس از مطالعه‌ی مقاله‌ای ارزشمند از هاروارد با عنوان "بازی جدید در توسعه‌ی محصولات جدید" که حاصل ۳۰ سال کار پژوهشی بود، به اهمیت چابکی و انعطاف‌پذیری پی برد. پس از آن، این شرکت با الگوبرداری از شرکتهایی مثل کانن و تویوتا، کارهای بزرگ را در ابعاد کوچک انجام می‌داد. به این ترتیب هیچ کاری بیش از ۲ هفته به طول نمی‌انجامید.

در مدل چابک می‌توان برای برخی امور و وظایف روزمره فهرستهای

بازبینی (چک‌لیستهایی) تهیه کرد. این فهرستها علاوه بر نقش برنامه‌ریز استراتژیک، یک عامل یادآوری‌کننده‌ی مناسب هستند و می‌توان از آنها برای ارائه‌ی گزارش بهره برد، ضمن آنکه بهره‌وری و رضایت شغلی را بالا می‌برند. می‌توانید وظایف خانوادگی خود را نیز به‌صورت فهرستهای کوچکی آماده کنید تا در آینده کودکانی مسئولیت‌پذیر داشته باشید.

بر طبق مدل چابک باید روی سه سؤال اساسی تمرکز کرد: این هفته (یا روز، ماه، و...) چه کارهایی بخوبی و طبق برنامه انجام گرفت، چه کارهایی با مشکل مواجه شد و بخوبی پیش نرفت، و اینکه برای هفته‌ی بعد برای انجام چه کارهایی باید توافق کنیم.

همان‌گونه که مشاهده می‌شود مدل چابکی بر اساس تشریک مساعی و خرد جمعی پی‌ریزی شده است و کلید چابکی این است که گروه خود را مدیریت کند. این مدل می‌تواند به ما در اصلاح رفتارهای نابهنجار و بطالتهای اجتماعی و کاری کمک شایان توجهی کند. واژه‌ی "چابک" (Agile) در سال ۲۰۰۱ و به همت جف ساترلند وارد فرهنگ واژگان شد.

در ادامه، با ۳ اصل طلایی در اجرای فلسفه‌ی چابکی در منزل و یا سازمان آشنا می‌شویم، این اصول حاصل مشاهدات بروس فیلر هستند و موجب معنابخشی به زندگی شخصی و کاری افراد می‌شوند:

اصل اول: همواره انعطاف‌پذیر باشیم

نمی‌توان با وضع قوانین سفت و سخت از بروز مشکلات پیشگیری کرد. نکته‌ی قابل توجه در الگوی چابکی این است که افراد در فضای طبیعی تغییر پرورش می‌یابند، بنابراین، به تفکر استراتژیک مجهز می‌شوند و می‌توانند در برابر هر پیشامد حتی غافلگیرانه در زمان مناسب خود واکنشی مناسب نشان دهند. نکته‌ی مهم آن است که همواره با آغوش باز پذیرای ایده‌های تازه باشیم و ایده‌های کهنه را دور بریزیم و اجازه دهیم که ایده‌های بکر و ناب کمی جولان دهند.

اصل دوم: تفویض اختیار کنیم

امر و نهی کردن طبیعت بسیاری از انسانها است چرا که آسانتر است. اما نکته‌ی اساسی این است که به‌وسیله توان‌افزایی و افزایش اختیارات، افراد را در پرورش خود سهیم کنیم. بروس فیلر در این مورد به مثالی قابل تأمل در مدیریت خانواده اشاره می‌کند؛ او اعتقاد دارد که حتی در مورد تنبیه کردن نیز باید به کودکانمان حق انتخاب بدهیم. این مسأله موجب استقلال فکری افراد شده و مسیر خلاق‌اندیشی را هموار می‌سازد. به آنها اجازه موفقیت و حتی شکست بدهید.

وارن بافت از جمله کسانی است که شکست خوردن را عاملی برای موفقیتهای آتی می‌داند و بر ضرورت اعطای اختیار و استقلال به افراد شایسته تأکید می‌ورزد.

اصل سوم: داستان خود را بازگو کنیم

یک رودخانه برای آنکه بر زیبایی و سرعت جریان خود بیفزاید، به سنگ و صخره نیز نیاز دارد. بنابراین لحظات مثبت زندگی خود و چگونگی غلبه بر لحظات منفی را برای زیردستان و کودکان خود بازگو کنید. نتایج تحقیقات نشان می‌دهد که اگر کودکان نسبت به پیشینه‌ی خانوادگی خود اطلاع داشته باشند، در آینده از عزت‌نفس و سلامت روان بالاتری برخوردار خواهند بود.

داستان‌گویی نحوه‌ی مواجهه با انواع شرایط را به افراد می‌آموزد. می‌توانید داستان سازمان خود را در قالب چشم‌انداز و مأموریت آن به کارکنانتان انتقال دهید. مشخص کردن ارزشهای اساسی سازمانی موجب می‌شود که کارکنان با سرعت بیشتر و چالاکی و دقت بالاتری، خود را برای رسیدن به اهداف سازمانی ورزیده کنند و این آرمانها را در خود نهادینه کنند.

گفتار بیست‌وپنجم

فهرست بازبینی (چک لیست)
مدیریت زمان در خانه و محیط کار

پیتر دراکر می‌گوید، "اگر نتوانید زمان خود را برنامه‌ریزی کنید، هیچ چیز دیگری را نیز نمی‌توانید اداره کنید". بسیاری از ما پس از پایان یافتن روز با نگاهی اجمالی و مرور ذهنی فعالیتهایی که در طول آن روز صورت داده‌ایم، متوجه می‌شویم که به‌رغم سپری شدن چندین ساعت و به دلیل عدم بهره‌گیری از تاکتیکهای مدیریت زمان، کار ویژه‌ای را از پیش نبرده‌ایم.

البته اصطلاح مدیریت زمان چندان درست نیست؛ چرا که زمان متغیری است که قابل مدیریت نیست بلکه، این رفتارهای روزانه هستند که باید مهندسی و مدیریت شوند. این مهم تنها با شناخت دقیق و کامل فعالیتهای روزانه حاصل می‌شود. زمان همچون غزالی تیزپا از پیش چشمان ما عبور می‌کند و چون جویباری خروشان و روان است.

فهرستی (چک‌لیستی) که در ادامه به نظرتان می‌رسد، شامل نظریات متعدد و معتبر مطرح‌شده در حوزه‌ی مدیریت زمان است. از این فهرست می‌توان جهت پایش و ارزیابی مهارتهای مهندسی زمان بهره برد. این فهرست همچنین می‌تواند به‌عنوان برنامه‌ی یادآوری و زمانبندی روزانه

مورد استفاده قرار گیرد.

اصل اول: راهکارهای اولیه برای مهندسی زمان

- قانون پارتو (یا قانون ۲۰/۸۰) را به کار ببندید. روی ۲۰ درصد فعالیتهایی تمرکز و کار کنید که ۸۰ درصد نتایج را به باور می‌آورند.
- از خود سؤال کنید که برای گرفتن نتیجه با چه کسانی می‌توانید تشکیل تیم بدهید؟ و چگونه می‌توان تیمهای اثربخش تشکیل داد؟
- همواره چرایی، چگونگی، کجایی، و چه زمانی انجام فعالیتها را از خود سؤال کنید.
- یک دفترچه یادداشت برای مکتوب کردن وظایف، یادداشتها و ایده‌های خود به همراه داشته باشید.
- شمّ فرصت‌یابی را در خود تقویت کنید. اگر فرصتی را از دست دادید، کماکان گوش به زنگ فرصتهای آتی باشید و عقب ننشینید.
- بیاموزید که چگونه با سرعت بالاتری مسائل مهم را رصد، یافته و روی آن تمرکز کنید.
- از کاه کوه نسازید و تصمیمات کوچک را با سرعت بیشتری اتخاذ کنید.
- با دیگران تشکیل گروه دهید تا اثربخشی‌تان ارتقا یابد.
- به‌صورت دوره‌ای چگونگی استفاده‌ی خود را از زمان ارزیابی کنید.
- قانون پارکینسون را از یاد نبرید. بیشتر پارکینسون را به‌عنوان یک بیماری می‌شناسند.

قانون پارکینسون اشاره به این موضوع دارد که کارها تا زمانی ادامه پیدا می‌کنند که زمان در اختیارشان را پر کنند. البته این قانون در ابتدا در حد یک شوخی و کنایه مطرح شد، اما بعدها صحت دقیق آن در علوم روانشناسی و مدیریت به اثبات رسید. بنابراین برای آنکه زمان کمتری اتلاف

کنید، مهلت کمتری را برای تکمیل کار در نظر بگیرید.

• به یاد داشته باشید که وقت عاملی بسیار متغیر است و اولویتها در گذشت زمان بارها دستخوش تغییر می‌شوند. لذا ضروری است که با تفکر راهبردی به پدیده‌ها نگاه کنیم.

• از قانون سه‌گانه بهره ببرید تا دچار فرسودگی نشوید. منظور از قانون سه‌گانه این است که خود را محدود به انجام سه کار کنید و روی همان سه مورد تمرکز کنید.

اصل دوم: راهکارهای عملی مهندسی زمان

• از عارضه‌ی به تاخیراندازی پرهیز کنید و بر وقفه‌ها مدیریت داشته باشید، و کار امروز را به فردا موکول نکنید.

• اجازه ندهید که منتقد درونتان و یا کمال‌گرایی سد راه عامل محرک درونتان شوند.

• کارها را ساده‌سازی کنید و از پیچیده‌کاری خودداری کنید.

• یک فهرست روتین برای کارهای روزمره داشته باشید.

• قدم اول را بردارید. مغز انسان به گونه‌ای است که به محض شروع کار، دغدغه‌ی پایان آن را دارد.

• کار خود را با موارد کوچک آغاز کنید.

• سحرخیز باشید.

• قاطعانه عمل کنید.

• کمال‌گرایی را به عنوان یک مسیر تلقی کنید نه مقصد.

• زمان کافی را به خواب و سرگرمی اختصاص دهید.

• ساعاتی را که بیشترین بهره‌وری را دارید مشخص کنید و آن را به انجام مهمترین کارها اختصاص دهید.

• با خود قرار بگذارید که کار را تمام کنید.

اصل سوم: مهندسی تقویم روزانه و هفتگی

● ساعاتی از هفته را به خلاق‌اندیشی (creative thinking) اختصاص دهید.

● ساعاتی از تقویم خود را به تجدید قوا و روحیه‌گیری اختصاص دهید.

● به حد کافی و به تناسب استراحت و تفریح را در برنامه‌ی خود بگنجانید.

● ساعاتی از شبانه‌روز را که بیشترین بهره‌وری را در آن دارید شناسایی و پربازده‌ترین کارهای خود را در این ساعات انجام دهید.

● زمان خود را صرف کارهای ارزش‌آفرین کنید.

● قلمروی کار خود را از قلمروی زندگی شخصی تا حد ممکن جدا کنید و میان این دو توازن برقرار کنید.

● زمانی را به فراغت (نه تفریح) و آسودگی اختصاص دهید.

● زمانی را صرف اندیشیدن و امور ذهنی کنید تا شخصیت شما ژرفا پیدا کند.

● زمانی را صرف اجرا و کارهای عملیاتی کنید.

● مهارت نه گفتن را بیاموزید تا بتوانید در ابتدا کارهای اولویت‌دار را انجام دهید.

● بدانید که زمان خود را صرف چه چیزهایی می‌کنید.

● زمانهایی را که اوج عملکردتان در آن لحظات است شناسایی و به هیچ وجه اتلاف نکنید.

اصل چهارم: مدیریت بر فناوریهای اجتماعی

● فعالیتهای مجازی و اجتماعی مثل بررسی ایمیل‌ها و یا شبکه‌های اجتماعی روزانه ساعات بسیاری را به خود اختصاص می‌دهند. بنابراین

لازم است تا راهکارهایی را برای مدیریت بر این موارد بیابیم.

● ایمیلهای خود را پردازش و برحسب اولویت برچسب‌گذاری و فیلتر کنید تا ایمیلهای کاری از غیرکاری و غیرضروری مجزا شوند. امروزه سیستمهای برچسب‌گذاری روی ایمیلها و دسته‌بندی صندوق پست الکترونیک در بیشتر ارائه‌دهندگان خدمات ایمیل موجود است.

● زمانهایی را به خود اختصاص دهید و از اینترنت یا دیگر اشکال فناوری تنها در صورت ضرورت استفاده کنید.

اصل پنجم: مهندسی نیروی درون

● از کارهای غیراساسی که موجب تخلیه انرژی شما می‌شود پرهیز کنید.

● زمان بیشتری را صرف کارهایی کنید که در آن تبحر دارید و نقطه قوتتان محسوب می‌شود تا انرژی بیشتری ذخیره کنید.

● کارهای بزرگ را به کارهای کوچکتر بشکنید و در این بین استراحتهای کوتاه داشته باشید.

● بیشترین انرژی را صرف بهترین کارها کنید.

● از طریق ورزش و تغذیه سالم سطح انرژی خود را بالا ببرید تا به بهره‌وری دست یابید و بتوانید در زمان کمتر، کار بیشتری انجام دهید.

اصل ششم: مهندسی تمرکز

● از چند وظیفه‌گری و انجام همزمان کارها خودداری کنید.

● در یک لحظه تنها روی یک چیز تمرکز کنید تا با سرعت و دقت بیشتری کار کنید.

● به‌جای تمرکز روی فعالیتها روی نتیجه تمرکز کنید.

● از انجام کارها به‌صورت باز خودداری کنید. قبل از شروع کارهای

جدید، ابتدا کار قبلی را خاتمه دهید.

● با اختصاص زمان و تعیین مهلت برای انجام کارهایی مثل برگزاری جلسات، بر وقفهها مدیریت کنید.

● به جای آنکه روی زمان سپری شده تمرکز کنید، تمرکز خود را روی جریان تولید ارزش جلب کنید.

اصل هفتم: هدفگذاری در مدیریت زمان

● از خود سؤال کنید که میخواهید به چه چیزهایی دست یابید.

● برای هر روز خود سه دستاورد بزرگ مشخص کنید.

● برای هر ماه خود سه دستاورد بزرگتر مشخص کنید.

● برای هر سال خود سه دستاورد بینظیر مشخص کنید.

● مشخص کنید که هر روز یا هر هفته میخواهید به چه چیزهایی برسید.

● نقشهی راهی برای خود تدارک ببینید و اهداف عالی خود را روی آن معین کنید و برای دستیافتن به این اهداف به راهبرد مناسب بیندیشید.

● به فواصل منظم اهداف خود را با تفکر استراتژیک مورد ارزیابی و بازنگری قرار دهید.

● اهداف خود را هوشمندانه، دستیافتنی و معقول تعیین کنید.

اصل هشتم: ترفندهای انگیزشی برای مدیریت زمان

● کار را برای کار انجام دهید نه به امید مشوقهای بیرونی یا تصدیق دیگران.

● بدانید که چرا این کارها را انجام میدهید و به دنبال معنا یافتن در وظایف خود باشید.

● وظایف محوله را با ارزشهای درونی خود هماهنگ سازید.

● از استعاره‌مندی و تکنیکهای استعاره‌پردازی برای انگیزش و ارتقای سطح انرژی خود بهره ببرید. برای مثال با پروژه‌های خود مثل ماجراهای حماسی برخورد کنید.

اصل نهم: ترفندهای سازماندهی برای مدیریت زمان

● محیط کار خود را سروسامان دهید. فضای کافی برای نفس کشیدن را برای خود فراهم کنید و وسایل غیرضروری را از اطراف خود بردارید.

● هر روز بعد از اتمام کار یا قبل از شروع به کار، ۱۰ دقیقه را صرف تمیزکاری و نظم بخشیدن به فضای کار خود کنید.

● از تقویمها و برنامه‌ریزهای روزانه بهره ببرید.

● برای انجام امور روتین از فهرستهای بازبینی (چک‌لیستها) بهره ببرید.

اصل دهم: تاکتیکهای برنامه‌ریزی در مدیریت زمان

● هر روز و هر هفته یک فهرست برای کارهایی که باید انجام شوند تهیه کنید.

● یک برنامه‌ی راهبردی و انعطاف‌پذیر داشته باشید و منطبق با آن پیش بروید.

● حداقل کاری را که باید انجام دهید مشخص کنید.

● مهلت تعیین کنید و به چارچوب زمانی مشخص شده احترام بگذارید.

● کارها را به صورت پروژه درآورید و ابتدا و انتهای آن را مشخص کنید.

اصل یازدهم: تاکتیکهای اولویت‌بندی در مدیریت زمان

● از خود سؤال کنید که آیا انجام این کار دارای اهمیت هست یا خیر.

• از خود سؤال کنید که این کار تا چه میزان دارای اهمیت است.

• از خود سؤال کنید که این کار چه تأثیری در پی خواهد داشت.

• کار را از مهمترین امور آغاز کنید.

• اولویت را براساس اهمیت و نه فوریت تعیین کنید.

• اولویتها را با واژگانی مثل حتماً، باید و می‌تواند مشخص کنید.

• فراموش نکنید که گذشت زمان در امور مهم تغییر ایجاد می‌کند. پس کارهای مهم را زودتر انجام دهید و با دقت بیشتر.

اصل دوازدهم: مهندسی وظایف و مدیریت امور

• از خود سؤال کنید که چه زمان باید این کار را صورت دهید.

• از خود سؤال کنید که چه زمانی باید این کار پایان یابد.

• کارها و وظایف محوله را دسته‌بندی کنید تا به بهره‌وری دست یابید.

• وظایفی را که باید برونسپاری کنید به افراد امین خود بسپارید.

• یک پروژه‌ی جایگزین و پشتیبان داشته باشید تا در زمانی که در انجام کار اصلی دچار درماندگی شدید به انجام کارهای جایگزین بپردازید.

• فهرست کارهایی را که باید انجام دهید، جلوی چشم قرار دهید و آن را مختصر و مفید نگه دارید.

• بدانید که چه چیز در چنته دارید. اینگونه می‌توانید با مهارت بیشتری به کارهای وقت تلف کن پاسخ رد بدهید.

• برای کارهایی که به دیگران محول می‌کنید، مهلت و چارچوب زمانی مشخص کنید.

نکات پایانی: تکنیک تایم باکسینگ (Time Boxing) و تکنیک بودجه‌ریزی زمان (Time Budgeting)

تایم باکسینگ بیشتر از سوی مهندسان کامپیوتر استفاده می‌شود و منظور

از آن تقسیم‌بندی کار به فعالیتهای کوچکتر و بعد مشخص کردن محدوده‌ی زمانی برای هر یک از این فعالیتها است. این تکنیک بویژه برای افراد دچار اختلالات تمرکز مفید است.

● از خود سؤال کنید که چه میزان زمان برای انجام کارها در اختیار دارید.

● از خود سؤال کنید که انجام هر کاری باید به واقع چقدر زمان صرف خود کند.

● روی مشکلاتی که ارزش ۵ دقیقه صرف زمان دارند، ۲۰ دقیقه وقت نگذارید.

● زمان خود را به تناسب ارزش کارها سرمایه‌گذاری کنید. زمان پدیده‌ای گرانبهاتر از طلا است.

● خود را از نظر زمانی محدود کنید تا خلاقانه و با بهره‌وری بیشتر کار کنید.

زمان ثروتی است ارزشمندتر از طلا؛ میهمانان ناخوانده، حواس‌پرتی، غرق شدن در فضای مجازی، ناتوانی در مهارت نه گفتن، تلفنهای بیهوده، ناتوانی در تصمیم‌گیری قاطعانه، موازی کاری، کار امروز را به فردا سپردن، جلسات بی‌فایده، و... همگی از راهزنان زمان هستند. گذشته‌ها گذشته‌اند و دیروز به تاریخ پیوسته است، فردا نیز معمایی است در پرده ابهام، ولی امروز هدیه‌ای است گرانبها. هر روز در حساب ما ۸۶۴۰۰ ثانیه اعتبار واریز می‌شود و اعتبار آن تا پایان شب است و نمی‌توان چیزی از آن را ذخیره یا برای فردا نگه داشت، پس فراموش نکنیم که زمان برای هیچ‌کس منتظر نمی‌ماند.

گفتار بیست‌وششم

مهارتهای پایه‌ای
برای درخشش در مصاحبه‌های شغلی

کتاب "از کی می‌توانیم همکاری خود را آغاز کنیم؟: راهنمای موفقیت در مصاحبه‌های شغلی"، به قلم پائول فرایبرگر، مرجع جویندگان کار به شمار می‌رود و راهنمایی ارزشمند برای موفقیت در آزمونهای استخدامی است. این کتاب ۲۴۰ صفحه‌ای در مدت کوتاهی پس از عرضه توانسته نظرات بسیاری را به خود جلب کند.

گای کاواساکی بزرگ درباره‌ی اهمیت این کتاب می‌گوید: "اگر این کتاب را بخوانید زودتر به شغل مورد نظرتان دست خواهید یافت."

همانگونه که می‌دانیم مصاحبه‌های شغلی مرحله‌ای با اهمیت در روند جستجوی کار هستند. به گونه‌ای که می‌توانند شانس استخدام را تا میزان بالایی افزایش یا کاهش دهند. حال آنکه آمادگی برای انجام مصاحبه می‌تواند مانع از بروز بسیاری از مشکلات و نابسامانیها در فرایند مصاحبه شود و بدین ترتیب احتمال استخدام افزایش یابد.

یافتن شغل این روزها گاه به یک آرزوی دست نیافتنی می‌ماند، تا جایی که برخی افراد تنها با شنیدن واژه‌ی "مصاحبه" دستپاچه می‌شوند و در نتیجه

یا از خیر آن شغل می‌گذرند و یا به دلیل تنشهای درونی نمی‌توانند در جلسه‌ی مصاحبه بر خود مدیریت کنند. اما فرایبرگر که خود سالها دست راست جویندگان کار بوده، تکنیکهایی دارد که می‌توانند تأثیر بسزایی بر روند مذاکرات شغلی بگذارند. دانستن چگونگی یافتن شغل و چگونگی انجام مصاحبه‌های اثربخش از مهارتهای ضروری در دنیای کنونی به شمار می‌رود.

این کتاب، با بیان ساده و قدرتمند خود آمادگی ذهنی لازم را برای انجام مصاحبه‌های شغلی در اختیارتان قرار می‌دهد، و این وجه تمایز کتاب پائول فرایبرگر با دیگر کتب موجود در این حوزه است. کتاب به گونه‌ای طراحی شده که بتواند متقاضیان استخدام را از اشتباهات و دامهای مذاکره و گفتگوهای شغلی دور کند. در واقع هدف عمده‌ی این کتاب آن است که به جای اینکه متقاضیان جمله‌ی "با شما تماس می‌گیریم را بشنوند"، در عوض این جمله را که "از کی می‌توانیم همکاری خود را شروع کنیم؟" را از زبان کارفرما یا فرد مصاحبه کننده بشنوند.

چرا این کتاب؟

کتاب " از کی می‌توانیم همکاری خود را آغاز کنیم؟" می‌تواند در موارد زیر به متقاضیان استخدام کمک کند:

- چگونه خود را به شکلی مؤثرتر آماده‌ی مصاحبه کنیم؟
- چگونه با مهارت در جلسه مصاحبه حاضر شویم؟
- چگونه به سؤال "بیشتر درباره‌ی خود به ما بگو؟ "پاسخ دهیم؟
- چگونه با سؤالات دام دست و پنجه نرم کنیم؟
- چگونه در خصوص حقوق و مزایا چانه‌زنی کنیم؟
- چگونه از همان ابتدا در موقعیت نامطلوب و شکست در مصاحبه قرار نگیریم؟
- چگونه در خلال مصاحبه سؤالاتی درست را مطرح کنیم؟

ویژگیهای کلیدی کتاب

• این کتاب یک فلسفه و رویکرد جامع را در اختیار متقاضیان استخدام و مصاحبه‌شوندگان قرار می‌دهد، به‌گونه‌ای که متقاضیان می‌توانند با آمادگی بیشتر و اثربخشی بالاتری در جلسات مصاحبه حضور یابند و به نتیجه‌ی دلخواه برسند.

• پرهیز از حواشی و شاخ و برگهای زاید در نگارش کتاب

فرایبرگ در هر بخش از کتاب مستقیم سر اصل مطلب می‌رود و نکات کلیدی هر بخش را به شکل شفاف بیان می‌کند. در این کتاب مجموعه‌ای از سؤالاتی که یک مصاحبه‌شونده با آن مواجه می‌شود مورد بررسی و مرور قرار گرفته است. این سؤالات همچنین شامل سؤالاتی می‌شود که متقاضی می‌تواند از مصاحبه‌کنندگان بپرسد.

• مبتنی بر سناریوها و قضایای واقعی

کتاب مبتنی بر قضایای واقعی در مذاکرات مربوط به مصاحبه‌های شغلی است و کاملاً شرایط شخصی و فیزیکی مصاحبه‌شوندگان را نیز مشخص و منطبق با آن به ارائه‌ی راهکار پرداخته است.

کسانی که از کار اخراج شده‌اند، افراد مسن، افراد دارای ناتوانی جسمی، افراد دارای اختلال تکلم و لهجه، و... هر یک می‌توانند از رهنمودهای این کتاب بهره ببرند.

نکات طلایی کتاب

کتاب "از کی می‌توانی کار خود را آغاز کنی؟" حاوی نکات ریز و برجسته‌ای است که در ادامه به آن پرداخته می‌شود:

• **بر اساس رزومه‌ی خود صحبت کنید**؛ روزمه‌ی شما سند شما است

یکی از راهبردهای کلیدی مصاحبه‌های شغلی که فرایبرگ به آن می‌پردازد این است که متقاضیان براساس مندرجات رزومه‌ی خود صحبت کنند. این کار سبب آن می‌شود که بسیاری از مشکلات در هنگام صحبت درباره‌ی تجارب خویش بروز نکنند. فرایبرگ در جایی از کتاب خود می‌نویسد:

"از یاد نبرید که مصاحبه را می‌توان بخشی تئاتر و بخشی ارائه فروش دانست. بنابراین در حد و حدود آنچه که مصاحبه کننده از شما خرید می‌کند با او صحبت کنید. خرده‌فروشی حکم می‌کند که هر خدمت یا محصولی دارای مجموعه‌ای از ویژگیهای شاخص است، و همین ویژگیهای شاخص است که خریدار را مجاب به خرید از فروشنده می‌کند. ویژگیهای شاخص شما را از رقیب متمایز می‌کنند. صحبت بر اساس رزومه نیز به گمان فرایبرگ یکی از همین ویژگیهای شاخص درون اشخاص است. به علاوه می‌بایست ابتدا بخشهایی از رزومه‌ی خود را برجسته کنید که مورد علاقه‌ی شرکت مصاحبه کننده باشد.

● **به این سؤال از قبل فکر کنید: "کمی درباره‌ی خود به من بگو.."** طبق نظریه‌ی فرایبرگ تنها سؤالی که می‌بایست حتماً از پس پاسخ دادن به آن برآیید جمله‌ی "کمی درباره‌ی خود به من بگو" است. این سؤال و یا جمله، پرسشی کلیشه‌ای در مصاحبه‌های تحلیلی است و پاسخ درخور و مناسب به آن صلاحیت افراد را برای تصدی شغل مورد تقاضا مشخص می‌کند. پاسخگویی به این سؤال مستلزم اشراف بر خویشتن و اطلاع از ویژگیهای شخصیتی و مهارتی افراد است. در این مرحله صداقت به خرج دهید و نه تواضع بیهوده، پس مهارتهای خود را بر اساس اولویتهای احراز شغل مورد نظر بیان کنید.

نکته‌ی مهم در پاسخ به این سؤال، آن است که حتماً بر مهارتهای خود

در کار گروهی نیز تأکید کنید. برای مثال به مورد زیر توجه کنیم: "مایه‌ی خرسندی است که بخواهم در مورد خود و صلاحیتهایم صحبت کنم. اولین چیزی که به خاطرم می‌رسد این است که من یک نقاش ساختمان حرفه‌ای و کارکشته هستم و در این حوزه مهارتهای بسیاری آموخته‌ام و به توفیقات زیادی دست یافته‌ام، البته مهارت بنده تنها به نقاشی ساختمان منحصر نمی‌شود و می‌توانم روی بوم هم نقاشی کنم، هرچند که عمده‌ی توفیقات خود را مدیون مهارتم در نقاشی ساختمان می‌دانم."

در این بخش فرد متقاضی اساسی‌ترین مهارتهای خود را براساس اولویتهای کاری و همچنین رعایت اصول صادقانه برمی‌شمارد. حال او در ادامه‌ی گفت‌وگوهای خود به شکلی ظریف بر مهارتهای کار گروهی خود نیز تاکید می‌ورزد.

"مهارت دیگر من توانایی در رهبری گروه است برای مثال رنگ‌آمیزی مکانی مثل کلیسای سنت پیترز کاری نیست که از عهده‌ی یک نفر برآید. بنابراین، در انجام چنین پروژه‌هایی نیازمند یک تیم مشارکتی هستیم، و این مستلزم وجود شخصی با عنوان رهبر گروه است. البته بنده پیشتر نیز گروههای بسیاری را رهبری کرده‌ام و توانسته‌ام از این رهگذر در شغل خود ارتقا یابم."

● **داستان خود را بازگو کنید آن هم به شیوه‌ی مکالمه‌ی دوطرفه**: زمانی که از شما به عنوان متقاضی استخدام درخواست می‌شود تا در خصوص خود صحبت کنید، انتظار مصاحبه‌کننده از شما این نیست که به سخنرانی یکطرفه بپردازید بلکه، باید مختصر و مفید و به شیوه‌ی تعامل‌محور سخن بگویید. بده بستان گفتاری در مصاحبه موجب آن می‌شود که پیوندهای ارتباطی میان افراد مستحکم شود.

پاسخ به سؤالات باید ساختاری شبیه به نامه‌نگاری داشته باشد و متشکل

از سه بخش باشد: مقدمه، متن اصلی، و نتیجه گیری.

● **پاسخ این سؤال را از قبل مرور کنید: "در چه شرایطی محیط کار برایتان دردسرساز خواهد بود ؟"** در اینجا مؤلف به بررسی مجموعه‌ای از پرسشهای موسوم به سؤالات دام می‌پردازد، برای مثال مصاحبه‌کننده ممکن است از شما بخواهد تا شرایطی را توصیف کنید که مزاحمتی در محل کار برایتان به‌وجود آمده باشد و با مشکلی مواجه شده باشید. عکس‌العمل شما در چنین مواردی چیست؟

در پاسخ به این سؤال از جوابهای کلیشه‌ای پرهیز کنید و خود را فردی تمام‌عیار و کامل نشان ندهید. نکته‌ی کلیدی اینجا است که پاسخ شما باید به گونه‌ای باشد که مهارتتان در دست و پنجه نرم کردن با مشکلات را نشان دهد. از یاد نبریم که یادگیری از مشکلات است که به رشد و بالندگی آدمی می‌انجامد.

● **شغل و شرکتی را که می‌خواهید در آن مشغول به کار شوید بشناسید تا غافلگیر نشوید؛** این مرحله مستلزم تحقیق راجع به سازمان مورد نظر، صنعتی که در آن فعالیت دارد، و ویژگیهای شغل ارائه شده و ارتباط بین آنها است.

بدون شناخت این موارد نمی‌بایست در جلسه مصاحبه حضور یافت، افرادی که حتی زحمت دیدن سایت شرکت مربوطه را به خود نمی‌دهند، کارمندان قابل اعتمادی نخواهند بود. ضمن آنکه شناخت این موارد موجب آن می‌شود تا بتوانید در راستای آرمانها، اهداف و ویژگیهای سازمان، مهارتهای خود را معرفی کنید.

● **نکته‌ی آخر هم اینکه به قول معروف در و تخته باید با هم جور**

درآیند. اگر برای مصاحبه دعوت شده‌اید، احتمالاً ویژگیهایتان تا حدودی مطابق استانداردها و مطلوبات شرکت بوده است. اما در جلسه‌ی مصاحبه ما نیز باید متقابلاً تصمیم بگیریم که آیا ویژگیهای شرکت مدنظر هم با مطلوبات ماهماهنگ می‌باشد یا خیر.

به عبارت دیگر شرکت خود را به شما می‌فروشد، و شما به عنوان خریدار مجبور نیستید که خرید آن را بپذیرید. همان‌گونه که شما نیز به نوعی خود را به شرکت می‌فروشید، و سازمان ناگزیر به خرید (استخدام) شما نیست.

فصل چهارم

▼

برندسازی
و ارتقای مهارتهای شخصی

گفتار بیست‌وهفتم

برند خود را بسازید

برای ایجاد یک برند شخصی معتبر نیاز به توفان فکری، توجه به اینکه که هستیم، و می‌خواهیم چطور و به چه چیزی شناخته شویم، و نیز شناسایی نیازهای مخاطبان هدف داریم.

برندسازی شخصی دارای دست‌کم ۹ مرحله‌ی اساسی است که در زیر به آن می‌پردازم:

۱) من که هستم؟

الف- مهارتهایم: توانمندیها، تحصیلات، تجارب تخصصی

ب- علائق و چیزهایی که به آن اشتیاق دارم: شخصیت و علائق ما کلید دستیابی به یک برند قدرتمند است.

ج- پیشنهادات فروش منحصربه‌فرد من کدامها است: کلید دستیابی به موفقیت تخصصی‌سازی است؛ هرچه متمرکزتر و در گوشه‌های دنج‌تر بازار فعالیت کنید، به همان میزان درآمد و موفقیتتان بالاتر می‌رود و امکان ارتقای بیشتری خواهید داشت.

۲) درک و شناخت دیگران نسبت به من چگونه است؟

الف- روابط شخصی: دوستانتان درباره‌ی شما (حتی پشت سرتان!) چه می‌گویند؟

ب- روابط حرفه‌ای: همکاران و مشتریان در خصوص شما چه تصوراتی دارند؟

ج- شهرت آنلاین: نتایج جستجوها در اینترنت درباره‌ی شما چه می‌گویند؟

۳) می‌خواهم به چه چیزهایی دست یابم؟

الف- حوزه یا قلمروی من: محصولات یا خدمات شخصی در حوزه‌ی کاری خود به وجود آورید.

ب- بازار من: مخاطبان هدف درست را برای برند خود هدف بگیرید.

ج- سبک من: ارتباطات خود را شفاف و مستمر کنید.

۴) برند خود را بسازید

الف- احساسات و واژگان: نام و شعاری را برگزینید که نمایانگر منش و روحیات شما بوده و به‌راحتی قابل یادآوری باشد.

ب- احساسات و تصاویر: برای سازمان و کار خود رنگ و نشانی متناسب انتخاب کنید که نمایانگر جوهره‌ی وجودی خود شما و نیز هویت سازمانی‌تان باشد.

ج- احساسات و روایت‌گویی: مردم از شنیدن ماجرا و حتی زندگینامه‌ی شخصی و حرفه‌ای شما لذت می‌برند، پس به جای آنکه به فکر آن باشید که چه چیزی به مردم بفروشید، برای آنها داستان بگویید.

۵) اکوسیستم آنلاین خود را بسازید

الف- خانه‌ی شما: وبلاگتان را مرکز تعاملات و دید و بازدیدهای آنلاین

خود قرار دهید.

ب- پارکها و میادین: شبکه‌های اجتماعی امروزه نقش پارکها و میادین را به شکل مجازی ایفا می‌کنند. آنها فضاهایی مناسب برای اجتماعی شدن و خوش و بش، تعامل، و یادگیری به‌وجود می‌آورند.

ج- تئاترها و سالنهای همایش: از رسانه‌های اجتماعی برای اشتراک و نمایش تجارب، تبلیغ، با اندکی چاشنی سرگرمی بهره ببرید.

۶) شبکه‌ی خود را بسازید

الف- تأثیرگذاران: دنباله‌رو کارشناسان در حوزه‌ی خود باشید، از آنها چیز یاد بگیرید و با آنها ایجاد رابطه کنید.

ب- جوامع: فعالانه در گروهها و هم‌اندیشی‌های افراد حاضر در رشته‌ی فعالیت خود شرکت کنید.

ج- محیط آفلاین: در تمامی رویدادهایی که می‌تواند به گسترش شبکه‌ی ارتباطات تخصصی‌تان بینجامید، حضور یابید.

۷) محتوای اصیل و بکر تولید کنید

الف- وبلاگ: محتوای ارزشمند، غنی و کاربردی در وبلاگ خود بارگذاری کنید، و به صورت مستمر به‌روزرسانی کنید.

ب- محتوای چندرسانه‌ای: از تولید محتواهای ویدئویی و چندرسانه‌ای برای مخاطبان غافل نشوید؛ چرا که چند رسانه‌ای‌ها از محتواهایی به شمار می‌روند که به‌سرعت روی غلطک بازاریابی ویروسی می‌افتند. پادکستها نیز از جمله‌ی غنی‌ترین و به‌روزترین محتواهای چند رسانه‌ای به شمار می‌روند.

ج- محتوای آفلاین: نگارش کتاب، مقاله، مصاحبه با رسانه‌ها، و... همگی

از ابزارهای قدرتمند در مخاطب‌سازی هستند.

۸) مشارکت کنید و به اشتراک بگذارید

الف- مکالمه و گپ‌وگفت: چه در محیطهای آنلاین و چه در محیطهای آفلاین فعالانه نظر دهید و در گپ‌وگفتهای مرتبط با حوزه‌ی خود شرکت کنید، این گفتگوها به خلق ایده‌های ناب و بهبود ایده‌ها و راهکارهای قبلی می‌انجامد.

ب- نظرات: در فضای وبلاگ شخصی و یا حتی در تعاملات غیرمجازی خود جایی را برای مرور دیدگاهها قرار دهید، این دیدگاهها می‌تواند آغازگر یک تبلیغات دهان به دهان آنلاین و در نتیجه غنی‌شدن بحث شود. در وبلاگ دیگران نیز فعالانه به درج نظرات بپردازید، تا دیگران را با افکار و آرای خود آشنا کنید.

ج- اشتراک: محتوای ارزشمند دیگران را نیز در فضای خود به اشتراک بگذارید و جو دموکراسی علمی را در برند شخصی‌تان حاکم کنید.

۹) به نجواها گوش دهید و محیط را پایش کنید.

الف- اخبار: گوش به زنگ اخبار مختلف از برند خود باشید، ابزارهایی مثل گوگل الرت (Google Alert) ابزار بسیار خوبی برای دستیابی به این مهم هستند.

ب- انتقادات: منتقدان بزرگترین یاور شما هستند، بدین‌رو به آنها گوش دهید و به شیوه‌ای حرفه‌ای با آنها تعامل کنید.

ج- پایش: فعالیت برند خود را چه در محیط آنلاین و چه آفلاین، سنجش کنید.

حالا وقت آن رسیده که برند خود را متر کنید.

گفتار بیست‌وهشتم

باز کشف خود:
چگونه برند خود را تعریف کنیم

همان‌طور که می‌دانیم انسانها همواره از بدو پیدایش درصدد بوده‌اند تا به مدد نمادها و دیگر عوامل، نمود و اثری از خود را بر پیشانی تاریخ ثبت کنند. امروزه برندها نمودی از هویت محصولات و حتی انسانها به شمار می‌روند و اهمیت برند در شکل‌گیری ارتباطات و جریانهای مرتبط با کسب‌وکار غیرقابل انکار است.

برند تنها در انحصار محصولات و سازمانها نیست، و اشخاص نیز می‌توانند برندی شخصی برای خود داشته باشند. ویژگیهای شخصی ما انگاره‌ی برند شخصی ما را می‌سازند. یک برند شخصی آمیزه‌ای از عوامل درونی فرد مثل نظام ارزشها و آرمانها و اهداف و نیز نمودهای بیرونی او مثل چهره، زبان بدن و شبکه‌ی ارتباطات است. کشف دوباره‌ی خویشتن و تعریف برندی شخصی از خود می‌تواند به افزایش بهره‌وری ما کمک کند. کتاب "باز کشف خود برند خود را تعریف کنید، آینده‌ی خود را تصور کنید" به قلم دوری کلارک از جمله‌ی مهمترین و برترین آثار موجود در حوزه‌ی برندهای شخصی و چگونگی پرورش برندهای شخصی است. نرخ

سریع تغییرات در فضای جهانی مستلزم آن است که نگاهی مجدد به برند خویش بینداریم و در صورت لزوم در راهبرد برند خود تجدیدنظر کنیم.

دوری کلارک از جمله نویسندگان یکی از مطرحترین روزنامه‌های تجاری هندوستان است و کتاب او راهنمایی منحصربه‌فرد با زبانی ساده برای ساخت و پرداخت یک برند شخصی به شمار می‌رود.

نکات طلایی کتاب: چگونه برند شخصی بسازیم؟

• در ابتدا از خود سؤال کنید که انتظارتان از زندگی و خودتان چیست

اگر چشم‌اندازتان را روشن کنید، دستیابی به آن به مراتب سهلتر خواهد بود. تنها نکته‌ی مهم این است که انتظارات‌تان را مبتنی بر واقعیات تعیین کنید و در هدفگذاری منحصر به فرد باشید

• تغییر و تحولات تخصص و حرفه یک سبک زندگی است

تغییر و تحول و تجدیدنظر در راهبردها و روشها نه یک مقصد بلکه، مسیری ادامه‌دار است. تغییر و تحول به موقع و انعطاف‌پذیری را چاشنی زندگی شخصی و حرفه‌ای خود کنید و از عینک تحول به وقایع اطراف خود نگاه کنید. قدرت فرصت‌یابی تنها یکی از هزاران ارمغان اندیشه‌ی متحول‌گرا است.

• اول آزمون مسیر بعد حرکت

گاهی با دیدن در باغ سبز به تصور آنکه می‌توان به دستاوردهایی بزرگتر دست یافت، بی‌گدار به آب می‌زنیم و وارد مسیری می‌شویم که نتیجه‌ی دلخواه ما را به بار نمی‌آورد. بدین‌رو، می‌بایست قبل از هر اقدام عملی با بهره‌گیری از تکنیکهای اکتشافی مثل کارآموزی، کارورزی و داوطلب به کار شدن، بازارسنجی، و... و خلاصه‌ی کلام کمی خاک بازار خوردن ابتدا

شرایط را بسنجید و بعد رهسپار مسیر شود.

• کشف دوباره‌ی خویشتن مسیری ممتد و رود به جلو است

باز کشف خود نه یک پروژه‌ی دارای تاریخ انقضا بلکه، فرایند مستمر است در مسیر کشف دوباره‌ی خویشتن فرصتهای بسیاری در کمین هستند که می‌توان با بهره‌گیری از شمّ فرصت‌یابی آنها را دریافت و در مسیر پیشرفت خویش قرار داد.

• وجوه تمایز خود را تقویت کنید

تفاوت شما می‌تواند وجوه تمایزتان باشد. برای مثال، کمپین‌های تبلیغات سیاسی رادر نظر بگیرید، تفاوت شما می‌تواند وجوه تمایزتان باشد. برای مثال تک به تک کاندیداها را سبک و سنگین کنند بلکه، آنها را در ترازوی قیاس خود می‌گذارند. اینجا است که اهمیت وجوه تمایز و منحصر به فرد بودن روشن می‌شود.

در دنیای سرشار از گزینه‌های متعدد می‌بایست دست به دامان تفاوتها شد. همواره با نقاط قوت خود نشان دهید که چرا گزینه‌های متعدد می‌بایست دست به دامان تفاوتها شد همواره با نقاط قوت خود نشان دهید چرا گزینه‌ی برتر هستید.

• داستان برند خود را خلق کنید

داستان‌گویی و شنیدن ماجراها فارغ از هر سن و سالی از جذابیتهای بسیاری برخوردار است، حال اگر مردم داستان تجارب شخصی ما را بدانند چطور؟ دیدگاه عمده آن است که داستانسرایی میزان همدلی مردم (مشتری) را با برند شخصی ما ارتقا می‌دهد و پیوندهای عاطفی میان آن و برند ما را مستحکم‌تر می‌سازد.

• به صورت متمرکز مهارت‌آموزی کنید

مهارتهایی را بیاموزید که متناسب با چشم‌اندازتان هستند و دارای نتایج عملیاتی می‌باشند، فراموش نکنید که یادگیری گران است، اما گرانتر از آن نیاموختن است. پراکنده‌آموزی و آموختن مهارتهای جسته گریخته و نامرتبط، تنها موجب سردرگمی شما می‌شود و بر دانش و قابلیتهایتان چیزی نمی‌افزاید.

• محتوا تولید کنید

محتوای مناسب در واقع به‌عنوان تریبون برند شخصی ما به شمار می‌رود، و انتشار این محتوا و پیامهای برند ما را به دنیا مخابره می‌کند. محتوای مناسب نمودی از شخصیت برند ما است و گفتمان برند شخصی افراد به شمار می‌رود.

• حتی قبل از نیاز برای برقراری روابط و مناسبات اقدام کنید

ارتباط سازی را به عنوان یک عادت و نه کاری از سر وظیفه و یا اجبار تبدیل کنید. همواره از قبل شبکه‌ی ارتباطات خود را گسترش دهید.

• خود را در جایگاه مطلوب قرار دهید

ساختن برند فرایندی زمان‌بر است؛ بدین‌رو، برای رسیدن به نقطه‌ی مطلوب باید صبر و استقامت پیشه کنید.

گفتار بیست‌ونهم

برند خود را متر کنید

هنگامی که شخصی می‌خواهد شما را توصیف کند، چه احساسی به شما دست می‌دهد؟ آیا از اوصافی که به شما نسبت می‌دهد، شگفت‌زده می‌شوید یا از شنیدن آنها به خود می‌بالید و یا شاید به عکس، سرخورده و مأیوس می‌شوید؟

به راستی چه عواملی ارزش یک برند شخصی را تعیین می‌کنند، و این عوامل چگونه ارزش برند یک شخص را در طول مدت عمر او کاهش یا افزایش می‌دهد؟

تا سال ۱۹۸۴ برند را مترادف لوگو و نشان یک سازمان می‌انگاشتند. دانستن ارزش واقعی یک برند می‌تواند نقشی اساسی در هدایت و راهنمایی تصمیم‌گیران سازمان ایفا کند؛ چرا که تصمیم‌گیری و برنامه‌ریزی برای آینده‌ی یک سازمان منوط به دانستن وضعیت فعلی آن است.

همین موضوع عیناً در خصوص برندهای شخصی صادق است. برند فقط اختصاص به شرکتها و سازمان ندارد، مردم نیز می‌توانند برند خود را داشته باشند. هر یک از ما ویژگیهایی داریم که انگاره‌ی برند شخصی ما

را می‌سازد. حالا یک قلم و کاغذ بردارید و برند خود را متر کنید. فقط کافی است کمی صداقت به خرج دهید. شما متعاقباً می‌توانید نظر دیگران را نیز جویا شوید و به برایندی کلی از خود دست یابید.

به طور کلی یک برند شخصی از مجموعه‌ای از عوامل درونی (اعم از چشم‌انداز و آرمان درونی، و سیستم ارزشی و اعتقادی مثبت) و عوامل بیرونی (حالات چهره، تُن صدا، تماس چشمی، زبان بدن، ارتباطات اجتماعی با دوستان و دیگران، بهداشت و آراستگی، و نیز میزان اثرگذاری) تشکیل یافته است.

حال با علم به این موضوع، چگونه می‌توان یک برند شخصی را توسعه داد و یا اندازه‌گیری کرد. مدلی ساده در حوزه‌ی محصولات و خدمات وجود دارد که می‌گوید هر ویژگی دست کم یک مزیت می‌دهد. همین مدل ساده در مورد برندها نیز کاربرد دارد.

در ابتدا شما باید خود را، آنچه را که برای شما اهمیت دارد، و آنچه که شما را منحصربه‌فرد می‌سازد تعریف کنید، و سپس برند خود را حول آن سری ارزشهایی که تعریف کرده‌اید بسازید. موارد زیر را در نظر داشته باشید، این موارد شاخصی خوب در اندازه‌گیری و ارزشیابی یک برند شخصی است:

- ویژگیهای شخصی که شما را از رقبا یا همکارانتان متمایز می‌کند.
- ویژگیهایی که دیگران شما را به آن می‌شناسند (ارزش‌آفرینی، سودمندی برای دیگران، و ویژگیهای مباهات‌آمیز).
- قدرت اثربخشی (داشتن سهم قابل توجه در قلمروی کاری خود و میزان اعتمادپذیری)

به گفته‌ی مونتویا، نویسنده‌ی کتاب "برندی به نام شما و پدیده‌ی برندسازی شخصی"، هرکسی، خواه ناخواه، دارای یک برند شخصی است.

هدف باید این باشد که آن برند طوری طراحی شود که تأثیری واضح و حائز اهمیت در مورد شما و کارتان ایجاد کند، چه شما صاحب کسب‌وکاری کوچک باشید، یا یک کارآفرین تنها یا مدیرعامل یک شرکت. در ادامه مونتویا می‌گوید: یک برند شخصی "ایده‌ی قدرتمند، روشن و مثبتی است که هر زمان که دیگران به شما فکر می‌کنند به ذهنشان خطور می‌کند.

در واقع برند شخصی نشان‌دهنده‌ی ارزشها، تواناییها و اقداماتی است که شما طرفدار آنها هستید یا به گفته‌ی وی "برند شخصی نشان می‌دهد که شما چه کسی هستید، چه کار می‌کنید و چه چیز متفاوتی در شما وجود دارد یا چگونه برای بازار هدفتان ارزش‌آفرینی می‌کنید".

از این لحاظ برند شخصی کمی گسترده‌تر از برند شرکتی است. حال وقت آن رسیده که برند خود را بازاریابی و بفروشید، در برندسازی شخصی نیز باید خودتان را مانند محصولی تصور کنید که قصد دارید آن را به مشتریانتان بفروشید یا آن را به کارمندان یا همکارانتان معرفی کنید.

۱- خود را بازاریابی کنید.

- اجازه دهید مردم شما را بشناسند و بدانند که شما مظهر چه چیزهایی هستید.
- از تکنیکهای بازاریابی دهان‌به‌دهان استفاده کنید
- کارهای گروهی کنید

۲- فراموش نکنید که "هر آنچه که انجام می‌دهید و هر آنچه که انتخاب می‌کنید که انجام ندهید، نمایانگر ارزش و شخصیت برند شما است".

۳- نمایش و ارائه‌ی برند شخصی به معنای آن است که:

- در گروه عضوی فعال و فوق‌العاده باشید و از همکاران حمایت به عمل آورید.
- در چیزی که ارزش حقیقی دارد متخصص و متبحر باشید.
- در هر لباسی که هستید نوآور باشید.

● بیندیشید و مانند یک کاسب کارکشته از اقدامات خود نتیجه بخواهید.
● با مغز و با اشتیاق رفتار کنید.

۴- هرکاری پرتره‌ای شخصی از فردی است که آن را انجام داده است.

هر کلمه‌ای از زبان می‌رانید و یا روی کاغذ می‌آورید می‌تواند موجب ساختن و یا حتی نابودی برند شما شود. مهارتهای تخصصی شما به اندازه مهارتهای ارتباطی‌تان مهم نیست. در انتها می‌توانید با پاسخگویی به سؤالاتی چند به تصویری کلی و اجمالی از برند شخصی خود برسید:

● آیا من در گروه، فرد قابل اعتنا و تأثیرگذاری هستم؟

بله ☐ گاهی ☐ خیر ☐

● آیا تمایل دارم با فردی مثل خودم کار کنم؟

بله ☐ گاهی ☐ خیر ☐

● آیا دوست دارم گروه، رهبری مثل من داشته باشد؟

بله ☐ گاهی ☐ خیر ☐

● آیا من از دیگران حمایت می‌کنم، همان‌گونه که دیگران از من پشتبانی می‌کنند؟

بله ☐ گاهی ☐ خیر ☐

● آیا حرفه‌ای و متخصص هستم؟

بله ☐ گاهی ☐ خیر ☐

● آیا مردم می‌دانند که من چه کسی هستم؟

بله ☐ گاهی ☐ خیر ☐

● آیا دیگران از من ایده یا مشورت می‌خواهند؟

بله ☐ گاهی ☐ خیر ☐

● آیا دیگران از تخصص من آگاهی دارند؟

بله ☐ گاهی ☐ خیر ☐

● آیا من به طور مستمر مهارتهای خود را بهبود می‌بخشم و بر نقاط قوت

خود می‌افزایم؟

بله ☐   گاهی ☐   خیر ☐

● آیا آرمانگرا هستم و برای خود هدف و چشم‌اندازی دارم؟

بله ☐   گاهی ☐   خیر ☐

● آیا در زندگی چشم‌اندازی برای خود متصور هستم؟

بله ☐   گاهی ☐   خیر ☐

● آیا چشم‌اندازم با ارزش‌ها و اهدافم همخوانی دارد؟

بله ☐   گاهی ☐   خیر ☐

● آیا من می‌توانم این چشم‌انداز را به سایرین نیز انتقال دهم؟

بله ☐   گاهی ☐   خیر ☐

● آیا از کار خود نتیجه می‌گیرم؟

بله ☐   گاهی ☐   خیر ☐

● آیا در حوزه‌ی کاری خود الگوی بهینه‌ای هستم؟

بله ☐   گاهی ☐   خیر ☐

● آیا به همان میزان که از دیگران انتظار دارم، از خود نیز انتظاراتی دارم؟

بله ☐   گاهی ☐   خیر ☐

● آیا انسان پرشور و مشتاقی هستم؟

بله ☐   گاهی ☐   خیر ☐

● آیا روز خود را خوب شروع می‌کنم، خوب ادامه می‌دهم و خوب به پایان می‌رسانم؟

بله ☐   گاهی ☐   خیر ☐

● آیا از انرژی مثبت دیگران خود را تغذیه می‌کنم؟

بله ☐   گاهی ☐   خیر ☐

● آیا رفتار من به دیگران نیز سرایت می‌کند و کسی از آن تقلید می‌کند؟

بله ☐   گاهی ☐   خیر ☐

می‌توانید این پرسشنامه را هم خود پرکنید و هم در اختیار نزدیکان خود بگذارید تا شما و برند شما را ارزیابی کنند.

به طور کلی متر و مقیاس اندازه‌گیری یک برند شخصی از موارد زیر تشکیل یافته است:

۱- اهداف شما

- آیا هدف شما اسمارت (SMART؛ ویژه، قابل اندازه‌گیری، قابل دستیابی، واقعگرایانه و دارای زمانبندی) است؟
- آیا به طور مرتب و هر از گاهی اهداف خود را مرور و پیشرفت خود را به سمت این اهداف اندازه‌گیری می‌کنید؟

۲- شاخصهای اندازه‌گیری

- آیا روشهای اندازه‌گیری و ارزشیابی برند خود را شناسایی کرده‌اید، اعم از ارزیابی عملکرد و افزایش درآمد، تعداد مشتریان ایده‌آل جذب شده، تعداد بازدیدکنندگان از وب‌سایت، و غیره؟
- آیا گروههای کانونی و یا همکارانی در اختیار دارید که بتوانند بازخوردی از برند شما ارائه دهند؟

۳- بازخورد

یکی از جنبه‌های مهم "برندسازی" برای شرکتهای کوچک و مشاغل مستقل، همان پیغام گوش به زنگ قدیمی است: شبکه‌ی ارتباطی خود را همواره گسترش دهید.

- آیا به طور مرتب از همکاران یا مدیران خود بازخورد می‌خواهید؟
- آیا فرمی استاندارد برای گردآوری این بازخوردها و ترتیب اثر دادن به آنها دارید؟

● آیا مربی یا ناصحی دارید؟

۴- تکامل و تحول تدریجی

● آیا برنامه‌ای دارید که چشم‌انداز پیشرفت شما را توصیف کرده باشد؟ (مثل توسعه‌ی مهارتهای شخصی، تقویت ویژگیهای خاص برند و غیره)

● آیا می‌دانید که مرحله بعدی از تکامل برند شما چیست؟

به گفته‌ی ویلیام آرودا، رئیس گروه کارشناسان برندسازی شخصی، برندسازی مؤثر، اغلب به این معنا است که یک بازار کوچکتر و تعریف شده را همراه با یک پیام ویژه و خاص، مورد هدف قرار دهید و قطعاً واضح است که هرچه بازار هدفتان را کوچکتر انتخاب کنید، شانس موفقیت بیشتر خواهد بود.

برای کسانی که در دنیای شرکتی و سازمانی فعالیت دارند، برندسازی شخصی بخش ذاتی و طبیعی فرایند انجام کسب‌وکار است، بخصوص برای کسی که روی طرح‌ریزی یک مسیر شغلی درازمدت کار می‌کند. در آخر مطمئن شوید که هر چیزی که در اطراف برند شما است (دفتر کارتان، وب‌سایتتان، خدماتتان به مشتری، سازمانتان و غیره) با یک پیام برند در ارتباط باشند.

در زندگی مانند تجارت، برندسازی باعث اثرگذاری و قدرت پایدار و کمک به حذف رقبا می‌شود. برندسازی فقط برای شرکتها مطرح نیست و هر فرد می‌تواند با داشتن اهداف مشخص و استفاده از استراتژیهای مناسب یک برند پایدار داشته باشد. این برند به او کمک می‌کند تا در رسیدن به اهداف خود موفق شود. داشتن یک برند شخصی در دنیای مجازی امروز یک نیاز است. با برند شخصی می‌توان به جایگاه‌سازی فردی رسید و به جایگاه‌یابی رقبا پرداخت.

برند شخصی شما زمانی معتبر است که در رفتارهایتان وحدت رویه داشته باشید.

نداشتن چشم‌انداز شخصی، دانش شخصی، یادگیری فردی، تفکر، اعتماد و اشتیاق مساوی با نداشتن برند شخصی است.

گفتار سی اُم

مدیریت برداشت و نکاتی درباره‌ی خودارتقایی

صورت زیبای ظاهر هیچ نیست ای برادر سیرت زیبا بیار

سعدی

بسیاری از ما علاقه‌مندیم که اطرافیانمان برداشت مطلوبی از برند شخصی‌مان داشته باشند. این مهم بویژه در تعاملات و مناسبات سازمانی از جلوه‌ی بیشتری برخوردار است.

به عبارتی تصور و قضاوت سایرین برای ما انسانها از اهمیت بالایی برخوردار است و تلاش بسیاری از ما در جهت ایجاد تصویری مطلوب از خود در ذهن دیگران است .

هنر مدیریت برداشت (impression management)، از جمله مهارتهای اساسی افراد در برقراری ارتباطات و تعاملات است. مدیریت برداشت بر اهمیت ارتقای شایستگیهای باطنی و ظاهری تأکید دارد، و در واقع بر دو محور اساسی صورت و سیرت زیبا متکی است.

مدیریت برداشت فرایند مدیریت ادراکات دیگران از خود و تحت تأثیر

قرار دادن ارزیابیها و قضاوتهای آنان است و فرد تلاش دارد از این طریق تصویری برجسته و شاخص از خود ارائه دهد. سیرت نیکو و روی گشاده و آراسته، از جمله ویژگیهای یک برند شخصی موفق و عاملی تمایزبخش است.

تکنیکهای مدیریت برداشت و مهارتهای خودارتقایی موجب می‌شوند تا افراد بتوانند به گونه‌ای شایسته‌تر عملکرد خود و دیگران را ارزیابی و تصویری مثبت از خود ارائه کنند و حتی در هنر اقناع بهتر ظاهر شوند. وفای به عهد، فروتنی، عالم بی‌عمل نبودن، روی گشاده، پندار، گفتار و کردار نیک و برقراری توازن میان گفتار و کردار از جمله شاخصه‌ها و مهارتهای مدیریت برداشت هستند.

بسیاری از روشهای مدیریت برداشت در جهت ارتقای خود و بهبود تصویر شخصی خویش نزد دیگران هستند. در ادامه‌ی مطلب، به برخی از روشهای خودارتقایی اشاره می شود.

نتیجه‌گرا باشید، نه صرفاً وظیفه‌گرا

از قدیم گفته‌اند "کار را که کرد؟ آنکه تمام کرد". در واقع مردم به آنچه انجام داده‌ایم توجه می‌کنند نه آنچه قرار است انجام بدهیم. کدام مشکلات را از سد راه برداشته‌اید؟ آغازگر کدام اقدامات بوده‌اید؟چگونه سایرین را در جهت دستیابی به اهداف بزرگ هدایت کرده‌اید؟

نتیجه‌گرایی می‌تواند به ما در دست یافتن به اهدافمان کمک کند. نتیجه‌گرایی موجب می‌شود تا از نیمه‌تمام ماندن کارها و یا به تعویق افتادن آنها جلوگیری شود و تصویری مطلوب از ما در ذهن مخاطبان ساخته شود.

دیگران را نیز ترویج کنید

بسیاری از ما به مصداق ضرب‌المثل "خود گویم و خود خندم، من مرد

هنرمندم"، خود را علامه‌ی دهر می‌دانیم و از درک و تصدیق شایستگیهای دیگران ناتوانیم و گاه متأسفانه در مقام تقبیح توانمندیهای دیگران برمی‌آییم. تلاش افراد موفق این است که به دیگران در جهت بزرگ‌اندیشی الهام‌بخشی کنند و نقاط قوت سایرین را به آنها گوشزد کنند. بزرگان به ما توصیه می‌کنند که موفقیتها و تلاشهای دیگران را به رسمیت بشناسید و قدردان آنها باشید تا آنها نیز شما را مورد تأیید قرار دهند، البته هرگز به دام مجیزگویی نیفتید.

مردم گفته‌ها و کرده‌های ما را فراموش می‌کنند اما آنچه در خاطر آنها می‌ماند، طعم شیرین احساسات خوشایندی است که به کامشان چشانده‌ایم. به عبارت دیگر چنانچه دیگران را ارتقا دهید، آنها نیز متقابلاً شما را ارتقا خواهند داد، چرا که اصل جبران از جمله ویژگیهای ذاتی بشر به شمار می‌رود.

بیشتر در مورد باورهای خود صحبت کنید نه دستاوردها

به تفاوت دو جمله‌ی زیر توجه کنید:

۱- "من به اشتغال‌زایی و توانمندسازی افراد در جهت احساس کارآمد بودن در محل کار خود باور دارم".

۲- "من سه کارخانه‌ی تولیدی راه‌اندازی کرده‌ام و ۲۰۰ نفر را نیز استخدام کرده‌ام."

ظاهراً مفهوم هر دو جمله یکی است، اما تفاوت بسیاری میان این دو عبارت وجود دارد.

صحبت در خصوص باورها، در واقع اشاره‌ای است هوشمندانه و غیرمستقیم به دستاوردهای فردی و بیشتر موجب اقناع مخاطبان می‌شود. چنانچه شنونده به باورهای شما علاقه‌مند باشد خود درباره‌ی آنها سؤال خواهد کرد.

شکستهای خود را با آغوش باز بپذیرید و آنها را مهندسی کنید

پذیرش شکستها عموماً نشانه‌ای از آسیب‌پذیری به شمار می‌رود، حال آنکه شکست‌پذیری یکی از مهارتهای اساسی مدیران توانمند است. دکتر برن براون در نظریه‌ی خود موسوم به "در ستایش آسیب‌پذیری" به آثار سازنده و ارزنده‌ی این مفهوم در انسانها اشاره می‌کند.

وی حاصل ۱۲ سال مطالعات خود را در خصوص آسیب‌پذیری در کتابی بسیار پرفروش و پرخواننده به نام "شجاعت بدون مرز" منتشر ساخته است.

این کتاب به اعتقاد مؤسسه‌ی فست کمپانی در زمره‌ی ۱۰ کتاب برتر کسب وکار در سال ۲۰۱۲ قرار دارد و مضمون آن پذیرش شکستها و مهندسی آنها در جهت کسب توفیق است.

در واقع با هر بار شکست می‌توانیم یکی از راههایی را که به موفقیت نمی‌انجامد کشف کنیم و این خود اتفاقی مبارک است. بنابراین به عنوان یک برند شخصی قدرتمند و با پرهیز از کمال‌گرایی بیهوده، پذیرای شکست باشید تا طعم پیروزی را بچشید.

تصمیم بگیرید که می‌خواهید دیگران شما را به چه عناوینی بشناسند.

خصیصه‌ها و ویژگیهایی را که شما را از همرنگ جماعت بودن متمایز می‌کند شناسایی کنید تا اینگونه هم خود بتوانید خویش را ارتقا دهید و هم اینکه اطرافیان بدون آنکه سردرگم شوند بدانند که باید روی کدام یک از ویژگیهایتان مانور دهند و آن را ترویج کنند. لذا وظیفه‌ی شما به عنوان یک برند شخصی این است که وجوه تمایز خود را شناسایی و تمرکز خود را روی آنها جلب کنید.

تلاش کنید تا بهترین عملکرد را در اجرایی ساختن نقاط قوت‌تان به نمایش گذارید.

به عضویت مجامع مختلف درآیید.

عضویت در مجامع آنلاین و یا آفلاین بویژه در حوزه‌های تحصصی مربوط به خود، کمک شایان توجهی به ایجاد شبکه‌ی روابط، دریافت پشتیبانی و الهام‌گیری و نیز یافتن مشتریان و مخاطبان مناسب می‌کند.

هفت روز هفته برای خود بازاریابی کنید

بازاریابی برای خود (self-marketing) از جمله قابلیتهای مهم در تأثیرگذاری و خودارتقایی است. بازاریابی فردی در گذشته چندان معنادار نبود، اما ورود به عصر تخصص‌گرایی موجب شد تا بازاریابی برای خود، وجهه‌ای قابل توجه کسب کند.

لازم است تا در این مسیر خلاقیتها و شایستگیهای ذاتی خود را باور و ایده‌های خود را عملیاتی کنید. روی برند شخصی‌تان از جوانب مختلف کار کنید و به انسانی شایسته تبدیل شوید تا مورد توجه قرار گیرید. صاحب سبک باشید. تمایز را پیشه‌ی خود سازید، ضمن آنکه می‌توانید در این مسیر از افراد موفق الهام بگیرید. مهارتهای کلامی و آراستگی ظاهری خود را حفظ کنید و با مخاطبان خود روابط حسنه‌ای را برقرار سازید. فراموش نکنید که یک بازاریاب خوب فردی است که در ابتدا شناختی درست از شایستگیها و نقاط قوت و ضعف خود داشته باشد. بازاریابی شخصی می‌تواند برداشت دیگران را نسبت به ما دستخوش تغییر کند. افراد بسیاری هستند که با وجود برقراری از استعدادها و توانمندیهای بارز و ایده‌های راهگشا تنها به دلیل عدم مهارت در بازاریابی برای خود نمی‌توانند آنچنان که باید خود را در کانون توجه قرار دهند.

رادار فرصت‌یاب خود را به کار بیندازید

گاه تصور می‌کنیم که هیچ فرصتی برای ما وجود ندارد، حال آنکه واقعیت

چیز دیگری است و هر کدام از ما فرصتهای نامحدودی در اختیار داریم، فرصتها بیشتر با چهره‌ای مبدل پیش چشم ما قرار می‌گیرند و در واقع به مصداق این گفته‌ی قدیمی است که می‌گوید: "به قدری درخت هست که جنگل را نمی‌بینیم"!

کافی است تا رادارهای ذهنی و فرصت‌یاب خود را روشن و هوشیار نگاه دارید. یافتن فرصتها و تبدیل آنها به منفعت موجب ارزش‌افزایی برای برند شخصی افراد می‌شود.

نشان دهید که اعتمادبه‌نفس دارید

بسیاری از فرصتها به دلیل فقدان اعتماد به نفس از دست می‌روند و نبود اعتماد به نفس کافی روی بسیاری از سطوح و جنبه‌های مختلف زندگی شخصی و سازمانی بویژه در هنگام تعامل با دیگران اثرگذار است. روابط بخش بسیار مهمی از زندگی افراد را تشکیل می‌دهد و ارتقای مهارتهای تعامل و مهارتهای اجتماعی از عناصر اساسی در تکنیکهای خودارتقایی به شمار می‌ورد.

نشان دادن داشتن اعتمادبه‌نفس از جمله راههای برون‌رفت از محدودیتهای خودساخته و راهی برای خروج از قلمروی آسایش و ورود به دنیای نوآوری و نواندیشی است. از این رو همواره به گونه‌ای وانمود کنید که گویی کاملاً به خود و شایستگیهای خود اعتماد دارید. اعتماد به نفس موجب می‌شود تا دیگران نیز به ما اعتماد کنند و برداشت مطلوبی از برندمان داشته باشند.

دانش خود را به اشتراک بگذارید

دانش منبع اصلی کسب مزایای رقابتی است و اشتراک آن موجب توسعه‌ی خلاقیت، یادگیری بیشتر و بهبود عملکرد فردی و سازمانی می‌شود. گفته‌ای

قدیمی با این مضمون وجود دارد که در میان گذاشتن دانسته‌های خود با دیگران و عدم احتکار آن تنها راه جاودانگی است و علاوه بر خودشکوفایی به تعمیق روابط می‌انجامد.

داستان خود را بگویید

به نظر شما اصلی‌ترین دلیل محبوبیت و شهرت افرادی نظیر استیو جابز چیست؟ آنها توانستند تا داستان خود را به زیبایی هر چه تمام روایت کنند و بر عمق برند خود بیفزایند. در واقع داستان‌گویی ابزاری قدرتمند در جهت تعامل و اقناع مخاطبان است؛ چرا که داستان‌ها موجب تقویت ذهنیات، احساسات، باورها و رفتارهای مخاطبان می‌شوند. داستان‌ها می‌توانند مفاهیم را گیرا و قابل درک سازند و توجه مخاطب را جلب کنند. بسیاری از افراد مشتاق شنیدن داستان زندگی پرفراز و نشیب دیگران هستند، پس از این فرصت بهره ببرید و روایت خود از زندگی شخصی و حرفه‌ای و تجارب ارزنده‌تان را با سایرین در میان گذارید.

گفتار سی‌ویکم

سه راهکار برای معماری برندهای شخصی

...گر به این نقطه رسیدی، به تو سر بسته و در پرده بگویم تا کسی نشنود این راز گهر بار جهان را:
آنچه گفتند و سرودند...
تو آنی!
خود تو جان جهانی
گر نهانی و عیانی
تو همانی که همه عمر به دنبال خودت نعره‌زنانی
تو ندانی که خود آن نقطه عشقی
تو خود اسرار نهانی
همه جا
....

برگرفته از آثار فریدون حلمی

هر فرد دارای برند شخصی منحصر به خود است که در نام، نشان و ویژگیهای ظاهری و دیگرخصوصیتهای همراه وی نظیر مهارتها و داشته‌های حرفه‌ای، مختصات شغلی، سبک تعامل، ظاهر، ویژگیهای شخصیتی، علائق، فعالیتها، دوستان، خانواده و... او تجلی می‌یابد. لذا برند شخصی افراد عبارت از ادراک ذهنی مخاطبان از ویژگیها، تجربیات و شایستگیهای یک

شخص است.

برند شخصی افراد تمامی ارتباطات و مناسبات آنها را تحت‌الشعاع قرار داده و نوع ادراک وتصور دیگران نسبت به آنها را شکل می‌دهد. منزلت، احترام، محبوبیت و شأن اجتماعی افراد، وابستگی تنگاتنگی با برند شخصی آنها دارد.

گفتنی است که می‌توان در خلال زمان و با تمهیداتی ، برند شخصی خود را مدیریت و معماری آن را مهندسی کرد. دیوید آکر، ناشر و مؤلف بالغ بر ۱۵ کتاب و ۱۰۰ مقاله در حوزه‌های مختلف برند، راهکاری سه جانبه برای تحت کنترل گرفتن و مدیریت بر برندهای شخصی ارائه می‌کند که در ادامه به آن می‌پردازیم. به یاد داشته باشیم که هر یک از ما هم‌اینک دارای یک برند هستیم و سایرین ما را با ویژگیهایی می‌شناسند. برندهای شخصی، عموماً با دو عامل تخصص و ویژگیهای رفتاری شکل می‌گیرند.

● قطب‌نمای ذهن خود را به کار بیندازید: برند شخصی ما نیاز به چشم‌اندازی راهبردی دارد و این چشم‌انداز می‌بایست آیینه‌ای تمام قد از چیزی باشد که قصد دست یافتن به آن را داریم.

شاید در نگاه نخست کمی عجیب بنماید، اما تنها عزم کردن و تصمیم به مدیریت برند، گاه می‌تواند نقطه عطفی در ایجاد تحولات آتی باشد. لذا عزم خود را برای ایجاد برندی پایدار و محبوب جزم کنید و چشم‌اندازی روشن برای خود ترسیم کنید.

البته لازم است تا در ابتدا به شناختی عمیق از خود و ویژگیهای شخصی‌مان دست یابیم. در این مرحله به سؤالاتی نظیر آنچه در پی می‌خوانید پاسخ دهید، تا به شناختی دقیق ازخود و چشم‌اندازتان دست یابید:

● تصور فعلی افراد از من چیست؟ مردم و اطرافیان چه برداشتی در

خصوص شخصیت، مهارتها، فعالیتها، و استعدادها و داشته‌های من دارند؟

● انتظار دیگران درخصوص استعدادها و انگیزه‌های من از چه قرار است؟

● دارایی‌ها و داشته‌هایم کدام است؟ مواردی مثل تحصیلات، ویژگیهای شخصیتی و مهارتها. در چه اموری استعداد دارم و عملکرد خوبی را به نمایش می‌گذارم؟ در چه مواردی علاقه‌مند هستم تا در خود بهبود ایجاد کنم؟

● برنامه‌هایم برای خود-ارتقایی یا تغییر در خود چیست؟ آیا برنامه‌ای برای مهارت‌آموزی، انجام کارهای جدید و یا به کار گرفتن مهارتهای فعلی خود دارم؟

● دوست دارم مردم من را به چه ویژگیهایی بشناسند؟ انگاره‌ی مطلوب من چه تفاوتی با واقعیت موجود دارد؟ این انگاره تا چه میزان رؤیایی و دست‌نیافتنی می‌نماید؟ آیا تصویر فعلی برند شخصی‌ام در ذهن مخاطبان، توانسته ویژگیهای منحصربه‌فرد من را به نمایش بگذارد و آیا دارای وجهه‌ی لازم است و یا لازم است دستخوش تغییر شود؟

باید گزینه‌های متعددی از وجوه مختلف یک برند شخصی را در چنته داشته باشیم تا بتوانیم در نهایت تصویری متمایز و شاخص از برند خود را به دیگران انتقال دهیم.

بنابراین اولین گام در معماری برندهای شخصی، شناسایی شایستگیهای درونی و ارتقای آن است. یک برند شخصی مطلوب، در بردارنده‌ی تمامی عناصر مطلوب فردی با کمی چاشنی بلندپروازی و جاه‌طلبی است. صادقانه به این سؤال پاسخ دهید که واقعاً دوست دارید وقتی دیگران شما را به خاطر می‌آورند، چگونه باشید و به چه ویژگیهایی شناخته شوید؟ کسالت‌آور، زیاده‌گو و غیرقابل اعتماد و یا برندی قدرتمند، هیجان‌آور، دوست‌داشتنی و تأثیرگذار و الهام‌بخش؟

ادراک ذهنی دیگران از ما وابسته به کوششها و سختکوشی ما و از آن مهمتر مرهون سبک مدیریت ما روی برند شخصی‌مان است. خویشتن را بشناسید و برای خود یک منشور برند از فهرست تواناییها و شایستگیها، تجارب، افتخارات و وجوه تمایزتان ایجاد کنید.

نقل قولهای دیگران بویژه افراد دلسوز از خود را جدی بگیرید، و آمیخته‌ی برند شخصی‌تان را به وجود آورید. این آمیخته متشکل از ۷C است که از سرواژگان زیر تشکیل یافته است:

- اولین C، همان شایستگیهای افراد است: (Competency).
- منظور از C دوم میزان تعهد افراد است: (Commitment).
- C سوم، نشانگر ویژگیهای شخصیتی و تیپ شخصیتی افراد است: (Character).
- C چهارم، میزان اعتماد‌به‌نفس و عزت نفس اشخاص را نشان می‌دهد: (confidence)
- C پنجم، نشان‌دهنده‌ی ثبات قدم افراد است: (consistency).
- C ششم، خلاقیت افراد است: (Creativity).
- و بالاخره C هفتم، شهامت آنها را نشان می‌دهد: (Courage).

به این فهرست می‌توان موارد دیگری از جمله شفافیت (clarity)، و میزان در ارتباط بودن و یا در دید بودن (connectedness) را نیز افزود.

- **یک برند چابک و انعطاف‌پذیر داشته باشید:** به یاد داشته باشیم که برند یک شخص نمی‌تواند در همه‌ی جنبه‌ها و زمینه‌ها مؤثر و نافذ باشد. از این رو در هر موقعیتی بسته به مختصات و شرایط موجود، می‌بایست به انجام تغییرات لازم در برند شخصی خود اقدام کرد، و در این مسیر افراد می‌بایست از هوش تدبیری خود بهره ببرند.

گاه شرایط متفاوت، وجود برندهای متفاوت را ایجاب می‌کند. بویژه

آنکه یک فرد در طول حیات خود هم به یک برند حرفه‌ای و هم یک برند شخصی نیازمند خواهد بود، و وجود توازن میان این دو برند، از ارکان مدیریت بر برند شخصی به شمار می‌رود. برندهای حرفه‌ای بویژه می‌بایست از قدرت انعطاف‌پذیری بالایی برخوردار باشند و بسته به مخاطب شکل بگیرند، برای مثال، تعامل با مافوق‌ها و یا افراد زیردست، ساز و کارهای مخصوص به خود را دارا است و برخورد حرفه‌ای در این دو شرایط متفاوت خواهد بود.

مسأله اینجا است که چگونه می‌توان توازنی منطقی میان برند شخصی و برند حرفه‌ای به وجود آورد و از این توازن سود برد. پاسخ این است که می‌بایست برخی ویژگی‌های اساسی و منحصربه‌فرد اشخاص، نقش فصل مشترک را در میان برند شخصی و حرفه‌ای این افراد بازی کنند.

در واقع، سازگارپذیری کلید ایجاد تعادل و توازن در میان عناصر مختلف برندهای شخصی است. سازگارپذیری در مفهوم‌ساده‌ی خود به معنای پررنگ کردن بخشی از جنبه‌های مشترک در شرایط خاص است. برای مثال، در مواجهه با دوستان، می‌توان قوه‌ی طنز بیشتری را از برند شخصی خود به نمایش گذاشت. و در مواجهه با خانواده باید بیشتر بر جنبه‌های احساسی روابط تأکید کرد.

در مورد برندهای شخصی- حرفه‌ای نیز بسته به مخاطب می‌بایست روی برخی شایستگی‌ها و استعدادهای حرفه‌ای مانور بیشتری داد . یا برای مثال در مواجهه با افراد زیردست خود می‌توان جنبه‌ای دلسوزانه، مربی‌گونه و قاطع از خود را به نمایش گذاشت. به قول شاعر تدبیر و عقل و هوش نشاید به کوی دوست، لذا بسته به شرایط و موقعیت عمل کنید و هوش راهبردی خود را به منظور توانایی سازگارپذیری با شرایط دائماً متغیر به کار ببندید. بنجامین فرانکلین می‌گوید، "زمانی که دست از تغییر بکشیم، آن وقت است که غزال خداحافظی را خوانده‌ایم." این عبارت بیانگر اهمیت

فراوان سازگارپذیری است.

لذا گام برداشتن در مسیری ثابت در مغایرت با هوشمندی قرار دارد، چرا که تمام نشانه‌های رقابتی در دنیای امروز ، ما را به سازگاری با شرایط متغییر فرا می‌خوانند.

• **برند خود را به نمایش بگذارید:** برنامه‌ای جامع برای جامه‌ی عمل پوشاندن به تحقق برندی مطلوب در ذهن مخاطبان خود تدوین کنید و دراین مسیر، الگو برداری آگاهانه کنید و از رصد کردن بازار و واکنش مخاطبان غافل نشوید.

چگونه می‌توان برند خود را به سایرین انتقال داد؟

یکی از روشهای مناسب و پیشنهادی دیوید آکر، برای دریافت ایده‌های ناب این است که در هر کاری به کاردان آن مراجعه کنیم، به این معنا که شخصیتها و سازمانهای الگو را یافته و آگاهانه مسیر آنها را در پیش بگیریم.

به پاسخ این سؤال بیندیشید که چه فرد یا افرادی در درون یا بیرون شبکه‌ی روابط اجتماعی‌تان توانسته با سربلندی به برندی دست یابد که همواره آرزوی آن را به دل داشته‌اید؟

این فرد چگونه توانسته به این نقطه دست یابد؟ آیا می‌توان از این الگو، مواردی را بیاموزیم؟ بنابراین همواره رفتار انسانهای موفق و شایسته را رصد کنید، تا بتوانید برنامه‌های عملیاتی خود را حول راهکارهای این افراد و البته با درنظر گرفتن شرایط منحصربه‌فرد خود تدوین و اجرا نمایید.

یک برند شخصی آیینه‌ای تمام‌نما ازکرده‌ها، داشته‌ها، نداشته‌ها و ماهیت و خصوصیات افراد است، بنابراین از اهمیت فراوانی در روابط اجتماعی و حرفه‌ای برخوردار است. هر چند که می‌توان بر برند شخصی خود مدیریت و کنترل داشت، اما به راستی مدیریت بر خویشتن دشوارترین و

درعین حال ارزش‌آفرین‌ترین نوع مدیریت به شمار می‌رود؛ لذا نیازمند ممارست و کوششهای بسیار است. در یک سازمان، فرهنگ و ارزشهای آن سازمان می‌تواند به عنوان راهنما و نقشه‌ی راه ایجاد برندهای شخصی مورد استفاده قرار گیرد.

مواردی را در خود، که موجب جلب توجه مثبت دیگران می‌شود فهرست کنید و شخصیتی از خویش خلق کنید که خود و دیگران به آن افتخار می‌کنید، تا اینگونه شخصی تأثیرگذار را تداعی کنید. به خاطر بسپاریم که در دنیای پرهیاهوی کنونی، کسی به صدای ما گوش نخواهد داد، مگر آنکه ما خود صدایمان را به‌گوش دیگران برسانیم.

گفتار سی‌ودوم

برند برتر یعنی گاو پیشانی بنفش باشیم

پیشینیان، ما را به همرنگی و پیروی کورکورانه سفارش می‌کردند و از کودکی در گوشمان می‌خواندند که: "خواهی نشوی رسوا همرنگ جماعت شو"!

آیا تا به حال به این فکر کرده‌اید که انسانها در تقلید بیش از دیگر مسائل از یکدیگر سبقت می‌گیرند؟ اما توصیه‌ی پیشتازان این است که به جای آنکه مسافری بر قطار دیگران باشید، قطار خود را برانید. تقلید کورکورانه نشانه‌ی آشکار زوال اندیشه است. تقلید به دور از آگاهی، از عوامل اصلی رخوت در عمل و ایستایی و نیز عامل کورکننده‌ی جوشش فکری است. پس: خواهی که شوی رسوا همرنگ جماعت شو!

ست گودین شخصی متفکر و در عین حال عجیب در دنیای بازاریابی است، او را می‌توان از اصلی‌ترین پیشوایان این شعار دانست. کتاب گاو بنفش (The Purple Cow) به قلم او، از جمله تأثیرگذارترین و نوآورترین کتابها در حوزه‌ی کسب‌وکار و خلاقیت است. او در این کتاب اشاره می‌کند که بازاریابان مهمترین پی (P) موجود در آمیخته ی بازاریابی را

فراموش کرده‌اند و آن همان گاو بنفش (Purple cow) است. گاو بنفش منحصربه‌فرد و چشمگیر است و ارزش دارد که در مورد آن حرف زده شود. برای مثال چند سال قبل شرکتی در نیویورک تصمیم گرفت که به صنعت تولید جوراب وارد شود. همان‌طور که می‌دانیم، جوراب به ظاهر جنبه‌ی جالب توجهی ندارد و شاید در نگاه اول نتوان پول زیادی از آن به دست آورد. اما این شرکت دست به ایده‌ای جالب توجه زد و ۱۳۳ مدل جورابهای لنگه‌به‌لنگه تولید کرد. این ایده به قدری ناب بود که همه حرف آن را می‌زدند و به قول معروف نقل محافل شده بود. در واقع این شرکت یک پی (P) دیگر را به آمیزه‌ی بازاریابی خود اضافه کرده بود، و آن گاو بنفش بود. این شرکت کوچک سالانه بیش از ۴۰ میلیون دلار درآمد دارد، آن هم به این خاطر که محصولی تولید کرده که مردم تمایل دارند راجع به آن صحبت کنند (فیلم سخنرانی ست گودین را از انتشارات بازاریابی بخواهید؛ به زبان انگلیسی با زیرنویس فارسی).

بازاریابی چشمگیر و چشمگیر شدن، هنری است که از طریق آن بتوانیم چیزهایی را در ارتباط با محصولات و خدمات، شایسته‌ی توجه سازیم. گاو بنفش بودن روش مؤثری برای درخشش در میان عموم مردم است، اما چندان هم ساده نیست. چرا که گاو بنفش نادر است و برای گاو بنفش بودن باید دل را به دریا زد، چرا که اگر شما چشمگیر باشید ممکن است عده‌ای شما را نپذیرند. اما کار بی‌خطر یعنی سازگاری و همرنگ جماعت شدن، اما در یک بازار شلوغ شبیه به دیگران بودن به معنی شکست است.

چگونه در کسب‌وکار خود گاو بنفش شویم؟

● برای اجرای استراتژی گاو بنفش باید دنباله‌روی رهبری توانمند بود. درست مانند پرنده‌ی خط‌شکن که در جلوی دسته‌ی پرندگان پرواز می‌کند. رهبر مقاومت هوا را می‌شکند، به همین دلیل پرندگان بعدی می‌توانند

مؤثرتر و منظم‌تر پرواز کنند.

● همواره عطسه‌کنندگان موجود در گروه مخاطبان خود را شناسایی کنید؛ عطسه‌کنندگان کسانی هستند که با کمال میل به پخش و پراکندن ایده‌های شما می‌پردازند. به آنها اعتبار دهید و ابزار مورد نیاز برای انتشار ایده‌هایتان را در اختیارشان بگذارید.

● برای پیروز شدن حتما شکست بخورید؛ چرا که برای موفق شدن ۴ عامل مهم است: عقل، قوه‌ی تخیل، اعتمادبه‌نفس، و شکست.

● چنانچه در پی گاو بنفش هستید، کنج عافیت را رها سازید، رسوایی را به جان بخرید و خود را برای یک نقد جدی آماده کنید. مردمان کسب‌وکار می‌دانند که دیکته‌ی نوشته نشده، بیست است و انتقاد کسانی را نشانه می‌رود که در جستجوی برتری هستند. آنان انتقاد از کارشان را به معنای نقد از خود و زیر سؤال بردن شخصیتشان نمی‌گذارند.

شما برای ساختن گاو بنفش نیاز به هیجان و خلاقیت زیاد ندارید. چیزی که لازم دارید درک این است که انتخاب دیگری ندارید بجز توسعه‌ی کسب‌وکار و یا آغاز یک محصول جدید با تفکر گاو بنفش.

شما می‌توانید با بهره‌گیری از تکنیکهای مدیریتی، تکنولوژیهای جدید، بهبود ورودیها و راههای برتر تأمین نیازهای مشتریان، از رقبای پیشتاز صنعت خودتان کپی‌برداری کنید، اما این کار را هر چه بیشتر انجام دهید به بازار اثبات کرده‌اید که آنها از شما جلوتر هستند و شما حداکثر یک دنباله‌روی خوب هستید.

همچنین این کار سبب می‌شود که هرچه بیشتر به رقبایتان شبیه شوید و استراتژیهایتان به آنها نزدیک شود، و رقابت به مسابقه‌ای تبدیل شود که هیچ برنده‌ای ندارد. این نوع رقابت منجر به نبردهای فرمایشی می‌شود که تنها از طریق محدود کردن رقابت نظیر خرید یک رقیب به‌وسیله‌ی دیگری خاتمه یابد.

یادمان باشد جوهر و ماهیت استراتژی، انتخاب فعالیت متفاوت نسبت به رقبا یا انجام فعالیتهای مشابه به روش متفاوت است. سازمانها تنها در صورتی می‌توانند عملکردی بهتر نسبت به رقبای خود داشته باشند که وجه تمایز مشخصی را توسعه داده و آن را حفظ کنند.

اگر می‌خواهید دنباله‌رو نباشید پس استراتژی گاو بنفش را به کار ببندید.

گفتار سی‌وسوم

چگونه با کارت ویزیت خود بازاریابی کنیم؟

کارتهای ویزیت ابزاری برای معرفی اجمالی اشخاص و برندها (اعم از برندهای شخصی و یا سازمانی) و نیز نمایش راههای چگونگی تماس آنها با ما است.

کارت ویزیت از زمان تجار چینی در قرن پانزدهم رواج یافت و بعدها نجیب‌زادگان قاره‌ی سبز به شکلی امروزی‌تر آن را به کار گرفتند. اصیل‌زادگان و اشراف اروپا برای درخواست ملاقات با یکدیگر، برای هم تکه کاغذی منقوش به نام و نشان خود ارسال می‌کردند و دریافت متقابل این کارت از طرف مقابل نشان از پذیرش درخواست ملاقات داشت.

امروزه کارتهای ویزیت کاربردهای بسیاری در معرفی و ترویج برندها و کسب‌وکارهای گوناگون یافته‌اند. البته کاربرد کارتهای ویزیت متفاوت از بروشورهای تبلیغاتی است و جنبه‌ای آرشیوی دارد و اطلاعات را به صورت مختصر و به ساده‌ترین شکل ممکن در اختیار مخاطب قرار می‌دهد. بنابراین یک کارت ویزیت نمی‌بایست بیننده را با اطلاعات زاید گمراه کند.

رعایت اصل سادگی مهمترین ویژگی یک کارت ویزیت مناسب است، چرا که کارتهای ویزیت نمودی از برند ما هستند. کارتهای ویزیت به عنوان یکی از ماندگارترین روشهای تبلیغات چاپی به شمار می‌روند و به‌طور غیرمستقیم و یا مستقیم برای برند ما بازاریابی می‌کنند.

حال چگونه می‌توان یک کارت ویزیت به یادماندنی طراحی کرد، ابزاری که بتواند به بهترین نحو ممکن برای ما بازاریابی کند؟ نکات زیر می‌تواند به ما در طراحی و یا سفارش یک کارت ویزیت تجاری مناسب کمک کند.

ابتدا کسب‌وکار خود را بشناسیم

کارت ویزیت ما نشانگر شخصیت حرفه‌ای مان است، بدین‌رو ضروری است تا در قدم اول به شناختی دقیق از کسب‌وکار و مخاطبان خود دست یابیم و بعد کارت خود را طراحی کنیم.

کارت ویزیت می‌بایست آیینه‌ی تمام‌نمای سازمان و یا برند ما باشد و شمایی کلی از آن را به نمایش بگذارد.

کلیدواژگان هویت بصری سازمان؛ نشان سازمانی، رنگ سازمانی و هویت یکپارچه‌ی سازمانی را در طراحی خود دخیل کنیم

فضایی را که کارتهای ویزیت در اختیار ما می‌گذارند محدود است، بنابراین ضروری است تا بهترین بهره را از کمترین فضا ببریم. تنها تصویر مناسب برای کارت ویزیت، تصویر لوگو و نشان ما است و نیازی به پر کردن فضا با تصاویر مختلف نیست.

نشان برند ما باید به گونه‌ای طراحی شود که در صورت کوچک شدن خوانایی و دید لازم را داشته باشد. از این رو همواره از افراد حرفه‌ای و گرافیستها کمک بگیرید، چنانچه طراح مربوطه اندکی سررشته از کسب‌وکار

ما نیز داشته باشد به طراحی مناسب‌تری خواهیم رسید.

دیگر عنصر بصری مهم در طراحی کارت‌های ویزیت رنگ است. رنگ‌ها نقش بسیار مهمی در یک طرح گرافیک ایفا می‌کنند. به عقیده‌ی لوشر که خود از جمله رنگ‌شناسان مطرح در دنیا بوده و مبدع تست تشخیص بر اساس رنگ‌ها است (این تست معیاری برای تشخیص حالات روانی افراد در حین تعامل با رنگ‌ها است)، "رنگ‌ها قدرت آن را دارند که حال روانی و جسمی افراد را کاملاً دگرگون کنند. برای مثال جالب است که رنگ‌های گرم باعث افزایش ضربان قلب و افزایش سطح انرژی می‌شوند، به همین دلیل بسیاری از برندهای جوان‌پسند از طیف رنگ‌های گرم و پرانرژی برای سازمان خود بهره می‌برند." یا برای نمونه رنگ نارنجی نمایانگر نشاط، سرزندگی، و خوش‌خلقی است و فضای بسیار گرم و صمیمانه‌ای ایجاد می‌کند. استفاده از رنگ نارنجی در محیط همچون تنفس اکسیژن، فرح‌بخش و حیات‌بخش است. نارنجی شور و نشاط را به زندگی و برند ما تزریق می‌کند و نمایانگر چشم‌انداز روشن مدیران برای سازمان است.

رنگ سازمانی می‌بایست متناسب با چشم‌انداز، اهداف، و مخاطبان سازمان انتخاب شود. رنگ به ما کمک می‌کند که به یک هویت سازمانی مشترک دست یابیم و در واقع چاشنی هویت سازمانی محسوب می‌شود. معانی که هر رنگ در پس خود دارد گویای ویژگی خاصی از همان رنگ است. رنگ از عناصر بصری بسیار تأثیرگذار است و اهمیت آن در طراحی هویت بصری سازمان، بسیاری از برندهای مطرح را وامی‌دارد تا در انتخاب رنگ سازمانی خود از کمک رنگ‌شناسان و متخصصان حوزه‌ی روانشناسی رنگ بهره ببرند. مصرف‌کنندگان در طول فرایند خرید خود، تحت تأثیر عوامل بصری و هیجانی بسیاری از جمله رنگ‌ها دست به انتخاب می‌زنند، ضمن آنکه بهره‌مندی از هویت یکپارچه‌ی بصری و انتخاب و به‌کارگیری هدفمند رنگ سازمانی موجب می‌شود که تمامی فعالیت‌ها و اقدامات تبلیغاتی

و اطلاعاتی برند به طور یکپارچه در ذهن مخاطب جای گیرد. تأکید می‌شود که رنگ کارت ویزیت متناسب با رنگ سازمانی‌تان باشد تا در هویت بصری نزد مخاطب توفیق بیشتری داشته باشید.

تنها اطلاعات ضروری را بیاوریم

همان‌گونه که بیان شد کارتهای ویزیت فضای کوچکی را در اختیار ما قرار می‌دهند، از این رو می‌بایست مرتبط‌ترین اطلاعات را در آن بیاوریم.

فراموش نکنیم که کارت ویزیت نماینده‌ی تام‌الاختیار برند ما است. از این رو تنها کافی است که اطلاعات زیر را در کارت خود بیاوریم:

- نام
- سمت
- اطلاعات تماس
- وب‌سایت
- لوگوی سازمان

از فونتهای ساده، حرفه‌ای و تجاری استفاده کنیم

فونتهای فانتزی پیشنهاد مناسبی برای کارتهای ویزیت نیستند. بنابراین خلاقیت تصویری خود را در جایی غیر از قلم نوشتاری کارت ویزیت به کار بندید. فونتها می‌بایست به سادگی هر چه تمام، حرفه‌ای بودن ما را به نمایش بگذارند.

فضاهای خالی را افزایش دهیم

فضاهای خالی بار مثبتی بر ذهن مخاطب دارند و موجب هر چه جذابتر شدن کارت ویزیت ما می‌شوند. این فضاها موجب می‌شوند که بخشهای مهم کارت جلوه‌ی بیشتری بیابند. هر چه بیشتر فضای کارت ویزیت خود

را پر کنیم، مخاطبان کمتری زحمت دیدن آن را به خود خواهند داد.

قسمت پشت کارت ویزیت خود را فراموش نکنیم

کارکرد قسمت رویی کارت این است که به مخاطبان بگوییم که ما که هستیم، چه می‌کنیم، و چگونه می‌توان با ما در تماس بود.

مشکل اساسی گریبانگیر برخی کارتهای ویزیت این است که دیر یا زود روانه‌ی سطل زباله می‌شوند. چگونه می‌توان جلوی این اتفاق را گرفت؟ همواره دلیلی محکم به مشتری بدهید که کارت شما را نگه دارد. برای مثال اگر فروشنده‌ی موادغذایی هستید، می‌توانید یک جدول کالری شمار را در پشت کارت خود قرار دهید و یا اگر فروشنده‌ی سیستمهای امنیتی هستید می‌توانید شماره تماسهای ضروری را درج کنید. مشتریان به اطلاعات ارزشمند احترام می‌گذارند و آن را لایق سطل زباله نمی‌دانند.

البته این توصیه برای مدیران بنگاههای اقتصادی مناسب نیست بلکه، آنها بهتر است در یک سوی کارت از زبان فارسی و در سوی دیگر همان موارد را به زبان انگلیسی بیاورند.

در هنگام تحویل کارت ویزیت به طرف مقابل از هر دو دست استفاده کنیم که ادب و احترام بیشتری را به ایشان منتقل می‌سازد.

کارت ویزیت طرف مقابل را هم با دو دست بگیریم و با احترام آن را پس از مطالعه در جیب کت یا پیراهن قرار دهیم. چرا که جای کارت کسی که سبب ادامه جریان کسب‌وکار ما می‌شود روی قلب ما است.

خانمها نیز می‌توانند از آلبوم مخصوص کارت ویزیت یا جاکارتی‌های شکیل که در بازار موجود است استفاده کنند.

فصل پنجم

▼

کارآفرینی
و ارتقای مهارتهای شخصی

گفتار سی‌وچهارم

جعبه ابزار کارآفرینی؛ آیا تفکر کارآفرینی داریم؟

دوست دانشمندم جناب آقای دکتر محمدعلی مهدوی در مقدمه‌ای که برای ترجمه‌ی کتاب عصرآفرینان نوشته‌اند، شاخصهای مهم کارآفرینها را با الهام از مطالب نویسندگان کتاب، آنتونی جی. مایو و نیستین نوریا چنین برداشت کرده‌اند: تحول الگوهای تولید و خدمات، ایجاد روشها و منابع جدید، سازماندهی مجدد صنایع، گسترش کسب‌وکارهای موجود، هماهنگی برای استفاده‌ی بهینه از منابع و بهره‌برداری از فرصتهای رشد.

اما شاخصهای مدیریت عبارتند از: استخراج ارزشها، ساخت استانداردها، سازماندهی، ساختاردهی، شکل دهنده‌ی زیرساختها،ایجاد کسب‌وکارها، نظام بخشیدن به منابع و شناسایی فرصتهای جدید.

و نهایتاً شاخصهای رهبری عبارتند از: هدایت آینده، درک صحیح چشم‌انداز و استخراج فرصتها از آن، تعهد به تغییر، فرهنگ‌ساز و استراتژیست، طراح و معمار، دمیدن جان تازه به کالبد فعالیتها، قهرمان‌پرور، متخصص تشخیص پتانسیلها و استعدادهای نهفته.

کتاب عصرآفرینان پژوهشی صد ساله در مورد بزرگان کسب‌وکار قرن

بیستم است. نمی‌دانم چگونه اهمیت این کتاب را بیان کنم فقط تقاضا می‌کنم وقت بگذارید و این کتاب ارزشمند را که دوست خوبم ناجیان عزیز، مدیر توانمند انتشارات رسا منتشر کرده، با ترجمه‌ی روان مهندس امیر توفیقی بخوانید. اما این گفتار در ادامه‌ی ویژگیهای کارآفرینان برای این است که خودمان را از نظر کارآفرینی مورد ارزیابی قرار دهیم.

بسیاری از افراد علاقه‌مند هستند تا سبک فکری کارآفرینان را در زندگی شخصی و شغلی خود جاری کنند، اما ملزومات تفکر کارآفرینی چیست و اصولاً این فلسفه‌ی اندیشه چه شاخصه‌هایی دارد؟

شاید آزمون کوتاهی که در پی تقدیم می‌شود، بتواند به ما در ارزیابی قابلیتهای خود در زمینه‌ی کارآفرینی کمک کند.

سؤالاتی که باید از خود بپرسیم:

- آیا تا به حال در کسب‌وکاری مشابه آنچه که قصد راه‌اندازیش را دارید فعالیت کرده‌اید؟
- آیا افرادی که می‌شناسید، شما را مناسب آنکه خویش‌فرماشدن می‌دانند؟
- آیا از جانب دوستان و اعضای تیم خود برای محقق ساختن ایده‌هایتان پشتیبانی می‌شوید؟
- آیا تاکنون در مورد شروع و یا اداره‌ی یک کسب‌وکار، دوره‌ی آموزشی یا سمیناری گذرانده‌اید؟
- آیا ایده‌ی کاری، برنامه‌ی کسب‌وکار یا طرح پیشنهادی خود را با یک مشاور زبده در میان گذاشته‌اید؟
- آیا دوست، خویشاوند، و یا معتمدی دارید که از جنس کارآفرینان باشد؟

ارزیابی ویژگیهای شخصیتی:

هر چه پاسخهای موافق شما به این سؤالات بیشتر باشد، آمادگی ذهنی بیشتری در زمینه‌ی کارآفرینی دارید:

- آیا خود-ترویج و خود-ترقی هستید؟
- آیا خود-آغازگر هستید؟
- آیا می‌توانید بخوبی امور را برنامه‌ریزی و ساماندهی کنید؟
- آیا می‌توانید فشارها و تنشهای وارده را مدیریت کنید؟
- آیا ریسک‌پذیر هستید؟
- آیا از نظر جسمانی از توان قابل قبول و تندرستی برخوردارید؟
- آیا می‌توانید با شخصیتهای ناهمنوا و متضاد با خود تعامل کنید؟
- آیا نسبت به محصول یا خدمتی که قصد عرضه دارید اشتیاق دارید؟
- آیا نیروی محرکه و انگیزه‌ی کافی دارید؟
- آیا از چالشها و شکستها استقبال می‌کنید؟
- آیا رقابت‌پذیر هستید؟
- آیا خوشبین هستید؟
- آیا می‌توانید بر انتقادات وارده مدیریت کنید؟
- آیا صبور هستید؟
- آیا قاطعید؟
- آیا قادرید میان خود، خانواده و کسب‌وکارتان توازن برقرار کنید، و آیا تأثیر کسب‌وکارتان را بر خانواده‌تان می‌دانید؟

فصل مشترکهای کارآفرینان

کارآفرینان دارای نقاط مشترک بسیاری هستند؛ چرا که اصولاً سبک فکری آنها تا حدودی مشابه یکدیگر است. این نقاط مشترک عبارتند از:

- صبر و استقامت
- میل به دریافت سریع بازخورد
- کنجکاوی
- انگیزه‌ی بسیار برای موفقیت

- سطح انرژی بالا
- رفتار و کردار هدف محور
- مستقل
- مُصر
- دارای اعتماد به نفس
- حساب‌شده ریسک می‌کنند
- خلاق
- نوآور
- دارای چشم‌انداز
- متعهد
- دارای مهارتهای حل مسأله
- تحمل ابهام
- یکپارچگی و انسجام مستحکم
- بسیار قابل اعتماد
- قریحه و ابتکار عمل شخصی
- قابلیت یکپارچه‌سازی منابع
- مهارت سازماندهی و مدیریت
- رقابت‌پذیر
- عامل تغییر
- بردبار در مقابل شکست
- سختکوش
- کمی خوش اقبال

گفتار سی‌وپنجم

چگونه کارآفرین بهتری باشیم؟

کارآفرینی به معنای فرایند متعهدانه و با پذیرش ریسک خلق ارزش و تولید ثروت است. کارآفرینان افرادی هستند ریسک‌پذیر و دارای تفکر خلاق که قادرند یک ایده را به پدیده‌ای اقتصادی تبدیل کنند. نگاه کارآفرینانه موجب می‌شود که افراد فرصتها را درک کنند و درصدد رفع خلاهای موجود برآیند.

نگاه پویا، فرصت‌یاب و جویش‌گر کارآفرینان زاییده‌ی خلاقیت و بازارگردی و ایجاد شبکه‌ای از روابط است.

آنها افرادی خوداتکا، مستقل، دارای شم فرصت‌یابی و شکار لحظه‌ها، هدف‌محور، توانمند در زمینه‌ی تشخیص اولویتها و شکافها، خوشبین، بردبار، ریسک‌پذیر و باانگیزه و بیباک از شکست، خودکنترل و پربازده هستند و نیاز به پیشرفت و کمال و تعالی در آنها موج می‌زند. نگاه کارآفرینی را می‌توان آموخت. در ادامه‌ی مطلب به برخی از مهمترین درس‌گفتارهای کارآفرینان کهنه‌کار اشاره می‌شود و تجارب آموزنده‌ی آنها مورد بررسی قرار می‌گیرد.

تیم وسترگرن:
"از ریسک سعی نکردن و غبطه به حال نداشته‌ها پرهیز کنیم"

تیموتی بروکز وسترگرن امروز در آستانه‌ی پنجاه سالگی قرار دارد. وی دارای مدرک علوم سیاسی از دانشگاه استنفورد است و پس از فراغت از تحصیل به مدت ۲۰ سال به عنوان آهنگساز مشغول به کار بود تا آنکه تجارتی میلیونی در زمینه‌ی رسانه‌های سرگرمی و موسیقی را به وجود آورد. گروه وسترگرن یک الگوریتم ریاضی به نام پروژه‌ی ژنوم موسیقی را به بازار عرضه کردند. این الگوریتم قادر بود تا با نمونه‌برداری، ذائقه‌ی موسیقایی افراد را پیش‌بینی کند و سلیقه‌ی افراد در موسیقی را کشف کند. وسترگرن عمده‌ی زمان در اختیار خود را صرف بازارگردی و سفر به اقصی نقاط آمریکا کرد تا بتواند بازخوردها و نظرات شنوندگان رادیو پاندورا را دریافت کند. وی به همین دلیل در سال ۲۰۱۰ به انتخاب مجله‌ی تایم در میان ۱۰۰ شخص اثرگذار جهان جای گرفت.

از نظر وسترگرن به جای افسوس برای نداشته‌ها باید از داشته‌ها نهایت بهره‌برداری را کرد و به دنبال علائق خود بود. وقتی ما کاری می‌کنیم که به آن اشتیاق داریم، به ثروت هم دست خواهیم یافت و البته پولدار شدن فرایند مخاطره‌آمیزی است.

"وقتی ایده‌ای به ذهنتان خطور کرد، بی توجه از کنارش رد نشوید. با جدیت، زمانی را صرف پرداختن به این ایده‌ها کنید. و اگر ندای درونتان در گوشتان نجوا کرد که این ایده‌ها بکر و فوری هستند، حتماً پیگیر به ثمر نشاندن آنها باشید. کارآفرینی در ذات همه‌ی ما وجود دارد و یک اشتیاق درونی است. بیشتر ما به گونه‌ای تربیت شدیم که آزموده‌ها را بیازماییم. حال آنکه آزموده را آزمودن خطا است و بسیاری از فرصتها در مسیرهای ناپیموده نهفته‌اند.

بهتر است به جای آنکه ریسک سعی کردن را از خود دور کنید، در

عوض از ریسک سعی نکردن دوری کنید.

جیمی ویلز:

"در جوانی خردمندانه خرج کنید تا بتوانید به استقلال مالی مورد نظر برای دست یافتن به آمال و آرزوهایتان برسید"

جیمی ویلز، ۴۷ ساله از بنیانگذاران دانشنامه‌ی آزاد ویکی‌پدیا است. او پیرامون رسالت ویکی‌پدیا جمله‌ای درخور تحسین دارد، ولز می‌گوید: "دنیایی را تصور کنید که ساکنان آن به تمام دانش بشری دسترسی داشته باشند. تلاش ما در ویکی‌پدیا ساختن چنین دنیایی است". او فردی مصمم و قاطع است تا جایی که خود را شاه مشروطه می‌نامد، فردی همانند ملکه‌ی انگلیس که هرگاه اجماع به توافق نرسد از او خواهش می‌شود تا تصمیم‌گیری کند.

او یک توصیه به جوانان دارد، آن هم اینکه در سنین جوانی با تفکر راهبردی و به کار بردن خِرد، پول خرج کنیم تا بتوانیم در آینده به رؤیاهای خود جامه‌ی عمل بپوشانیم.

"تصور می‌کنم که یکی از نکاتی که نسل جوان باید به آن واقف باشد این است که حالا در سنی قرار دارد که می‌تواند برای زندگی خود دست به انتخاب بزند، انتخاب‌هایی که می‌توانند مخارج او را تحت کنترل قرار دهند. این گامی اساسی در دستیابی به استقلال مالی و به تبع آن دست یافتن به اهداف زندگی است. خواه آرزویتان پیشرفت مالی یا چیزی مثل کارآفرین شدن باشد و خواه رؤیاهای بزرگتری در سر داشته باشید، هر چه کمتر خرج کنید زودتر به این رؤیاها خواهید رسید. مدیریت مالی قواعد خاص خود را دارد. اما یکی از مهمترین قوانین آن این است که هیچ‌گاه بابت خرید اقلام تجملاتی زیر بار بدهی نروید. اما برای سرمایه‌گذاری می‌توانید قرض کنید."

بیل ردی:

"اطراف خود را با آدمهای بزرگ پر کنید و در دنبال کردن ایده‌های سنت‌شکن و نوآورانه ترسی به دل راه ندهید"

بیل ردی مدیرعامل شرکت برین تری از ارائه‌دهندگان مطرح خدمات پرداخت همراه و کسب‌وکارهای مبتنی بر خدمات تلفن همراه است. توصیه‌ی او را در پی می‌خوانیم:

"دو چیز اساسی بود که دوست داشتم در کوران جوانی و در ۲۱ سالگی بدانم. وقتی که به‌عنوان یک مهندس تازه‌کار ۱۹ ساله باد در غبغب می‌انداختم، فکر می‌کردم که علامه‌ی دهر باشم. بنابراین به تجربه‌ی کسانی که چند پیراهنی از من بیشتر پاره کرده بودند توجه خاصی نداشتم. حال آنکه امروز می‌دانم که همه چیز را همگان دانند.

پس پازل ناتمام خود را با انسانهای بزرگ و مجرب تکمیل کنید و از تجربه‌ی مشاوران و مربیان دلسوز درس بگیرید. دومین توصیه‌ی من به جوانان این است که ترس به دل راه ندهند و با شجاعت ایده‌های تحول‌گرایانه را دنبال کنند و به واسطه‌ی شکست و زمین خوردن دست از کار نکشند؛ چرا که شکست اساس پیروزی است و طعم شیرین پیروزی بدون طعم تلخ شکست خوشایند نخواهد بود. از اینکه با رقبای به ظاهر گردن کلفت و تسخیرناپذیر دست و پنجه نرم کنید نهراسید و بر دوش این غولها سوار شوید تا حتی سر و گردنی از آنها بالاتر باشید."

الکساندر لیونگ:

"به قدرت سادگی ایمان بیاورید"

لیونگ از دیگر کارآفرینان برجسته در عرصه‌ی صنعت موسیقی و سرگرمی است.

او بیش از هر چیزی به اهمیت سادگی در دنیای پرتکلف و پیچیده‌ی

کنونی تأکید می‌ورزد:

"در سالهای اخیر بویژه در وقت تصمیم‌گیری جمله‌ای معروف از شاعری معروف به نام تی سی الیوت را بسیار با خود مرور می‌کنم: "اگر زمان بیشتری داشتم، نامه‌های کوتاه‌تری می‌نوشتم"؛ به دوستان جوان خود یادآور می‌شوم که خلق سادگی و یا ساده‌سازی مفاهیم پیچیده، انرژی جسمی و روحی بسیاری را می‌طلبد. اما در نهایت تجربه‌ای خوشایند برای مشتری و یا مخاطب بر جای می‌گذارد. مقصود از سادگی این نیست که مفاهیم ساده شده در بار اول و بدون هیچ اندیشه‌ای درک شوند بلکه، منظور خلق بهترین و درخورترین تجربه‌ها است."

اسکات ویس:
"مهره‌های خود را از میان افراد بزرگ و مدبر انتخاب کنید"

اسکات ویس تأکید فراوانی بر اهمیت یادگیری در محل کار دارد و اشاره می کند که شرکتهای کوچکتر فضایی فوق‌العاده برای یادگیری و رشد هستند. "هر مسیری را که انتخاب می‌کنید، بهترینهای آن مسیر را بیابید و کنار خود داشته باشید. متعالی فکر کنید و به طرز مضحکی تا سر حد مرگ مقاوم و مصر باشید. شادکامی ما در فصل مشترک میان اشتیاق و یادگیری از بزرگان نهفته است. کار کردن در سازمانهای بزرگ چیزی به شما نمی‌آموزد. کسب‌وکارهای کوچک به اندازه‌ی ۱۰ برابر مکان بهتری برای یادگیری هستند."

پائول بنت:
"زمانی را به گوش دادن اختصاص دهید"

پائول بنت، مدیر ارشد بخش خلاقیت شرکت ایدئو (IDEO)، از جمله ارائه‌کنندگان برجسته‌ی خدمات طراحی خلاق است. این شرکت مشتریان

بسیاری از جمله سامسونگ را در فهرست اعضای خود جای داده است. بنت از خاطرات جوانی خود می‌گوید و اظهار می‌دارد که دوست داشت در جوانی به جای شتاب‌زدگی و واکنش عجولانه و ناآگاهانه بیشتر گوش می‌داد. در ادامه نصیحت پائول بنت و روایت زندگی او را می‌خوانیم:

"بیشتر گوش بدهید. در جوانی فکر می‌کردم که دنیا شیفته‌ی من است و به همین دلیل بیشتر حرف می‌زدم و بلند بلند فکر می‌کردم و هر چه به ذهنم می‌رسید، بیان می‌کردم. یاد گرفتن از طریق گوش دادن گوهر نایاب مسن‌تر شدن است."

بینگ گوردون:

"تا می‌توانید سخت کار کنید و دوباره سخت کار کنید".

بینگ گوردون یک کارآفرین و سرمایه‌گذار موفق است. از نظر او سخت‌کوشی است که می‌تواند انسان را موفق کند و بعد داشتن یک راهنما و مشاور که بتواند در مسیر موفقیت یاریگر ما باشد. تلفیق سخت‌کوشی و یادگرفتن از افراد صالح و ناصح نردبانی مستحکم به سوی تعالی و توفیق است.

گوردون در خصوص داستان زندگی خود چنین می‌نویسد:

"همیشه افسوس می‌خورم که چرا زودتر از ۲۸ سالگی شروع به کار نکردم. بعد از سال‌ها استخدام فارغ‌التحصیلان دانشگاهی، آموخته‌ام که افرادی که بیشترین بهره را از فرصت‌ها می‌برند آنهایی هستند که سریع‌تر کار خود را شروع می‌کنند. آنها از همان ابتدا توفیق بیشتری دارند. این اصطلاحی است که من به افراد بسیار موفق می‌دهم. آنها همیشه بهترین سؤالات را می‌پرسند و همواره ایده‌هایی ناب در پستوهای ذهن خود دارند. به قول یکی از هنرمندان هالیوود، تا می‌توانید سخت کار کنید و باز سخت کار کنید. اما اولین توصیه‌ی من این است که در ابتدا یک مرشد و مشاور

صالح برای خود استخدام کنید تا روشنی بخش مسیر تعالی شما باشد. کسی را انتخاب کنید که تحسین شما را برانگیزد و دست‌کم یک نسل از شما مسن‌تر باشد و روی شما تسلط مستقیم نداشته باشد.

نداشتن چشم‌انداز و دید روشن از آینده می‌تواند به بهای از دست دادن ماه‌ها و بلکه، سال‌ها از عمر گران‌قدر شما باشد. جف برنزل، رئیس واحد پذیرش دانشگاه ییل، یک ایده‌ی جذاب برای استخدام مشاور دارد: "تمام اساتید به پیروان و همراهان فکری خود تمایل دارند؛ پس کتابی به قلم آنها را زیر بغل بزنید، پیش آنها بروید و خود را با سؤالی در خصوص کتاب آنها معرفی کنید. اینگونه آنها خود راهنمایی شما را به دست خواهند گرفت."

فیلیپ کورتوت:
"روی آنچه که واقعاً خوشحالتان می‌کند تمرکز کنید"
کورتوت از دیگر صاحبان نواندیش کسب‌وکار است. او بر انجام کارهای فرح‌بخش تأکید می‌کند؛ از نظر او دنبال کردن کارهای مفرح تضمین‌گر آن است که ما انرژی، زمان، منابع لازم و تمام هم و غم خود را صرف تکمیل آن کار کنیم. در پی به گوشه‌ای از تجارب فیلیپ کورتوت در این زمینه می‌پردازیم:

"اگر به اوان جوانی باز می‌گشتم، از انجام آنچه ناراحتم می‌کرد پرهیز می‌کردم و در عوض روی کارهایی تمرکز می‌کردم که مایه‌ی خوشحالیم می‌شدند. اینگونه روی متن تمرکز می‌کنیم و از حاشیه‌ها دور خواهیم شد. تجربه به ما می‌آموزد که چه چیز ما را شاد و چه چیز ناراحت می‌کند. شادی اکسیر حیات‌بخش کسب‌وکار و وزنه‌ی تعادل‌بخش زندگی کاری و شخصی است.

گفتار سی‌وششم

هوش کارآفرینی خود را متر کنید

کارآفرینی مفهومی به قدمت بشر است و همواره همراه انسان بوده و موجبات اعتلا و پیشرفت مادی و معنوی او را فراهم کرده است.

کارآفرینان افرادی جاه‌طلب هستند و همواره سودای رشد و بالندگی دارند. در حقیقت نمی‌توان صفت کارآفرین را برای کسی قائل شد، مگر آنکه او دارای آرمانی بزرگ و چشم‌اندازی بلندپروازانه باشد و اشتیاقی وصف‌ناپذیر به رشد و پیشرفت داشته باشد. با این همه، موضوع کارآفرینی همواره مبحثی داغ و کمی ابهام‌آلود بوده است. به همین دلیل نظریات گوناگونی پیرامون آن مطرح می‌شود که گاه تناقضی آشکار با یکدیگر دارند، چرایی این رخداد نیز به سبک فکری کارآفرینان بازمی‌گردد، آنها افرادی نتیجه‌گرا هستند و سعی دارند که درخت کوشش خود را به بار بنشانند. لذا کردار و منش کارآفرینان و حتی نوع اندیشه‌ی آنها متفاوت از سایرین بوده و چندان در قید و بند نظریه‌ها و تئوریها نمی‌گنجد. کارآفرینی را می‌توان آمیزه‌ای از هوش، پشتکار بی‌وقفه، و حتی بخت و اقبال دانست. البته نبایست فراموش کنیم که برخلاف بخت و اقبالهایی که هر روز در

زندگی ما رخ می‌دهند، شانس و اقبال در کسب‌وکار را باید یافت که همان "فرصت‌یابی" است.

همان‌طور که ذکر شد، کارآفرینی یک سبک اندیشه است و بخشی از آن ذاتی و بخشی قابل اکتساب است. حالا قلم و کاغذی بردارید و صادقانه به سؤالات زیر پاسخ دهید. این سؤالات قادرند تا حدودی میزان هوش کارآفرینی شما را نشان دهند.

دنیل آیزنبرگ، مبدع آزمون کارآفرینی که در پی به آن می‌پردازیم. از اساتید مطرح کارآفرینی و از نویسندگان دانشکده‌ی کسب‌وکار هاروارد است. به علاوه وی عهده‌دار اداره‌ی پروژه‌ی زیست‌بوم کارآفرینی بابسون است که پروژه‌ای تحقیقاتی در زمینه‌ی تقویت ظرفیتهای کارآفرینی در جوامع است.

آزمون هوش کارآفرینی

۱- ندای درون و نیرویی انگیزه‌بخش در درونم، من را وادار به ارائه و ساخت چیزی می‌کند که در بازار اثرگذار باشد و بتواند به قول معروف بازار را تکان دهد.

۲- من در شناسایی تقاضاهای پنهان مشتریان و فروش چیزهایی که شاید ندانند به آن نیاز دارند سررشته دارم.

۳- من افرادی در تیم خود دارم که در بسیاری از حوزه‌های دانشی یا اجرایی نسبت به خودم بهترند.

۴- چشم‌انداز و آرمان من دارای رویه‌ها، خط‌مشی‌ها، و فرایندهایی است که پیشرفت من را چندین برابر می‌کنند.

۵- زمانی که نمی‌دانم که قدم بعدی‌ام چیست، افرادی با تجربه در کنار دست خود دارم که از راهنمایشان بهره ببرم.

۶- همیشه افرادی برای سرمایه‌گذاری روی ایده‌هایم سراغ دارم؛ ضمن

آنکه فرصت‌یابی در قلب فعالیتهایم جای دارد.

۷- حتی زمانی که به اهدافم دست یافتم، باز دست از تلاش نمی‌کشم و هر روز برای بهتر شدن می‌کوشم.

۸- من خود یکی از بهترین فروشندگانی هستم که می‌شناسم!

۹- بزرگ فکر می‌کنم، کوته‌فکری یک جنایت است.

۱۰- کارآفرینانی مشابه خود می‌شناسم که با شتاب و به میزان زیادی رشد کرده‌اند.

۱۱- فرایند فروش تازه پس از آنکه مشتری برای نخستین بار دست رد به سینه‌ی ما می‌زند آغاز می‌شود.

۱۲- چنانچه سرمایه‌گذاریم به مدت طولانی به‌صورت درجا و ثابت بماند، احتمال نابودی آن می‌رود. لذا ناگزیریم که به پیشرفت ادامه دهیم و دست از آن نکشیم.

۱۳- می‌دانم چگونه استعدادها را کشف و استخدام کنم.

۱۴- هیچ چیز مثل خاتمه‌ی یک معامله‌ی بزرگ حال من را سرجا نمی‌آورد.

۱۵- مهمتر آن است که ابتدا مشکلات بزرگ مشتری را بشناسیم و بعد به دنبال راه چاره باشیم، تا آنکه ابتدا راهکاری واحد و از پیش تعیین شده برای مسائل آتی داشته باشیم.

۱۶- ابتدا چنین تصور می‌کردم که بهره‌مندی از تجهیزات بسیار مدرن و فناوریهای برتر است که عنان رهبری بازار را در دستان ما قرار می‌دهد، اما حالا به این نتیجه رسیده‌ام که چیزی که موجب رهبری ما در بازار می‌شود عبارت است از تیم کاری‌مان، بازاریابی‌مان و اشتیاقمان به فروش.

۱۷- حتی اگر تازه‌کار باشم باز بیشتر شبیه به یک رهبر بازار می‌اندیشم تا صاحب یک کسب‌وکار کوچک.

۱۸- عاشق واژه‌ی "نه" هستم.

در مورد سؤال آخر بیان این شرح ضروری است که کارآفرینان بیش از هر قشر دیگری در کسب‌وکار کلمه‌ی "نه" را می‌شنوند، بنابراین باید نسبت به آن واکسینه باشند.

به ازای هر سؤال یک امتیاز به خود بدهید، امتیاز بین ۰ تا ۱۰ نشان‌دهنده‌ی این است که نیاز بیشتری به تمرین مهارتهای کارآفرینی دارید. امتیاز بین ۱۰ تا ۱۵ نشانگر قوت نسبی و مورد توجه شما در امر کارآفرینی است. و امتیاز بالاتر از این مقدار نمایانگر آن است که شما کارآفرینی برجسته هستید و ذهنی کارآفرین دارید. هر چه تعداد پاسخهای موافق شما به سؤالات بالا بیشتر باشد، میزان هوش کارآفرینی‌تان بالاتر خواهد بود. همان‌گونه که مشاهده می‌شود در این سؤالات تأکید بسیاری بر مقوله‌ی فروش و نگرش شخصی افراد شده است که این نشان از اهمیت وافر این دو کلید واژه در امر کارآفرینی دارد.

گفتار سی‌وهفتم

خود راه‌اندازی،
هنر کسب‌وکارهای جوان در جذب و حفظ سرمایه

ایجاد و ادامه‌ی فعالیتهای تجاری و درآمدزا کردن کسب‌وکار، در گرو تأمین سرمایه و تهیه‌ی منابع مالی مورد نیاز است. انتشار سهام، دریافت تسهیلات و وام از منابع دولتی و یا خصوصی، انتشار اوراق قرضه و بهادار، از جمله روشهای شناخته‌شده‌ی تأمین مالی پروژه‌های تجاری است. در واقع تأمین مالی (فاینانس) از بزرگترین موانع و چالشهای صاحبان ایده و کسب‌وکار بویژه قشر کارآفرین است.

دسترسی به منابع مالی، این روزها به رؤیایی دست‌نیافتنی تبدیل شده است و طولانی بودن فرایند جذب سرمایه موجب دلسردی زودهنگام صاحبان ایده می‌شود. سرمایه‌گذاری پدیده‌ای توأم با مخاطرات فراوان است و صاحبان کسب‌وکارهای جوان باید از قبل پذیرای مخاطرات احتمالی باشند. کمبود سرمایه‌های مالی عامل اساسی در تضعیف بنگاههای اقتصادی بوده و آنها را مستعد شکست می‌کند، ضمن آنکه کسب‌وکارهای نوپا یا اصطلاحاً استارتاپها بدون سرمایه کافی نمی‌توانند به موفقیت مطلوب دست یابند. لذا پرورش ایده‌ها و تبدیل آن به ثروت نیازمند وجود شالوده‌های

مالی است، البته طیف متنوعی از منابع تأمین مالی در اختیار صاحبان کسب‌وکار قرار دارد که در یک دسته‌بندی کلی می‌توان این منابع را به منابع داخلی و بیرونی سازمان تقسیم‌بندی کرد. منابع مالی شخصی، منابع مالی خانوادگی و استقراض از دوستان و بستگان، تأمین مالی از طریق استقراض از منابع مختلف مثل بانکها، وامهای کوتاه‌مدت، میان‌مدت و بلندمدت، وام رهنی، کمکهای دولتی، سرمایه‌گذاری از جانب شرکتهای بزرگتر و سرمایه‌گذاران فرشته‌سان (فرشتگان کسب‌وکار اصطلاحاً در مورد افراد متمولی به کار می‌رود که برای تأمین سرمایه‌ی اولیه‌ی راه‌اندازی کسب‌وکارهای جوان اقدام می‌کنند)، صورت می‌پذیرد که هر یک معایب و محاسنی دارند.

حال سؤال اینجا است که چگونه می‌توان با کمترین سرمایه‌ی ممکن، کسب‌وکاری نوپا را پی‌ریزی کرد. روشهای تأمین مالی به شیوه‌ی خود راه‌انداز (Bootstrap Financing) از جمله تازه‌ترین راهکارها برای تأمین مالی بهینه و به صرفه‌ی کسب‌وکارهای جوان است.

محققان هاروارد از این روش با عنوان هنر استارتاپها یاد می‌کنند، هنری که می‌تواند آورده‌های فراوانی برای سازمانهای تازه تأسیس به همراه داشته باشد. البته تأمین مالی خود راه‌انداز، تنها منحصر به کسب‌وکارهای نوپا نمی‌شود و در هر مرحله از رشد تجاری سازمان قابل استفاده است. در یک تعریف ساده تأمین مالی خود راه‌انداز به معنای تأمین سرمایه‌ی کسب‌وکارهای تازه تأسیس از طریق نهاده‌ها و یا کمکهای سایرین است. تأمین مالی به شیوه‌ی خودراه‌انداز یکی از اثربخش‌ترین و کم‌هزینه‌ترین روشهای تضمین جریان رشد و نقدینگی کسب‌وکارهای نوپا است. در این روش، سرمایه‌ی کمتری جذب و بهره‌ی کمتری نیز به آن تعلق می‌یابد، بنابراین بهره‌وری بالاتری متوجه سرمایه‌ی جذب شده است. تبدیل ایده به پدیده، مستلزم وجود سرمایه است. به‌علاوه، بسیاری از افراد ایده‌های

زیادی در سر دارند اما سرمایه‌ای برای عملی کردن این ایده‌ها ندارند. سرمایه‌های ناملموس مثل دانش می‌توانند منبعی مناسب برای تولید ثروت باشند.

تأمین منابع مالی به شیوه‌ی خود راه‌انداز منافع بسیاری دارد از جمله:

● کسب‌وکار دارای ارزش بیشتری خواهد بود؛ چرا که پول کمتری از منابع بیرونی استقراض شده است.

● لازم نیست بهره‌ی زیادی بابت بازپرداخت پول استقراضی پرداخت کنیم.

● بدهی کمتر، ما را درجایگاهی قویتر قرار می‌دهد. به این ترتیب سرمایه‌گذاران برون‌سازمانی با فراغ بال و دغدغه‌ی کمتری، در آینده روی کسب‌وکار شما سرمایه‌گذاری خواهند کرد.

● بدون آنکه چشمداشتی به منابع بیرونی داشته باشیم، خواهیم توانست که با روشهای خلاقانه‌تر منابع مالی مورد نیازمان را تامین کنیم. به عبارتی این روش موجب تقویت شمّ کسب‌وکار می‌شود و فرصتهای بسیاری را پیش چشم ما می‌گشاید.

به طور کلی روش خودراه‌اندازی (Bootstrapping) راهی برای پایدارسازی کسب‌وکار بدون نیاز به سرمایه‌گذاری بیرونی است. ریشه‌ی این اصطلاح به ماجرای کودکی به نام بارون در رمان "ماجراهای شگفت‌انگیز بارون مونچاسن" نسبت داده می‌شود، که توانسته بود به یک‌تنه و تنها با بندهای پوتینهای چرمی خود (در زبان انگلیسی به بند کفش، Boot Strap گفته می‌شود) خود را از یک باتلاق نجات دهد.

روشهای تأمین مالی به شیوه‌ی خودراه‌انداز

روشهای زیادی برای تأمین مالی به شیوه‌ی خود راه‌انداز وجود دارد. اما گام اول آن به حداقل رساندن هزینه‌ها از طرق مختلف از جمله خرید

تجهیزات دست دوم، مجهز شدن به فن مذاکره با هدف چانه‌زنی با تأمین‌کنندگان و دست یافتن به بهترین قیمتها و تخفیفات، و نیز اجاره و برون‌سپاری برخی فعالیتها است. در گام بعدی می‌توان برخی خریدهای خود را چکی و یا اقساطی انجام داد.

تهاتر، همکاریهای چند جانبه و اشتراک برخی منابع مثل اشتراک دفتر کار، نیروی انسانی و تجهیزات، گام بعدی در تحقق این شیوه از سرمایه‌گذاری است.

می‌توانید کسب‌وکار خود را در خانه‌ی شخصی‌تان راه‌اندازی کنید، و دوستان خود را به استخدام درآورید تا اندکی در هزینه‌ها صرفه‌جویی کرده باشید. در انتخاب مشتری باید نهایت دقت را به خرج داد و مشتریانی را انتخاب کرد که بتوان به بهترین شکل پاسخگوی نیاز آنها باشیم و در مقابل بیشترین ارزش را دریافت کنیم.

کم کردن هزینه‌ها خود نوعی از تأمین مالی از منابع داخلی است، بنابراین صرفه‌جویی و بهره‌وری مالی در کانون مباحث مربوط به تامین سرمایه به شیوه‌ی خودراه‌انداز قرار دارد.

در ادامه‌ی مطلب به بررسی ۱۰ فعالیت کلیدی برای تأمین مالی به روش خودراه‌انداز می‌پردازیم:

۱- روی نقدینگی تمرکز کنید

پول نقد عاملی کلیدی در موفقیت کسب‌وکار و ضامن بقای آن است. جلوی نشت نقدینگی در سازمان خود را مسدود کنید. بهره‌وری را چاشنی کار خود کنید و با کوتاه کردن چرخه‌ی فروش و یادگیری شیوه‌ی درست وصول مطالبات، زودتر به پول نقد دست یابید. سعی کنید که با اتخاذ رویکردهای صحیح مزیت رقابتی به دست آورید و در کمترین زمان بیشترین حجم معاملات را صورت دهید.

۲- کمال‌گرا نباشیم

هیچ‌گاه نمی‌توان محصولی را تولید کرد که مورد پسند همگان باشد. کمال‌گرایی در تولید و عرضه‌ی محصولات تنها موجب تأخیر می‌شود. البته این به معنای بی‌حساب عمل کردن نیست بلکه، اگر محصولتان مبتنی بر شناخت نسبی بازار تولید شده باشد، با یک فرایند بازاریابی منسجم می‌تواند راه خود را در بازار بیابد.

۳- اهداف خود را واقعی تعیین کنیم

اهداف فروش باید مبتنی بر واقعیت و دست‌یافتنی تعریف شوند.

۴- مشاوره بگیریم و به مشتری مشاوره بدهیم

با ارائه‌ی خدمات مشورتی می‌توانید تولید ارزش کنید. ضمن آنکه شما یک متخصص هستید و بسیاری از شرکتهای مشاوره به دنبال بهره‌گیری از انتخاب و تخصص شما در قبال پرداخت پول هستند.

۵- نیروی انسانی خود را به دقت و بر اساس دخل و خرجمان استخدام کنیم

نیروی انسانی یکی از برجسته‌ترین داراییهای ناملموس سازمانها است و انتخاب نیروهای انسانی شایسته از جمله مهمترین وظایف کسب‌وکارها به شمار می‌رود؛ چرا که منابع انسانی می‌توانند در آینده عامل تولید ثروت و یا به عکس مانع آن باشند.

چنانچه صاحب یک کسب‌وکار نوپا هستید، می‌توانید با حقوقی کمتر از دوستان و آشنایان شایسته‌ی خود دعوت به کار کنید و یا به‌صورت مشترک از نیروی انسانی دیگر سازمانها بهره ببرید. برای نمونه می‌توانید یک منشی مشترک با دفتر کار مجاور خود استخدام کنید.

۶ـ شبکه‌سازی کنیم

هرچه می‌توانید زمان خود را صرف ایجاد شبکه‌های ارتباطی و حضور در مجامع صنفی کنید. اگر فاقد بودجه‌ی لازم برای تبلیغات هستید، چه کسی بهتر از خودتان قادر است که محصولاتتان را به فروش برساند؟ ضمن آنکه شبکه‌سازی و تعمیق ارتباطات می‌تواند منافع بسیاری را در بر داشته باشد، مثل اینکه می‌توانید گاه از امکانات و تجهیزات همکاران خود بهره ببرید.

۷ـ مذاکره کردن را بیاموزیم

مذاکره یکی از بهترین روش‌ها برای کاهش میزان هزینه‌کردها است. بنابراین ضروری است که صاحبان جوان کسب‌وکار به این فن مجهز باشند.

۸ـ فضای آنلاین را فراموش نکنیم

فضای آنلاین و بهره‌گیری از تکنولوژی موجب بهره‌وری منابع می‌شود.

۹ـ قیمت‌گذاری صحیح کنیم

شیوه‌های قیمت‌گذاری را بیاموزید و سعی کنید که استراتژی مناسبی را در پیش بگیرید. در قبال قیمت دریافتی ارزش بالاتری را به مشتری خود هدیه کنید.

۱۰ـ میدان نبرد خود را به دقت رصد و انتخاب کنیم

تصمیم بگیرید که قرار است در کدام جبهه نبرد کنید. شما نمی‌توانید در عین حال در همه‌ی میدان‌های رقابت حاضر باشید و انتظار توفیق داشته باشید.

گفتار سی‌وهشتم

داستان یک کارآفرین؛ چگونه کودکان خود را کارآفرین بار بیاوریم؟

سرچشمه‌ی کارآفرینی و ریشه‌های آن را باید در کجا جست؛ ژنتیک، محیط، و یا برای مثال فرهنگ خانواده؟ تصور بسیاری چنین است که افراد از شکم مادر خود کارآفرین زاده می‌شوند؛ چرا که کارآفرینان دارای خصوصیاتی هستند که افراد عادی از آن بی‌بهره‌اند. اما شواهد حاکی از آن است که روحیه‌ی کارآفرینی بر بستر ارزشهای فرهنگی و خانوادگی و از بدو کودکی شکل می‌گیرد.

افراد با تفکر کارآفرینی از همان آغاز کودکی می‌آموزند که به خود متکی باشند، مستقل باشند، در تصمیم‌گیری قاطع باشند و کمی جاه‌طلب بوده و قواعد و دستورالعملها را به چالش بکشند.

کمرون هرولد از جمله کارآفرینان مطرح کسب‌وکار، در یکی از سخنرانیهای انگیزشی خود مروری بر موضوع کارآفرینی می‌کند و آن را مورد تحلیل قرار می‌دهد. وی می‌گوید که همیشه در مدرسه شاگرد گردنکشی بوده و درسش هم خوب نبوده است. اما هرولد نقطه‌ی قوت خود را عشق به کسب درآمد و کاسبی از همان ابتدای کودکی می‌داند.

او اعتقاد دارد که فرهنگ خانوادگیش از او یک کارآفرین ساخته است. هرولد اعتقاد دارد که بسیاری از شایستگیها و استعدادهای کودک از همان ابتدا در نطفه خفه می‌شوند و به شکوفایی نمی‌انجامند.

کمرون هرولد تنها ۸ سال داشت که توانست در رقابتهای سخنرانی و فن بیان مدرسه برنده شود، اما به قول خودش هیچ‌کس التفاتی به این شایستگی و پرورش آن نداشت و در عوض همواره او را به درس خواندن تشویق می‌کردند. بگذریم که حتی کلاسهای خصوصی هم نمی‌توانست از پس این کودک جاه‌طلب برآیند. به عقیده‌ی او دنیای کنونی بیش از پزشک و وکیل و مهندس به افراد کارآفرین نیاز دارد. کسانی که ایده‌های زیادی در سر دارند و برای اجرایی کردن آنها سر از پا نمی‌شناسند و یا متوجه کمبودهای موجود در دنیا می‌شوند و تصمیم می‌گیرندکه قاطعانه راه‌حلی برای این نیازها بیابند.

هرولد اعتقاد دارد که فرهنگ خانواده و یا جامعه باید به گونه‌ای باشد که به کودکان ماهیگیری یاد بدهد نه آنکه به او ماهی بدهد. در همین رابطه ضرب‌المثلی قدیمی با این مضمون وجود دارد که "اگر می‌خواهی به فردی یک روز غذا بدهی، به او ماهی بده. ولی اگر می‌خواهی همه‌ی عمر او را سیر کنی، به او ماهیگیری یاد بده." در واقع این ضرب‌المثل بیانگر رسالت کارآفرینی در جامعه است و ضروری است که کودکان را با همین طرز فکر، فردی کارآفرین بار بیاوریم.

نظام آموزشی و تربیتی موجود به کودکان می‌آموزد که تنها دنبال مشاغل اصطلاحاً با پرستیژ اجتماعی باشند و کمتر شنیده می‌شود که کودکان تشویق به کارآفرین شدن بشوند. رسانه‌ها نیز مدام بر طبل مشاغل لوکس می‌کوبند و خوانندگی، مدلینگ و یا فوتبالیست شدن را در گوش کودکان زمزمه می‌کنند. حتی در سطوح بالاتر نیز عمده‌ی برنامه‌های آموزشی رشته‌ی ام‌بی‌ای (MBA) به جای نهادینه کردن تفکر راهبردی و اجرایی، افراد را

تشویق می‌کنند که در شرکتهای بزرگ به عنوان مدیر و یا کارمند به استخدام درآیند.

حال آنکه کارآفرینی منبع پایدار خلق ثروت و ارزش اجتماعی است و کارآفرینان هر جامعه‌ای مروج فرهنگ، روحیه‌ی رقابت‌پذیری، نواندیشی و پویایی اقتصادی آن جامعه هستند. یک کارآفرین، کارآفرین به دنیا نمی‌آید، و افراد می‌توانند از همان بدو کودکی به گونه‌ای تربیت شوند که با ذهنی جستجوگر و پویا به دنبال یادگیری و درک زاویه‌های پنهان هر پدیده باشند و روحیه‌ی کارآفرینی داشته باشند.

حتی عوامل درونی و ذاتی مرتبط با کارآفرینی را می‌توان با آموزش، تقویت و یا ترمیم کرد.

کارآفرینان احساسی ریشه‌دار درون خود دارند که مدام آنها را به سمت تولید و خلق ثروت و یا ایجاد و راه‌اندازی کسب‌وکارهای جدید سوق می‌دهد و این نیاز درونی و ارضای آن همواره موجی از شادی و رضایت را درونشان پدید می‌آورد.

از این رو می‌توان کودکان را به گونه‌ای بار آورد که استراتژیک فکر کنند، مثبت‌اندیش باشند و عزت نفس بالایی داشته باشند، با آغوش باز انوع مخاطرات را به جان بخرند، تکرار گریز باشند، استقلال داشته باشند، به پول احترام بگذارند و کار را نوعی تفریح در نظر بگیرند.

کمرن هرولد در گفتگوهای خود به مطالبی جالب توجه در خصوص کارآفرینان اشاره می‌کند. او بیان می‌کند که بسیاری از کارآفرینان در بچگی با مدرسه مشکل داشته‌اند و از اختلالاتی مثل اختلال کم‌توجهی رنج می‌برده‌اند.

چگونه کودکانی کارآفرین داشته باشیم؟

کارآفرینی آمیزه‌ای از شایستگیهای ذاتی و اکتسابی است، و فرهنگی که

افراد در آن رشد می‌کنند تأثیر بسزایی بر کسب تفکر کارآفرینی دارد.

● به کودکان خود مسئولیت دهید و آنها را با پس‌انداز آشنا کنید

آموزش مسئولیت‌پذیری شاید بزرگترین هدیه‌ای باشد که والدین می‌توانند به کودکان خود بدهند. به کودک خود اجازه دهید که در کارها به شما کمک کند. حتی اگر دست‌وپاگیرتان شود و یا کارها را خراب کند. مسئولیت‌پذیری یک عنصر برجسته در موفقیت بشر است. مسئولیت‌پذیری امری ذاتی نیست بلکه، از متن خانواده و در اثر تعاملات اجتماعی رشد می‌یابد. لذا باید به کودکان بیاموزیم که آنها زندگی جداگانه‌ای دارند و باید خود به تنهایی گلیمشان را از آب بیرون بکشند. از ناکامیهای کودک خود ناخرسند نشوید بلکه، با همدلی او را به راه درست هدایت کنید. بازیها می‌توانند عاملی اساسی در گذار به مسئولیت‌پذیری باشند، لذا با استفاده از ابزار بازی به کودکان خود یاد بدهید که چگونه کار کنند و چگونه با دیگران تعامل و بده بستان داشته باشند. به شکل بجا و مناسب از پاداش بهره ببرید و بیشتر از پاداشهای غیرمادی برای انگیزش کودکان استفاده کنید.

کمرون هرولد در دوران کودکی و به لطف سخت‌گیریهای دلسوزانه پدر یاد گرفت که چگونه با فروش ضایعات کارگاه پدر خود از زباله کسب درآمد کند.

او آموخت که چگونه با خرید کتاب از بچه‌های فقیر و فروش آن به بچه‌های ثروتمندتر، ارزان بخرد و گران بفروشد، او اهمیت مشتریان تکراری را با مراجعه‌ی منظم برای کوتاه کردن چمن حیاط همسایه‌ها آموخت، او یاد گرفت که چگونه با مشتری بر سر تنها چند پول سیاه مذاکره کند و چگونه نیاز مشتری را به او یادآور سازد. او یاد گرفته بود که پول خود را هدر ندهد؛ چرا که یکبار پدرش مجبورش کرده بود که سکه‌ای را که

تصادفاً از جیبش افتاده بود و وسط خیابان رفته بود را برگرداند. به نظر هرولد دادن پول توجیبی به کودکان آنها را کارمند ماب بار می‌آورد و موجب می‌شود که کودکان در آینده تنها چشم انتظار کسی باشند که آنها را استخدام کرده و سر هر ماه حقوقشان را بدهد. پس‌انداز، مدیریت پول و هزینه کردن آن را به کودکان خود یاد بدهید.

• به کودکان خود بیاموزید که چگونه فرصتها را کشف و از آنها بهره‌برداری کنند.

برای مثال از آنها بخواهید که در خانه بچرخند و چیزهایی را که نیاز به تعمیر دارد بیابند. سپس با آنها مذاکره کنید و به جای پول توجیبی به ازای یافتن هر فرصت به آنها دستمزد بدهید.

• ارزش پول را به آنها یادآور شوید

باید این درک را در کودکان خود به وجود آورید که زندگی آسوده‌ی آنها حاصل ایثار و کوششهای طاقت‌فرسای والدین است. آنها باید به ارزش پول پی ببرند و نحوه‌ی کسب و هزینه‌کردن آن را بیاموزند. لذا این احساس را در آنها به وجود آورید که گویی عهده‌دار اداره‌ی یک کسب‌وکار هستند و باید در این راه آزمون و خطا کرده و برای نیل به اهداف خود مبارزه و از سد مشکلات گذر کنند.

• تفکر تحول‌گرا و ریسک‌پذیر را به کودکتان بیاموزید

به عقیده‌ی بسیاری از کارآفرینان تغییر تنها عامل ثابت است. لذا باید به کودکان میدان داد که مشاغل و کارهای مختلف را تجربه کنند.

کارآفرینان خطرپذیرند و می‌توانند به‌راحتی از ناحیه‌ی آسایش خود فاصله بگیرند و حرفه‌های گوناگون را تجربه و یا فرصتهای تازه را کشف

کنند.

● کودکان خود را به کسب مدارج علمی دانشگاهی تشویق کنید

کسب مدارج علمی دانشگاهی تجربه‌ای مفید برای کودکان خواهد بود، اما نباید آنها را در قید و بند مدرک‌گرایی محدود کند. به این ترتیب آنها به بینشی عمیق نسبت به مباحث مختلف دست می‌یابند.

● کودکانی سالم پرورش دهید

افراد کارآفرین سختکوش‌اند و ساعتهای زیادی را به کار می‌پردازند، بنابراین باید از نظر جسمانی قبراق باشند تا ذهنی سالم داشته باشند، و به قول معروف عقل سالم در بدن سالم است.

● دیگر توصیه‌ها

مهارت مذاکره و پرهیز از نق زدن را به آنها بیاموزید. گاه به جای اینکه شما برای کودکانتان قصه‌گویی کنید، از آنها بخواهید که برای شما داستان بگویند، این کار شکوفایی تفکر خلاق، عزت نفس و مهارت فروش را به آنها می‌آموزد.

روشهای تعامل با افراد بد و خوب را به آنها بیاموزید تا در آینده بتوانند بخوبی از عهده‌ی اداره‌ی کارمندانشان برآیند.

کودکان خود را جلوی جمع ببرید و از آنها بخواهید که گاهی برای دیگران سخنرانی کنند. زمانی که با هم بیرون می‌روید مثلاً به یک رستوران، به او بیاموزید که فرق بین خدمات بد و خوب چیست و چرا نباید به مشتری خدمات نامناسب ارائه کرد. به آنها اجازه دهید که وسایل و اسباب‌بازیهای کهنه‌ی خود را به دیگران بفروشند.

● نکته‌ی مهم: تیپ شخصیتی انسان تا قبل از ۱۵ سالگی شکل می‌گیرد.

در بزرگسالی سعی نکنید فردی را با آموزش کارآفرین کنید، چون کارآفرینان از تیپ‌های شخصیتی حرکتی (به کتاب 'مهارتهای ارتباط با مشتریان شاکی'، اثر اینجانب مراجعه کنید) برخوردار هستند. اینان قدرت ریسک پذیری بالایی دارند، اما اگر کسی تیپ شخصیتی ذهنی داشته باشد، او انسان محتاطی است که برای شغلهای مطالعاتی و محاسباتی مناسب است، اما برای کارآفرینی توصیه نمی‌شود.

به زبان ساده بگویم، کارآفرینی به حوزه‌ی دل (به قول ایرانیها فرد باید جگر داشته باشد) برمی‌گردد. اما آموزش مربوط به حوزه‌ی مغز است. ما با آموزش انسان را عامل می‌کنیم، اما نمی‌توانیم با آموزش او را عامل بار بیاوریم. بهترین راه این است که انسانهای دارای تیپهای شخصیتی حرکتی را که ذاتاً عامل هستند را با آموزش در مسیر صحیحتر قرار دهیم. پس توصیه می‌کنم اگر می‌خواهید فرزندتان کارآفرین بار بیاید، از کودکی تعلیم او را شروع کنید.

دانشجویی به نام محمد داشتم که صاحب جواهری محمد بود. ایشان می‌گفت فرزندان خانواده‌ی ما از ۹ سالگی در یک فروشگاه جواهرفروشی در کنار درس مشغول به کار می‌شوند و تمام مراحل نظافت، پذیرایی، ویترین چیدن، فروشندگی، و... را در حین عمل یاد می‌گیرند و وقتی در ۲۰ سالگی از هر نظر کارآمد شدند، مستقل شده و جواهرفروش می‌شوند. دقت کنید در یک خانواده‌ی ثروتمند کارآفرین، کار عار نیست بلکه، فضیلت است.

گفتار سی‌ونهم

کارآفرینان جوان بخوانند

در شرایط حال حاضر، یافتن شغلی مناسب به امری نسبتاً دشوار تبدیل شده است. به همین جهت رفته رفته افراد بیشتری چشم انتظار یافتن فرصتهایی برای شروع کسب‌وکار خود هستند. با این همه، کارآفرینی مستلزم برخورداری از تعدادی پیش شرط است که در این گفتار به تعدادی از مهمترین آنها اشاره می‌شود.

گفتار حاضر برگرفته از نظرات تعدادی از اهالی خبره‌ی بازاریابی است که در وب‌سایت مؤسسه‌ی بیزینس هلپر (Business Helper) انگلستان منتشر شده است. همان‌طور که بیان شد، در این گفتار به بررسی پیشنهادات متخصصان بازاریابی و کارآفرینی برای افراد جوانی که جویای ایجاد کسب‌وکار هستند پرداخته می‌شود:

۱- با دل و جان هدف مطلوب خود را نشانه روید

استدلال نویسنده چنین است که هر فردی صرف‌نظر از پیشینه ی خویش، قادر است تا کسب‌وکاری را برای خود راه‌اندازی کرده و آن را توسعه

دهد. بسیاری از کارآفرینان موفق از تحصیلات بالایی برخوردار نیستند، و در عوض اشتیاق به یادگیری و استقامت را سرلوحه‌ی امور خویش قرار داده‌اند. البته نقش تحصیلات و بهره‌مندی از شمّ کارآفرینی در کیفیت جهان بینی افراد غیر قابل انکار است. بنابراین توصیه این است که پس از اقدامات نظارتی و پژوهشی با تمام توان، انرژی، و باور خود، دل به دریا بزنید و با پذیرش مخاطرات و موانع پیش رو به موفقیت حساب شده بیندیشید.

۲- برای رسیدن به بهترینها هدفگذاری کنید

هیچ‌گاه پول، هدفی متعالی برای کارآفرینان برتر نبوده است بلکه، والاترین هدف آنها این بوده که در حوزه‌ی فعالیت خود نه خوب بلکه، بهترین باشند.

کمی تیزبینی را چاشنی کار خود کنید و فراموش نکنید که مشتری ولی‌نعمت شما است، پس در ارائه‌ی خدمات به او کوتاهی نکنید؛ چرا که بهترین بودن مستلزم آن است که در نظر مشتری بهترین باشید. برای آنکه کسب و کار خود را به کسب‌وکاری پیشتاز تبدیل کنید، باید به خدماتی که قصد ارائه دارید، و نیز شیوه‌ی تحویل و ارائه‌ی این خدمات و انتظارات خود از کارکنان بیندیشید و برای آن طرح‌ریزی کنید.

مشتریان حق دارند بدانند که قرار است در قبال پول پرداختی چه ارزشهایی دریافت کنند.

۳- علم‌اندوزی در دانشگاه یا اینکه خاک بازار بخوریم؟

چنانچه نیازی به تحصیلات دانشگاهی نمی‌بینید، لزومی ندارد برای آن زمان و انرژی صرف کنید. تحصیلات دانشگاهی خوب اما ناکافی است و آنچه مهم است برقراری پیوند میان دانشگاه و بازار است. جالب است بدانیم که پای بسیاری از کارآفرینان حتی به سر در دانشگاه هم نرسیده

است، البته بخش عمده‌ای از موفقیت این قبیل افراد مرهون دریافت توصیه‌ها و خدمات مشاوره‌ای از عاملان مجرب دانشگاهی و بازاری است.

۴- با مردم گفتگو کنید

مردم و مصرف‌کنندگان منبعی بی‌بدیل برای الهام گرفتن هستند. در بازار گردش کنید و با مردم صحبت کنید تا متوجه نیازهای آنها شوید. امروزه اینترنت و تالارهای هم‌اندیشی اینترنتی نیز فرصتهای بسیار مناسبی را برای درک و شناخت بازار در اختیار گذاشته‌اند و مرجعی خوب برای یافتن مطالب روزآمد و مفید برای راه‌اندازی کسب‌وکار به شمار می‌روند.

۵- تحقیق کنید

چه شرکتهای بزرگ و چه شرکتهای کوچک برای شناخت مشتریان خود و نیازها و خواسته‌های متغیر آنها نیازمند تحقیقات بازار هستند. تحقیقات بازار را می‌توان در مقیاس بسیار خرد و حتی در سطح دوستان، خانواده، و معتمدان خود نیز صورت داد.

۶- از مشورت با متخصصان بهره ببرید

مشاوره را می‌توان عصاره‌ی تحقیقات بازار دانست. مشاوران می‌توانند به مدد تجربه و دانش خود، شما را چند پله‌ای به جلو ببرند.

۷- تأمین‌کنندگانی بیابید که مورد اعتماد شما هستند

موفقیت کسب‌وکار شما بستگی به توانمندیتان در تأمین نیازها و خواسته‌های مشتریان دارد.

با ارائه‌ی کیفیت مناسب، ارزش‌آفرینی کنید و رابطه‌ای دو سر سود را میان خود و مشتری ایجاد کنید. فراموش نکنیم که چنانچه تأمین‌کنندگان

خوبی نداشته باشیم، در نهایت این ما خواهیم بود که متضرر خواهیم شد، چرا که اعتماد مشتریان را از دست خواهیم داد.

۸- برای توسعه و پیشبرد کسب‌وکارتان، با انگیزه و سامان‌یافته اقدام کنید

راه‌اندازی کسب‌وکار، تنها ابتدای مسیری پر پیچ و خم است و کار به همین جا ختم نمی‌شود. حالا شما به عنوان یک کارآفرین، می‌بایست مهارتهای مدیریتی را آموخته و به کار ببندید.

اینجا است که ایده‌های بازاریابی به کمک شما می‌آیند و باید با بهره‌گیری صحیح و به‌موقع از آنها، کسب‌وکار خود را گسترش دهید و طیف مشتریانتان را از نظر کمی و کیفی بهبود دهید. با اجرای بازاریابی رابطه‌مند و برقراری ارتباطات قدرتمند می‌توانید جهشی جدی در کسب و کارتان پدید آورید. بدین‌رو، پایگاه داده‌ای از مشتریان خود به‌وجود آورید و به طور منظم با آنها در ارتباط باشید.

۹- اول علاقه بعد اقدام

شاید این نکته را باید در ابتدای بحث می‌گنجاندیم، با این حال یادآوری می‌شود که هیچ‌گاه سراغ کاری که به آن علاقه‌ای ندارید نروید. علاقه و لذت بردن از کاری که مشغول آن هستید و یا قصد پرداختن و ایجاد آن را دارید، شاید اصلی‌ترین عامل پیشرفت شما باشد.

جالب است بدانیم که برخی افراد حتی از سرگرمیهای خود به عنوان منبعی برای کسب درآمد بهره می‌برند.

۱۰- عالم عامل عاشق باشید

کارآفرینان انسانهایی یادگیرنده، اهل عمل و عاشق به ثمر رسیدن فعالیتهایشان هستند. ایشان به کارشان و نتایج عالی عشق می‌ورزند.

گفتار چهلم

کارآفرینان جوان چه کسانی را استخدام کنند؟

موضوع جذب و پرورش نیروی انسانی در سازمانهای تازه‌تأسیس و شرکتهای نوپا، ساز و کار و رویکردی متفاوت نسبت به تشکیل تیمهای کاری در سازمانهای بزرگ می‌طلبد. بنابراین منابع انسانی کارآمد در این قبیل سازمانها باید واجد شرایطی خاص و ویژه باشند؛ چرا که کار کردن در یک سازمان نوپا مقوله‌ای کاملاً متفاوت از کار در شرکتی پا گرفته است. گاه حتی ممکن است آن چه در سازمانهای بزرگ و قدیمی دارای ارزش و اهمیت است، در سازمانهای نوپا موجب خسارت و تضعیف فرهنگ سازمانی باشد. به همین دلیل کارکنان یک کسب‌وکار نوپا باید دارای ویژگیهای متفاوتی باشند که در ادامه به گوشه‌ای از آنها اشاره می‌شود:

۱- مادی‌نگر نیستند

کسب‌وکارهای بزرگ عموماً نیازمند صرف سرمایه‌های کلان و قابل توجهی هستند. اما اغلب کسب‌وکارها بویژه بنگاههای کوچک و متوسط برای آغاز کار، سرمایه‌ی کمتری را می‌طلبند. جالب آنکه عمده‌ی شرکتهای برتر معرفی شده در فهرست مؤسسه‌ی Inc.۵۰۰۰، در میان شرکتهای خود-راه‌انداز

قرار دارند و با سرمایه‌ای ناچیز شروع به کار کرده‌اند. در واقع رابطه‌ی چندانی میان حجم سرمایه‌گذاری صورت گرفته با میزان موفقیت بلند مدت کسب‌وکارهای کوچک و نوپا متصور نیست. کارمندان مناسب برای سازمانهای نوپا، توجه چندانی به دکوراسیون دفتر و یا وجود تجهیزات اداری کامل و موارد سطحی از این دست ندارند بلکه، دغدغه‌ی آنها کار با حداقل امکانات درمیان موجی از مشکلات است. بنابراین پول و مادیات از اولویتهای آنها به شمار نمی‌رود.

۲- اجرایی هستند نه ذهنی، ضمن آنکه مجهز به فناوری فکر هستند

یک برنامه‌ریزی با جزئیات کامل، توصیه‌ی مناسبی برای بنگاههای کوچک و متوسط نیست. شرایط و فضای کسب‌وکار بشدت متلاطم است، و نمی‌توان با استناد به برنامه‌های بلندمدت به اداره‌ی یک بنگاه اقتصادی امیدوار بود. در واقع، هیچ کارآفرین موفقی را سراغ نداریم که نتیجه‌ی امروزش کاملاً منطبق با طرح کسب‌وکار دیروز او بوده باشد.

یک کارمند شایسته در بخش کسب‌وکارهای نوپا، زمان اندکی را صرف برنامه‌ریزی کرده و بیشتر به عمل می‌پردازد و تفکر اجرایی دارد. افراد دارای تفکر اجرایی، عملگرا، پیرو کار تیمی، تمام‌کننده‌ی کار و هماهنگ هستند. البته برنامه‌ریزی از ملزومات مدیریت منسجم است و موجب وسعت یافتن دید و پیوند خوردن گذشته و حال و آینده می‌شود و به منزله‌ی پلی در زمان است، اما اجرا، کلید موفقیت به شمار می‌رود. انسانهای اجرایی به مراتب به پیشرفتهای بیشتری به نسبت متفکران و نوابغ ذهنی دست می‌یابند.

کارکنان کارآمد مجهز به تکنولوژی فکر هستند و قادرند ضمن برنامه‌ریزی ذهن ناخودآگاه خود، به باورهایی درست دست یافته و با در پیش گرفتن تفکر اجرایی به خلق دستاوردهایی موفقیت‌آمیز در زندگی

شخصی وحرفه‌ای خود اقدام کنند.

۳ـ به دیدگاه مشتری اهمیت می‌دهند

در شرایط رقابتی کنونی، شرکتهایی موفق خواهند بود که بتوانند ارزشهای بیشتری را به مشتریان ارائه کنند تا آنها را به خرید بیشتر و ایجاد روابط بلند مدت با شرکت ترغیب سازند.

کارمندان شایسته به طور ذاتی درک می‌کنند که تنها باید روی مواردی هزینه صرف شود که تفاوتی واقعی برای مشتری به وجود آید و برای او تولید ارزش شود. آنها موفقیت را در گرو سودآوری بیشتر و تولید ارزش بالاتر برای مشتری و سازمان می‌دانند.

۴ـ نگاه فرصت یاب دارند

هیچ انسانی وجود ندارد که دو بار پا به دنیای خاکی بگذارد، تا اینگونه بتواند تجربه‌ای دیگر کسب کند بلکه، عمر فرصتی کوتاه و محدود است که باید آن را غنیمت شمرد و از لحظه لحظه‌ی آن غافل نبود. فرصتها هم چون ابرهای بهاری به سرعت در حال گذرند، از این رو نگاه فرصت‌یاب، بزرگترین هنر انسان در زندگی است. کارکنان شایسته واقف به اهمیت شکار فرصتها هستند. آنها از هر موقعیتی برای جذب مشتری بهره می‌برند و سر بزنگاه، بازاریابی می‌کنند. آنها سعی دارند تا پایگاهی گسترده از مشتریان ایجاد کنند و بعد با بهره‌گیری از آموخته‌ها و تجارب خود از رقابت، اهدافی بزرگتر را نشانه روند. لذا اهداف کوچک آنها در خدمت اهداف بزرگترشان است.

۵ـ کار را برای موفقیت و نه رفع تکلیف انجام می‌دهند

به عنوان یک کارآفرین، فارغ از آنکه چقدر سختکوش هستیم، باید به این

امر واقف باشیم که هیچ کس ناچار به خرید از ما نیست. از این رو عدالت در چگونگی رفتار ما با مشتریان و دیگر ذی‌نفعان و تأمین‌کنندگان تبلور می‌یابد. لذا عدالت به معنای استحقاق ما برای شکست یا توفیق نیست.

این موضوع در مورد نظام مدیریت منابع انسانی نیز نمود دارد، به این معنا که عدالت این است که پرداخت براساس عملکرد بهره‌ور باشد. کارکنان شایسته و جاه‌طلب، کار می‌کنند تا به تحقق اهداف خانواده‌ی سازمانی خود کمک و برای خود درآمد بیشتر کسب کنند، آنها کار برای حفظ شغل خود و رفع تکلیف کاری را انجام نمی‌دهند. عشق‌ورزی به کار از ویژگیهای کارکنان شایسته در کسب‌وکارهای نوپا است. آنها ارزش کار خود را وابسته به عشق و علاقه‌ی خویش به انجام آن کار و نیز میزان مسئولیت‌پذیری خود می‌دانند.

۶- آراستگی کاری را در امور حرفه‌ای خویش لحاظ می‌کنند

کارمندان خوب به همکاران خود کمک می‌کنند، امانت‌دار هستند، تابع نظم و آراستگی هستند، وقت را به بطالت نمی‌گذرانند، اعتمادساز هستند، منصف و مبادی آداب هستند، در کار گروهی فعالند، وقت‌شناس هستند، عاشق کار خود هستند و انگیزه‌ی بالایی برای کار دارند، به چشم‌انداز سازمان احترام می‌گذارند، به وظایف محوله اکتفا نمی‌کنند و فراتر از آنها عمل می‌کنند، به کار خود احاطه دارند، به ارباب رجوع ارج می‌نهند و مشتری را ولی‌نعمت خود می‌دانند، از شایعات دوری می‌جویند، پرتلاش و خیراندیش هستند، انتقادات سازنده را می‌پذیرند و همواره امیدوار و مثبت‌اندیشند.

شخصیتی استوار و محبوب دارند، از شهامت و صداقت کافی برخور دارند، می‌توانند تیم را رهبری کنند و کفایت و شایستگی لازم را دارند و یا تلاش می‌کنند تا شایستگیهای بیشتری به دست آورند.

۷ـ نتیجه‌گرا هستند

نتیجه‌گرایی از ضروریات پایداری و پویایی سازمانها در عصر رقابت است و سازمانها را به سوی بهره‌وری و ارزش افزوده بیشتر هدایت می‌کند. نتیجه‌گرایی از نیمه تمام ماندن و یا تأخیر در انجام کارها جلوگیری می‌کند وتصویری مطلوب از ما در ذهن مخاطب می‌سازد.

کارکنان شایسته بویژه در سازمانهای نوپا تلاش می‌کنند، تا حداکثر تمرکز خود را جلب فعالیتهایی کنند که بیشترین ثروت را برای سازمان تولید می‌کند. آنها همچنین تلاش می‌کنند تا به هر طریق ممکن از هزینه‌های نابجا بکاهند. آنها در مذاکرات و چانه‌زنیهای خود با تأمین کنندگان سازمان، به نوعی عمل می‌کنند که گویی قصد خرید کالایی برای خود را دارند. لذا دغدغه‌ی سازمان و چشم‌انداز آن در ذهن این عده بسیار پررنگ و قابل توجه است.

پیوست

▼

عناوین مطالب سایر کتابهای مجموعه‌ی ۴۰ گفتار

- نانومارکتینگ
- بازاریابی کاغذی در برابر دیجیتالیسم
- بازاریابی اجازه‌ای نقطه‌ی مقابل بازاریابی وقفه‌انداز
- بازاریابی تجربه‌آفرین
- بازاریابی قبیله‌ای: قبیله‌های مدرن
- بازاریابی ویروسی
- بازاریابی ورزشی
- بازاریابی با طعم فیلم
- بازاریابی سیاسی
- مروری بر قدرت بازاریابی سیاسی در فیلم "نه"؛ (رویدادهای شیلی: پینوشه و آلنده)

بازاریابی گردشگری

- ۱۰ فرمان بازاریابی گردشگری
- مروری بر انواع روشهای تبلیغات
- اُگیلوی؛ تبلیغات به سبک مدرن
- ۱۰ فرمان تبلیغات و فروش از اسطوره تبلیغات؛ ویلیام برنباخ
- چگونه از آب کره بگیریم؟ آشنایی با تکنیکهای تبلیغات غیرمتعارف
- تبلیغات غافلگیرانه (Ambush Advertising)
- شش اصل پایه در تبلیغات بیلبوردی
- تبلیغات محیطی و نورومارکتینگ
- تبلیغات عصب‌پایه؛ نوروادورتایزینگ
- چگونه در سه گام ساده یک کمپین تبلیغاتی موفق راه بیندازیم؟
- چگونه اثرگذاری تبلیغات خود را بسنجیم: آشنایی با مدل داگمار

- هیچ‌وقت برای آموزش مهارتهای رهبری زود نیست
- پدیده‌ی ریسک‌گریزی در مغز و نقش آن در فرایند تصمیم‌گیری
- برترین یافته‌های عصب‌شناسان برای کسب‌وکار در سال ۲۰۱۲
- به کارکنانتان بگویید با مغزهایشان و پراشتیاق سر کار حاضر شوند
- ریزه‌کاریهایی که مدیران برتر را متمایز می‌کند
- مدیران تعالی‌ساز یا تعالی‌سوز؟ شما کدامید؟
- مدیریت از کف بازار؛ اسرار MBWA
- کارآفرینان بخوانند
- مدیریت در دنیای کنونی یعنی حذف فاصله‌های فیزیکی و مجازی کارکنان
- عارضه‌ی درماندگی در تصمیم‌گیری و راههای مقابله با آن
- تاکتیکهای مهندسی زمان
- هفت قانون مدیریت خلاق برای رهبری افراد خلاق
- چگونه مدیری دوست‌داشتنی باشیم
- پنج گروه که وجودشان در تیم کاری شما ضروری است
- چگونه هوش‌بهر گروهی را ارتقا دهیم
- مذاکره‌ی تلفیقی در مقابل مذاکره‌ی توزیعی با بهره‌گیری از استراتژی پرتقالی
- مهندسی اقناع، برای تغییر ذهنیتها
- نظریه‌ی بازی‌نمایی (Gamification) در سازمان
- بهره‌گیری از روش دلفی در آینده‌نگاری فناوری (Technology Foresight)
- تبدیل اطلاعات مشتری به نوآوری
- ۱۰ راهکار برای آنکه شبیه نوآورترین سازمانهای دنیا باشیم
- به نوآوری صرفاً به عنوان یک وظیفه‌ی درون سازمانی نگاه نکنید

- فروش به ناخودآگاه
- نوروسلینگ (Neuroselling)؛ اسرار فروش عصب‌پایه
- هفت دروازه‌ی ورود به بخش اشتیاق مغز خریداران
- مشتری‌شناسی؛ سناریوهای فروش
- مرگ فروشنده
- اگر در فکر ارتقای کسب‌وکار خود هستید، فروش را متوقف کنید!
- گلوگاه‌های فروش
- خون تازه در رگهای فروش
- رکود اقتصادی؛ افزایش فروش
- چگونه در شرایط نامساعد اقتصادی فروش کنیم؟
- چگونه در اقتصاد نامطلوب فروش را افزایش دهیم؟
- خرده‌فروشیهای سبز: سبز بازارها یا اکومالها (Eco-malls)
- به من نفروش، برایم داستان بگو
- فروش به سایبورگها با بازاریابی فرامدرن
- مدل ارزش‌محور در فروش
- چگونه در فرایند فروش به جای رابطه‌سوزی، رابطه‌سازی کنیم؟
- مثلث طلایی "هاد" برای مواجهه با شرایط حاد فروش
- برترین روندهای آتی فروش صنعتی
- جدال منطق و احساس در فروش؛ چگونه بهترین بهره را از این تقابل ببریم؟
- آشنایی با تکنیک سناریوسلینگ یا فروش مبتنی بر سناریو
- مدیریت انگیزه در فروش

- چهار پرسش تا مشتری‌زدایی
- برای شناختن مشتریان خود، با کفش آنها راه برویم
- شایسته‌سازی مغز؛ راهبردی برای ارائه‌ی خدمات شایسته‌ی مشتری
- حساسیت اجتماعی، واکسنی برای بخش خدمات به مشتری
- هوش سبز و هوش زیست‌محیطی
- بازاریابی گفت‌وگومحور و نقش صدای مشتری در شایسته‌سازی خدمات
- هوشمندی رقابتی در خدمات
- برندسازی درون‌سازمانی: راهی برای نهادینه کردن ارزشهای مشتری‌مدارانه
- ۵ رفتار شهروندی سازمانی که موجب ارتقای خدمات به مشتری می‌شوند
- به جای کارمند بخش خدمات، پشتیبان استخدام کنیم
- ریزه‌کاریهایی که مدیران باید درخصوص ارائه‌ی خدمات به مشتریان خود بدانند
- ۱۰ فرمان مشتری نوازی
- مشتری‌نوازی؛ ۱۰ چیز که خواسته‌ی تمام مشتریان است
- ۱۰ راهکار ساده برای حفظ مشتریان
- ۱۰ راه برای بازگرداندن مشتری ناخشنود
- سندرم ماهی قرمز در مشتری‌نوازی و روشهای مقابله با آن
- ۱۰ اشتباه که باعث فرسایش مشتریان می‌شوند راه و روش شرکتهای برتر مشتری‌نوازی
- اسرار معتبرترین برندهای جهان: مشتری‌نوازی به سبک جهانی
- درسهای مشتری‌نوازی از تصویرگر رؤیاها: والت دیزنی
- داستان مشتری‌نوازی به روایت جف بزوس
- موفقیت در مشتری‌نوازی: از ثبات فورد تا سرعت ساوت‌وست در ارائه‌ی خدمات
- درسهای مشتری‌مداری از انیمیشن سینمایی "در جستجوی نمو"

آشنایی با فعالیتهای

▼

شرکت توسعه مهندسی بازارگستران آتی
(TMBA)

TMBA در یک نگاه

دپارتمان آموزش
آموزشگاه بازارسازان
دوره‌های آزاد
دپارتمان مشاوره
دپارتمان تحقیقات‌بازار
دپارتمان نشر
انتشارات بازاریابی
مجله توسعه مهندسی بازار
مجله بازاریاب بازارساز
فیلمهای آموزش بازاریابی و فروش
فروشگاه انتشارات بازاریابی
دپارتمان استعدادشناسی منابع انسانی شایسته‌بازاریابی
دپارتمان بازاریابی حسی
سایتهای بازاریابی
سایت دفتر ارتباط با دانشگاه
سایت خبری مارکتینگ‌نیوز
سایت پادکست بازاریابی
فروشگاه اینترنتی بازاریابی

نشانی: تهران، خیابان آزادی، جنب مترو آزادی، خیابان شاهین، پلاک ۶، طبقه ۳،
صندوق پستی: ۱۳۴۴۵/۱۳۴۵ - تلفن: ۴-۶۶۰۲۸۴۰۱ - فاکس: ۶۶۰۲۸۴۰۵ - همراه: ۰۹۱۲۱۹۹۴۲۸۱
www.TMBA.ir Email: info@TMBA.ir

شرکت توسعه مهندسی بازار گستران آتی
(TMBA)

شرکت توسعه مهندسی بازارگستران آتی، تنها شرکت بازاریابی در ایران است که تمامی فعالیتهای آموزش بازاریابی، مشاوره بازاریابی، تحقیقات بازاریابی، انتشارات بازاریابی (کتابهای بازاریابی و مجله‌ی بازاریابی با عنوان توسعه مهندسی بازار، و بازاریاب بازارساز)، استعدادشناسی منابع انسانی شایسته‌ی بازاریابی، و بازاریابی حسی را بر عهده دارد.

■ شماره‌ی ثبت: ۲۳۷۸۰۸
■ سال تأسیس: ۱۳۸۳

● مدیریت TMBA:

مدیریت گروه TMBA بر عهده‌ی پرویز درگی، مدرس دوره‌های تخصصی بازاریابی در مقطع کارشناسی ارشد دانشگاهها، مشاور و محقق بازاریابی است.

نشانی: تهران، خیابان آزادی، جنب مترو آزادی، خیابان شاهین، پلاک ۶، طبقه ۳
تلفن: ۴-۶۶۰۲۸۴۰۱ - همراه: ۰۹۱۲۱۹۹۴۲۸۱
www.TMBA.ir   Email: info@TMBA.ir

● رسالت TMBA:

ارتقای سطح کسب‌وکار بنگاههای اقتصادی طرف قرارداد با ارائه‌ی خدمات آموزشی، مشاوره، تحقیقات، و نشر مباحث بازاریابی به نحوی که بتوانیم ارزش مطلوب‌تری را برای مشتریان ارائه دهیم و در راستای رسیدن به هدفهای فوق در فضای رقابتی موفق باشیم.

● شعار خانواده‌ی TMBA:

امید، آگاهی و مهارت را با دقت، سرعت و کیفیت عرضه می‌کنیم.

● دپارتمان آموزش/ آموزشگاه بازارسازان

طراحی و برگزاری دوره‌های آموزشی با هدف توسعه‌ی مهارتها و مشاغل حوزه‌ی بازاریابی و فروش، بر عهده‌ی این دپارتمان و آموزشگاه بازارسازان است. مخاطبان این برنامه‌های آموزشی، مدیران عالی، مدیران بازاریابی و فروش، سرپرستان فروش، فروشندگان حرفه‌ای و ویزیتورها هستند.

■ ثبت‌نام و اطلاعات بیشتر:

www.Marketingschool.ir   www.Bazarsazanschool.ir

● دپارتمان مشاوره:

تدوین استراتژی بازاریابی، تهیه‌ی برنامه‌ی بازاریابی، طراحی و پیاده‌سازی

نشانی: تهران، خیابان آزادی، جنب مترو آزادی ، خیابان شاهین، پلاک ۶، طبقه ۳

تلفن: ۴-۶۶۰۲۸۴۰۱ - همراه: ۰۹۱۲۱۹۹۴۲۸۱

www.TMBA.ir   Email: info@TMBA.ir

سازمان بازاریابی و فروش از آغاز تا انجام (A تا Z)، چگونگی ارتقای فروش، و مشاوره در ابعاد مختلف تبلیغات، صادرات، قیمت‌گذاری، توزیع، برندینگ و... را این دپارتمان عهده‌دار است.

■ **اطلاعات بیشتر:**

www.Marketingconsulting.ir

• دپارتمان ارزیابی و پرورش استعدادهای بازاریابی و فروش

این دپارتمان با تمرکز بر فرایندهای حوزه‌ی مدیریت منابع انسانی، با ارائه‌ی راهکارهای مؤثر برای جذب و استخدام نیروهای شایسته، و توسعه‌ی مهارتهای حرفه‌ای و بهبود عملکرد تیم فروش، زمینه‌ی توسعه‌ی کسب‌وکار کارفرمایان خود را فراهم می‌سازد.

■ **اطلاعات بیشتر:**

www.Marketingjobs.ir

• دپارتمان تحقیقات بازار

طرح شناخت (مطالعه‌ی محیط داخلی بنگاه اقتصادی)، تحقیقات تست ایده، تست محصول، سنجش صدای مشتری، سهم بازار، به همراه موضوعات متنوع تحقیقات بازار را این دپارتمان بر عهده دارد.

■ **اطلاعات بیشتر:**

www.Marketing-Research.ir

نشانی: تهران، خیابان آزادی، جنب مترو آزادی ، خیابان شاهین، پلاک ۶، طبقه ۳
تلفن: ۴-۶۶۰۲۸۴۰۱ - همراه: ۰۹۱۲۱۹۹۴۲۸۱
www.TMBA.ir Email: info@TMBA.ir

• دپارتمان بازاریابی حسی – میدانی

فعالیتهای این دپارتمان در دو حوزه‌ی بازاریابی حسی، و بازاریابی میدانی است. این دپارتمان متخصص برگزاری پروژه‌های میدانی از قبیل سمپلینگ، بازارپردازی، خرید مخفی، و... همچنین طراحی، اجرا و اندازه‌گیری اثربخشی پروژه‌های بازاریابی حسی و تجربه‌ی زنده‌ی برند است.

■ اطلاعات بیشتر:

www.Fieldmarketing.ir   www.Experientialmarketing.ir

• دپارتمان نورومارکتینگ

TMBA در ایران به عنوان متحول‌کننده‌ی رشته‌های مدیریت بویژه مدیریت بازاریابی، و بر پایه‌ی روابط و مناسباتی که با برترین دانشگاههای پیشرو، مجامع علمی، استادان برجسته‌ی دانشگاهی و مؤسسات برتر جهانی در حوزه‌ی "نورومارکتینگ" دارد، در رشته‌ی بازاریابی، آغازگر تحولات بازاریابی نوین (عصب‌شناسی + بازاریابی) است.

■ اطلاعات بیشتر:

www.NeuroMarketing.ir

• بانک مقالات بازاریابی / دفتر ارتباط با دانشگاه

بانک مقالات بازاریابی حاوی ۳۰۰۰ مقاله‌ی علمی پژوهشی است به نشانی www.marketingarticles.ir.

نشانی: تهران، خیابان آزادی، جنب مترو آزادی، خیابان شاهین، پلاک ۶، طبقه ۳

تلفن: ۴-۶۶۰۲۸۴۰۱ - همراه: ۰۹۱۲۱۹۹۴۲۸۱

www.TMBA.ir   Email: info@TMBA.ir

دفتر ارتباط با دانشگاه حاوی اخبار فعالیتهای علمی پژوهشی است در حوزه‌ی بازاریابی و یا رشته‌های مرتبط نظیر MBA، روانشناسی، مدیریت، و...

■ اطلاعات بیشتر:

www.UniversityandMarket.ir

● **مارکتینگ نیوز**

مارکتینگ‌نیوز، سایت خبری است که وظیفه دارد اخبار حوزه‌های مختلف علمی، بازاریابی،تبلیغات، و... را در ایران و جهان انعکاس دهد. سایت مارکتینگ‌نیوز از سال ۱۳۸۷ تاکنون با ارائه‌ی تازه‌ترین اخبار در حوزه‌های مختلف بازاریابی، و... با استادان و مدیران در حوزه‌های مختلف بخصوص مارکتینگ، گفت‌وگو کرده است.

■ اطلاعات بیشتر:

www.MarketingNews.ir

● **انتشارات بازاریابی**

۶۲ عنوان کتاب تاکنون در انتشارات بازاریابی چاپ و منتشر شده است.

■ **آغاز فعالیت:** ۱۵ خرداد ۱۳۹۰

■ **مدیر اجرایی:** احمد آخوندی

نشانی: تهران، خیابان آزادی، جنب مترو آزادی، خیابان شاهین، پلاک ۶، طبقه ۳

تلفن: ۴-۶۶۰۲۸۴۰۱ - همراه: ۰۹۱۲۱۹۹۴۲۸۱

www.TMBA.ir   Email: info@TMBA.ir

■ اطلاعات بیشتر:

www.Marketingpublisher.ir   www.Marketingbooks.ir

• مجله‌ی توسعه مهندسی بازار

۹ سال انتشار پی‌درپی و منظم دوماهنامه‌ی توسعه مهندسی بازار حاوی گفت‌وگو با بزرگان بازاریابی ایران و جهان، تازه‌ترین اخبار بازاریابی و فروش شرکتهای برجسته‌ی جهانی را در این نشریه بخوانید.

■ **آغاز فعالیت:** بهار ۱۳۸۶

■ **سردبیر:** محسن جاویدمؤید

■ **مخاطب اصلی:** مدیران عامل و مدیران بازاریابی و فروش

■ تمام گلاسه، تمام رنگی، ۸۰ صفحه

■ اطلاعات بیشتر:

www.Marketingmag.ir

• مجله‌ی بازاریاب بازارساز

مجله‌ای با نگرش کاملاً کاربردی حاوی مقالات، گزارشها، مصاحبه‌های اختصاصی و اخبار بازاریابی، فروش، پخش و توزیع. خواندن این مجله، بازاریابی و فروش را برای مخاطبان آسان و لذت‌بخش می‌کند و اطلاعات جامعی را در اختیار آنها قرار خواهد داد.

نشانی: تهران، خیابان آزادی، جنب مترو آزادی، خیابان شاهین، پلاک ۶ طبقه ۳

تلفن: ۶۶۰۲۸۴۰۱-۴ - همراه: ۰۹۱۲۱۹۹۴۲۸۱

www.TMBA.ir   Email: info@TMBA.ir

- **سردبیر:** محمدرضا حسن زاده جوانیان
- **مخاطب اصلی:** مدیران بازاریابی و فروش، بازاریابان، فروشندگان، ویزیتورها و موزعان
- رنگی، ۶۴ صفحه
- **اطلاعات بیشتر:**

www.Marketermag.ir

• شرایط چاپ "کتاب" و مطالب در "انتشارات بازاریابی"، و مجلات "توسعه مهندسی بازار"، و بازاریاب بازارساز

۱. موضوعات تازه‌ی بازاریابی

۲. نثر روان و کاربردی همراه با مطالعات موردی

۳. مطالعات بین رشته‌ای از اولویت چاپ برخوردارند

۴. پرهیز از موضوعات کلی، دوری از واژه‌های فنی

• لوح‌های فشرده (سی‌دی بازاریابی، دی‌وی‌دی) بازاریابی

تولید متون آموزشی در قالب سی‌دی، دی‌وی‌دی به زبان انگلیسی با زیرنویس فارسی، شامل:

۱- **آموزش بازاریابی:** مجموعه فیلمهای آموزش بازاریابی از دانشگاه هاروارد (به زبان انگلیسی با زیرنویس فارسی)

نشانی: تهران، خیابان آزادی، جنب مترو آزادی، خیابان شاهین، پلاک ۶، طبقه ۳

تلفن: ۴-۶۶۰۲۸۴۰۱ - همراه: ۰۹۱۲۱۹۹۴۲۸۱

www.TMBA.ir Email: info@TMBA.ir

۲- آموزش فروش: مجموعه فیلمهای آموزش فروش (به زبان انگلیسی با زیرنویس فارسی)

- **اطلاعات بیشتر:**

www.Marketingshop.ir

• فروشگاه انتشارات بازاریابی

فروشگاه انتشارات بازاریابی تنها فروشگاه تخصصی بازاریابی در ایران است که از سال ۱۳۹۱ جنب دانشگاه تهران تأسیس و آغاز به کار کرد.

- **اطلاعات بیشتر و خرید کتابهای بازاریابی:**

www.Marketingshop.ir

- **نشانی:** تهران، میدان انقلاب، ابتدای خیابان ۱۲ فروردین، مجتمع کتاب فروردین، طبقه همکف، پلاک ۱
- **تلفن:** ۶۶۴۰۸۲۵۱ (۰۲۱) و ۶۶۴۰۸۲۷۱ (۰۲۱)

• فروشگاه اینترنتی

شما می‌توانید با مراجعه به پورتال شرکت TMBA، یا سایت فروشگاه اینترنتی TMBA به‌نشانی اینترنتی www.MarketingShop.ir، محصولات فرهنگی حوزه‌ی بازاریابی (کتابها، نشریات، وی‌سی‌دی یا دی‌وی‌دی) را سفارش دهید یا تلفنی سفارش خود را دستور دهید.

نشانی: تهران، خیابان آزادی، جنب مترو آزادی، خیابان شاهین، پلاک ۶، طبقه ۳
تلفن: ۴-۶۶۰۲۸۴۰۱ - همراه: ۰۹۱۲۱۹۹۴۲۸۱
www.TMBA.ir Email: info@TMBA.ir

فهرست کتابهای انتشارات بازاریابی (تلفن فروشگاه: ۷۱ و ۶۶۴۰۸۲۵۱)

- مدیریت فروش و فروش حضوری با نگرش بازار ایران
- کسب‌وکار نام‌های تجاری"
- مباحث و موضوعات مدیریت بازاریابی با نگرش بازار ایران
- قضایای موردی واقعی بازاریابی با نگرش بازار ایران
- بازاریابی و فروش تلفنی با نگرش بازار ایران
- کلینیک محصول، آزمون بازاریابی محصولات جدید
- دل گفته ها و دل نوشته های معلم بازاریابی
- مبانی تحقیقات کاربردی (اشتباهات رایج، مسائل و راه‌حلهای کارشناسی)
- مباحث و موضوعات بازاریابی خدمات با نگرش بازار ایران
- چگونگی اداره‌ی کسب‌وکار در بحران اقتصادی
- آدکار؛ تکنیکهای کاربردی تغییر در کسب‌وکار
- تحقیقات بازاریابی در یک هفته"
- اصول، فنون، و هنر مذاکره با نگرش بازار ایران
- تکنیکهای فرصت‌یابی در بازاریابی و فروش (با نگرش بازار ایران)
- مدلهای مدیریتی برای راه‌اندازی و اداره‌ی یک کسب‌وکار
- بازاریابی حسی
- هوشمندی رقابتی و هوشمندی بازاریابی
- فروشگاه؛ راهکارها و نکته ها
- یادداشتهای معلم بازاریابی
- تبلیغات پنهان در بازاریابی
- نقشه‌ی ذهن مشتری
- پرورش نبوغ بازاریابی
- ۴۲ قانون طلایی بازاریابی
- دل‌نکته های معلم بازاریابی
- دلایل کامیابی برندهای برتر جهانی

نشانی: تهران، خیابان آزادی، جنب مترو آزادی، خیابان شاهین، پلاک ۶، طبقه ۳
تلفن: ۴-۶۶۰۲۸۴۰۱ - همراه: ۰۹۱۲۱۹۹۴۲۸۱
Email: info@TMBA.ir www.TMBA.ir

فهرست کتابهای انتشارات بازاریابی   (تلفن فروشگاه: ۷۱ و ۶۶۴۰۸۲۵۱)

نشانی: تهران، خیابان آزادی، جنب مترو آزادی، خیابان شاهین، پلاک ۶ طبقه ۳

تلفن: ۴-۶۶۰۲۸۴۰۱ - همراه: ۰۹۱۲۱۹۹۴۲۸۱

www.TMBA.ir   Email: info@TMBA.ir

چند کتاب پیشنهاد سردبیر انتشارات برای شما

برای تهیه کتاب ها از آمازون یا وبسایت انتشارات می توانید بارکدهای زیر را اسکن کنید

Amazon.com

kphclub.com

Kidsocado Publishing House
خانه انتشارات کیدزوکادو
ونکوور، کانادا

تلفن : ۸۶۵۴ ۶۳۳ (۸۳۳) ۱+
واتس آپ: ۷۲۴۸ ۳۳۳ (۲۳۶) ۱ +
ایمیل: info@kidsocado.com
وبسایت انتشارات: https://kidsocadopublishinghouse.com
وبسایت فروشگاه: https://kphclub.com

چند کتاب دیگر از استاد درگی در انتشارات کیدزوکادو

برای تهیه کتاب ها از آمازون یا وبسایت انتشارات می توانید بارکدهای زیر را اسکن کنید

Amazon.com

kphclub.com

Kidsocado Publishing House
خانه انتشارات کیدزوکادو
ونکوور، کانادا

تلفن : +۱ (۸۳۳) ۶۳۳ ۸۶۵۴
واتس آپ: +۱ (۲۳۶) ۳۳۳ ۷۲۴۸
ایمیل:info@kidsocado.com
وبسایت انتشارات: https://kidsocadopublishinghouse.com
وبسایت فروشگاه: https://kphclub.com